pmv FREIZEITFÜHRER MIT KINDERN
Vor die Haustür, fertig – los!
PETER MEYER VERLAG
1. Auflage 2015, Frankfurt am Main

NÜRNBERG & ERLANGEN MIT KINDERN

Die 300 besten Ideen für alle, die Mittelfranken erlebnisreich entdecken wollen

INHALT

BAIERSDORF & DER NORDEN

ERLANGEN

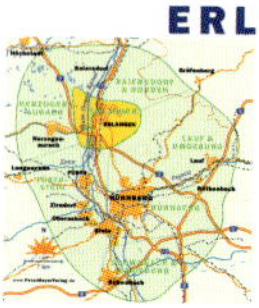

HERZOGEN-AURACH

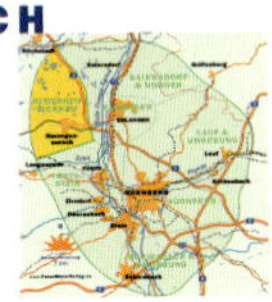

FÜRTH – STEIN

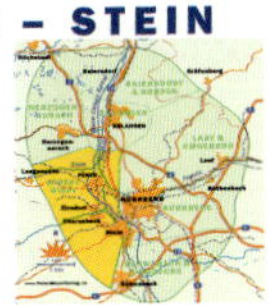

NÜRNBERG: NATUR & SPORT

NÜRNBERG: WISSEN & KULTUR

LAUF & UMGEBUNG

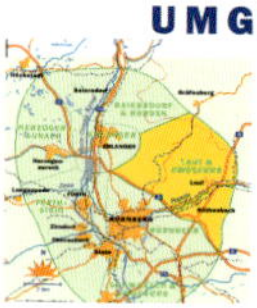

SCHWABACH & UMGEBUNG

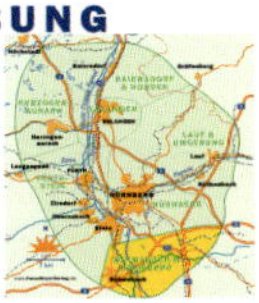

ORTE, INFO & VERKEHR

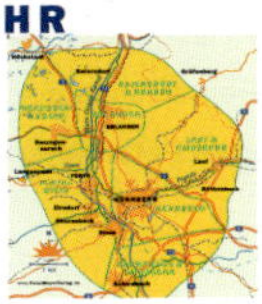

FERIEN-ADRESSEN & KARTEN

IMPRESSUM

Wir freuen uns über Korrekturen und Anregungen:

pmv Peter Meyer Verlag

Varrentrappstraße 53

60486 Frankfurt a.M.

info@PeterMeyerVerlag.de

Weitere »... mit Kindern« Freizeit- und Reiseführer:

www.PeterMeyerVerlag.de

Druck & Bindung: Kerschoffset Zagreb d.o.o., Kroatien, www.kerschofset.hr auf PEFC-zertifiziertem Papier aus nachhaltiger Forstwirtschaft | **Umschlaggestaltung:** Annette Sievers unter Verwendung von Fotos von Sylvia Schaub und Heike K. Ewald; Agentur 42, Mainz, www.agentur42.de | **Fotos:** Die Autorinnen. Wenn nicht anders angegeben, alle Rechte beim Verlag, siehe Nachweis beim jeweiligen Bild. Wir danken allen Unterstützern. | **Freche Viecher:** Silke Schmidt | **Karten:** pmv. Schienennetzplan mit freundlicher Unterstützung VGN | **Bezug:** über Prolit, Fernwald-Annerod, oder über den Verlag, vertrieb@PeterMeyerVerlag.de, ✆ 069/40562570

ISBN 978-3-89859-447-9

klimaneutral

powered by ClimatePartner°

Druck | ID: 11766-1506-1003

HALLO KINDER!

Was unternehmen wir dieses Wochenende? Welche spannenden Ausflüge können wir in den Ferien machen? Und was tun, wenn das Wetter mal nicht mitspielt?

Diese und ähnliche Fragen möchten wir euch mit unserem Freizeitführer beantworten. Denn das Gebiet um Nürnberg, Fürth und Erlangen ist wie geschaffen für Familienausflüge. Zahlreiche Naturschutzgebiete, der *Nürnberger Reichswald* sowie weitläufige Parkanlagen laden zu ausgedehnten Spaziergängen und Entdeckungstouren ein. Besonderer Wert wird in der Region auf die Vermittlung von Wissen über die heimische Tier- und Pflanzenwelt gelegt. Daher könnt ihr auf unzähligen Lehr- und Naturerlebnispfaden eine Menge darüber lernen und dabei richtig viel Spaß haben. Die besten Voraussetzungen zum Radeln bieten die vielen, teils überregionalen Radwanderwege, besonders entlang der *Pegnitz* und des *Main-Donau-Kanals.* Und die Erlanger Innenstadt lässt sich auch für kleine Kinder gefahrlos per Rad erkunden. Bei weniger schönem Wetter lohnt es sich, eins der vielen interessanten Museen in der Metropolregion zu besuchen. Vor allem die Spielzeugstadt Nürnberg lockt mit tollen Ausstellungen speziell für Kinder. Die Gegend steht aber auch für Tradition und Geschichte. Bezwingt die beeindruckende *Kaiserburg,* erforscht Schlösser und alte Handwerkskunst und lasst euch von Christkind, Kirchweihbräuchen und Märchenerzählern in den Bann ziehen. Zwischendurch findet ihr irgendwo immer einen schönen Spielplatz und einen gemütlichen fränkischen Biergarten zur Einkehr. Seid ihr neugierig geworden? Dann nichts wie los!

Wir wünschen Euch viel Spaß beim Erkunden und Entdecken!
Heike K. Ewald und Sylvia Schaub

Über die Autorinnen

Heike K. Ewald arbeitet als Eventmanagerin und freie Autorin. Sie schwärmt für ihre fränkische Heimat und hat nun mit ihren beiden Kindern *Sophia* (10) und *Philipp* (6) die Region genau unter die Lupe genommen. Bei pmv erschien unter ihrer Mitarbeit der Familienfreizeitführer *Taunus mit Kindern.*

Sylvia Schaub hat als freie Autorin und Redakteurin bereits mehrere Beiträge über Ausflüge in der Region veröffentlicht. Besondere Unterstützung bei ihren Entdeckungstouren für dieses Buch erhielt sie von ihrer 9-jährigen Tochter *Rebecca* und deren Freunden wie *Emma, Ben, Katharina* und *Jonatan.*

Gebrauchsanweisung

▶ Euer Buch *Nürnberg & Erlangen mit Kindern* ist in **acht geografische Griffmarken** gegliedert: *Baiersdorf und der Norden, Erlangen, Herzogenaurach, Fürth – Stein, Nürnberg Sport & Natur* und *Nürnberg Wissen & Kultur,* weiter *Lauf & Umgebung* sowie *Schwabach & Umgebung.*

Alle Griffmarken sind nach dem gleichen Schema aufgebaut:

Tipps für Wasserratten könnte auch »Tipps von Wasserratten« heißen. Denn *Sam,* die Wasserratte, zeigt euch in diesen Kapiteln immer den Weg zu Frei- und Hallenbädern, Naturbadeseen sowie Schiffsfahrten und Bootsverleihen, wo ihr selbst zum Kapitän werden könnt.

Frische Luft & Sport hält Radrouten, Wanderungen, Skaterstrecken, Minigolf- und Grillplätze, Ponyreiten sowie Klettergärten und alles, was im weitesten Sinn unter Erlebniswelten fällt, bereit. Sogar zum Thema Wintersport gibt es einige Einträge! *Karlinchen,* unsere Igelin, ist gerne draußen unterwegs. Mit von der Partie sind gelegentlich auch *Specki,* der Specht, *Susi,* das Schweinchen, sowie weitere Freunde.

Umwelt erforschen ist allerdings *Karlinchens* Lieblingsthema, denn hier kann sie nicht nur draußen sein, sondern auch viel lernen: Sie weist euch den Weg zu Tierparks, Lehr- und Naturerkundungspfaden, Kinderbauernhöfen und macht euch mit Fledermäusen oder den Sternen bekannt.

Handwerk & Geschichte ist *Herrn Maus* Thema: Der Maulwurf mit der praktischen Latzhose nimmt mit euch alles unter die Lupe, was mit Technik zu tun hat, z.B. historische Eisenbah-

Sam & seine Freunde

Unsere **Frechen Viecher** gibt es auch als Malvorlage. Schaut auf unserer Internetseite unter »Leser«. Dort findet ihr zudem Bilder, die Kinder für uns gemalt haben – mit den Frechen Viechern in ihrem Heimatort! Toll. Dafür könnt ihr durchaus mit einer kleinen Belohnung rechnen … Also, greift zu Papier und Pinsel!

nen, Mühlen und Betriebe, die ihr von innen besichtigen könnt. Auch von Geschichte kann er nie genug kriegen und bringt euch daher auf Burgen und in Museen – vorausgesetzt, sie sind für Kinder interessant und haben tolle Mitmach-Programme.

Bühne, Leinwand & Aktionen ist was für die musisch Begabten unter euch, so wie *Mockes,* der Langlöffelhase. Ihr wisst nicht, was ein Langlöffelhase alles kann? Dann lasst euch überraschen und folgt ihm zu Thetaern, Kinderkinos, Open-Air-Konzerten, abwechslungsreichen Ferienprogrammen und auf Märkte und Feste! Denn am Ende jeder Griffmarke, also der einzelnen Regionen, findet ihr einen **Festkalender**, in dem wiederkehrende Feste, Mittelalter- und Weihnachtsmärkte aufgeführt sind. So könnt ihr euren Ausflug langfristig gut planen!

Orte, Info & Verkehr führt die Adressen aller Fremdenverkehrsbüros inklusive Anreise mit Auto und öffentlichen Verkehrsmitteln auf. Außerdem gibt es eine Kurzbeschreibung des jeweiligen Orts. So wisst ihr, wo ihr weitere Informationen erhaltet, wie ihr hinkommt und warum der Ort interessant ist. Verweise auf die Kinderaktivitäten führen

Hallo Kinder! Wir gehören zum Testerteam und wünschen euch ebenso viel Spaß beim Ausprobieren wie wir ihn hatten!

Die Randspalten

Links und rechts der Haupteinträge findet ihr weitere Tipps. Das können kleine Texte mit Hintergrundwissen sein oder zusätzliche Adressen und Tipps: noch ein Schwimmbad oder eine Eisbahn, ein Minigolf- oder Spielplatz, ein zusätzliches Museum oder eine Radtour etc. Die bunten Figuren sollen euch beim Schmökern Spaß machen!

Happy Birthday + Hunger & Durst

Besonders beliebt und begehrt sind immer unsere Tipps für **Kindergeburtstagsfeiern** und natürlich die familienfreundlichen **Ausflugslokale** und Cafés! Wenn ihr noch eine weitere Adresse zum Feiern oder Einkehren wisst, freuen wir uns über eure Zuschrift!

zurück in die Regionen-Griffmarken. *Specki,* der Specht, zwitschert vor Freude darüber!

Ferienadressen locken euch für ein verlängertes Wochenende raus aufs Land oder rein in die Stadt! Zusammengetragen haben wir ausschließlich familienfreundliche Unterkünfte, Bauernhöfe und für größere Gruppen Jugendherbergen und Naturfreundehäuser sowie Campingplätze, auf denen es naturnah und gelassen zugeht. *Susi,* das Schweinchen, ist ganz glücklich darüber!

Korrekturen, Erlebnisse und Ideen helfen, das Buch aktuell zu halten.
Schreibt an:
Peter Meyer Verlag
Varrentrappstraße 53
60486 Frankfurt a.M.
info@PeterMeyerVerlag.de,
www.PeterMeyerVerlag.de
facebook.com/PeterMeyerVerlag

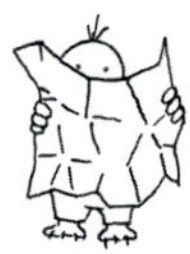

Der farbige **Kartenatlas** sorgt für die nötige Orientierung. Die kleinen Logos – bei Karten Signaturen genannt – zeigen, wo es z.B. einen Spielplatz oder ein Museum zu besichtigen gibt. Die Karten und Signaturen sind von pmv eigens für dieses Buch gezeichnet worden. Zum Radeln oder Wandern nehmt ihr eine der in den Randspalten empfohlenen Karten mit.

Es ist also an alles gedacht, nur losziehen müsst ihr selbst!

▶ pmv-Leser sind neugierig und mobil – nicht nur in der Fremde, sondern auch in der eigenen Umgebung. Den Wissensdurst ihres Nachwuchses wollen sie fördern, seinem Tatendrang im Einklang mit der Natur freie Bahn lassen. Daher finden Sie in diesem Ausflugsführer Tipps und Adressen zu allem, was kleine und große Kinder begeistert, und immer möglichst umweltfreundlich. Wenn möglich, raten wir zur Nutzung von Bahn und Bus. Alle Adressen und Aktivitäten werden von unseren Autoren persönlich begutachtet und strikt nach Kinder- und Familienfreundlichkeit ausgewählt. Ein Eintrag ins Buch kann daher nicht erkauft werden; eine Anzeigenschaltung ist unabhängig davon möglich. Übrigens: Wir verwenden den ländlichen Plural »ihr« und »euch«, damit sich die ganze Familie angesprochen fühlen kann! ◀

BAIERSDORF & DER NORDEN

BAIERSDORF & DER NORDEN

ERLANGEN

HERZOGENAURACH

FÜRTH – STEIN

NÜRNBERG: NATUR & SPORT

NÜRNBERG: WISSEN & KULTUR

LAUF & UMGEBUNG

SCHWABACH & UMGEBUNG

ORTE, INFO & VERKEHR

FERIENADRESSEN & KARTEN

MEHR ALS FRÄNKISCHE GEMÜTLICHKEIT

Zwischen Erlangen und Forchheim gibt es viele liebenswerte Orte. So ist es gar nicht nötig, ins große, südlich gelegene Erlangen zu fahren. Auch Baiersdorf und Neunkirchen am Brand sind nicht so klein, immerhin leben hier jeweils 7000 Menschen. Selbst Möhrendorf und Bubenreuth sind in den letzten Jahren gewachsen und zählen zwischen 4000 und 5000 Einwohner.

Die Orte haben nicht nur schöne Namen wie *Möhrendorf* oder *Hetzles,* auch die Leute sind nett und feiern gern. Tradition und Brauchtum wird bereits vom Nachwuchs gepflegt. Davon könnt ihr euch in den kleinen, liebevoll gepflegten Museen, etwa im Bubenreuther ↗ *Geigenbauermuseum,* überzeugen. Rasant geht es dagegen im ↗ *Erlebnispark Schloss Thurn* bei spektakulären Stuntshows und Achterbahnfahrten zu. Jede Menge los ist auch auf dem ↗ *Erlebnisbauernhof Scheferhof.* Die Ufer des ruhig dahin fließenden *Main-Donau-Kanals* laden zu ausgedehnten Spaziergängen oder schönen Radeltouren ein.

Der fränkische **Jakobsweg** führt von Nürnberg nach Kronach. Einen Teil davon könnt ihr zwischen Erlangen und Forchheim erwandern. Mehr unter www.fernwege.de/jakobsweg/franken/index.html.

Freibad & Baggersee

Freibad Neunkirchen am Brand

Am Hirtengraben (neben TSV-Sportanlage), 91077 Neunkirchen a. Brand. ✆ 09134/705-0, www.neunkirchen-am-brand.de. **Bahn/Bus:** Erlangen Arcaden Regionalbus 209 Richtung Neunkirchen bis Neunkirchen Busbhf, dann Regionalbus Richtung Ermreuth Kirche bis Neunkirchen Grundschule, Fußweg 7 Min. **Auto:** Über Drausnickstraße auf St2240 Richtung Dormitz, weiter St2243 Richtung Neunkirchen über Henkerstegstraße links in Friedhofstraße, rechts in Hirtengraben. **Zeiten:** Mai – Sep witterungsabhängig 11 – 19 Uhr. **Preise:** 2 €, 10er-Karte 15 €, Jahreskarte 32 €; Kinder 7 – 14 Jahre 1 €, 10er-Karte 7,50 €, Jahreskarte 15 €.

▶ Schon seit 1953 gibt es das beschauliche Freibad. Es bietet ein Schwimmerbecken mit Startblö-

TIPPS FÜR WASSERRATTEN

Attacke! Sophia reitet zum Sturm auf Schloss Thurn

© pmv, Heike K. Ewald

cken und kleiner Rutsche sowie einen Eltern-Kind-Bereich mit Nichtschwimmerbecken. An Land gibt es einen Bolzbereich und einen Basketballkorb.

Badespaß im Grünen: Baggersee Baiersdorf

Hemhofener Straße, 91083 Baiersdorf. www.baiersdorf.de. **Lage:** In Nähe der Hemhofener Straße, die von Baiersdorf nach Röttenbach führt. **Bahn/Bus:** Bus 252 bis Hauptstraße, dann 20 Min Fußweg. **Auto:** Parkplatz hinter Kanalbrücke, von dort 500 m zum See. **Rad:** Entlang dem Rhein-Main-Donau-Kanal, Abfahrt rechts auf Höhe Baiersdorf. **Zeiten:** ganzjährig frei zugänglich.

▶ Unweit von Erlangen, mitten im Grünen, findet ihr den idyllisch gelegenen Baiersdorfer Baggersee. Eigentlich heißt er offiziell *Angersee,* aber unter diesem Namen kennt ihn schon lange niemand mehr. Bei gutem Wetter eignet er sich prima für einen Badeausflug, denn die Wasserqualität ist seit Jahren besser als die des nahe gelegenen Dechsendorfer Weihers. Am Westufer stehen euch große Liegeflächen zur Verfügung, am Südufer gibt es einen kleinen Strand. Ein abgeschirmter Bereich für Fkk-Freunde ist am nördlichen Ufer zu finden. Große Wiesen laden zum Ballspielen ein. Beachtet, dass offenes Feuer und Grillen das ganze Jahr über nicht gestattet sind!

Hunger & Durst

Gasthaus Schuh, Dorfstraße 6, Möhrendorf-Kleinseebach. ✆ 09133/3517. www.landgasthof-schuh.de. Mo, Di 11.30 – 14, 17 – 23, Do – Sa 11 – 23, So 9.30 – 21 Uhr, Mi Ruhetag. 2 km vom Baggersee entfernt. Sehr schöner schattiger Biergarten unter Kastanien. Leckere und preiswerte fränkische Küche. Kinderkarte.

FRISCHE LUFT & SPORT

Skaten, wandern & Geocaching

Auf Inlineskates nach Erlangen

Erlanger Straße, 91096 Möhrendorf. www.moehrendorf.de. **Länge:** Hin und zurück 8 km auf feinem Asphalt, für Anfänger sehr gut geeignet. **Bahn/Bus:** Bus 254 bis Büchenbacher Weg. **Auto:** ↗ Möhrendorf Richtung Tennishalle bis zum Ende der befahrbaren Straße.

▶ Vor einiger Zeit fuhren auf der kleinen Straße zwischen Möhrendorf und Erlangen noch Autos. Da die

Straße im Wasserschutzgebiet liegt, wurde sie jedoch für den Autoverkehr gesperrt, worüber sich vor allem die Inlineskater freuen. Die Strecke führt durch Wald und Felder und ist sehr leicht zu befahren. Nur am Ende geht es ein kurzes Stück bergauf. An der Kreuzung, an der die gesperrte Straße endet, dreht ihr dann um und fahrt auf dem gleichen Weg zurück. Wieder in Möhrendorf angekommen, wartet **Charlies Eiskiste** auf euch – so nett, wie er aus seinem Wagen herauslächelt, müsst ihr einfach anhalten und eine Eispause machen!

Wanderung am Hetzles

Bergweg 22 (Gasthof Waldschänke), 91077 Hetzles. www.hetzles.de. **Länge:** Rundweg ca. 10 km, leichter Anstieg, kinderwagentauglich. **Bahn/Bus:** Regionalbus 224, 225 bis Hetzles Mühläckerstraße, 30 Min Fußweg im Anstieg. **Auto:** Parkmöglichkeit an der Waldschänke.

▶ Der *Hetzleser Berg* bietet sehr schöne und vor allem sonnige Wanderwege für die ganze Familie. Die breiten Wege sind meist auch sehr gut für geländetaugliche Kinderwagen geeignet. Vom Hochplateau aus genießt ihr wunderschöne Ausblicke in die Fränkische Schweiz, auf Nürnberg und Erlangen. Ein Weg hinauf führt beispielsweise von der **Waldschänke am Streitbaum** aus auf dem mit Rotem Querstrich markierten Wanderweg. Diesem folgt ihr und gelangt in ein Waldgebiet. Dort kommt ihr an einem riesigen Bienenhaus vorbei und seht eine Jagdhütte. Dann stoßt ihr auf eine Verbindungsstraße. Ihr überquert sie und kommt nach 1,5 km nach **Regensberg.** Hier habt ihr noch einmal die Möglichkeit zur Einkehr (**Gasthaus Hötzelein,** Mi – Mo ab 11 Uhr). Weiter geht es danach auf dem Wanderweg mit der Markierung Gelber Punkt. Vorbei am *Bremenhof,* lauft ihr weiter bis zum *Neusleshof.* Nach etwa 800 m kommt ihr an eine Kreuzung, an der rechts ein Wegweiser Richtung Streitbaum zeigt. Dieser Weg führt zurück zum Parkplatz der **Waldschänke.**

Hunger & Durst

Charlies Eiskiste, Büchenbacher Weg, Möhrendorf. Mo – Fr 15.30 – 21, Sa, So ab 13.30 Uhr. Kleiner Biergarten, selbst gemachtes Eis, Kuchen, kalte Getränke, sehr kinderfreundlich.

Wenn ihr hinter Charlies Eiskiste noch ein kleines Stück weiter fahrt, befindet sich links im Neubaugebiet ein kleiner Spielplatz.

Hunger & Durst

Berggasthof Waldschänke am Streitbaum, Bergweg 22, Hetzles. ✆ 09134/1245. www.waldschaenke-weber.de. So, Fei 10 – 17 Uhr (vorher anrufen). Biergarten, Kinderspielplatz, Kinderkarte, Mai – Sep Grillsonntag mit Livemusik.

Geocaching in Baiersdorf

91083 Baiersdorf. www.geocaching.com. **Länge:** Je nach Durchführung ca. 4 km, einfache Tour im Stadtgebiet. **Zeiten:** tagsüber jederzeit durchführbar.

Ihr könnt euch natürlich auch mit dem Fahrrad auf Schatzsuche begeben.

▶ Einen schönen Spaziergang mit Schatzsuche könnt ihr in Baiersdorf unternehmen. Für jede Station findet ihr auf der Internetseite ein Bild mit einem Rätsel. Auf den Bildern werden Tafeln oder Häuserinschriften gezeigt, in denen Fehler versteckt sind. Entdeckt ihr die Fehler durch das Vergleichen mit dem Original vor Ort, könnt ihr bestimmte Buchstaben am Ende der Tour zum Finden des Finalcaches zusammensetzen. Dabei erfahrt ihr garantiert Wissenswertes über Baiersdorf und dessen Geschichte. Führt das Geocaching nur tagsüber durch, da die Caches in der Nähe von Häusern liegen, deren Bewohner sich im Dunkeln durch die Taschenlampen gestört fühlen könnten. Nähere Infos sowie die Startkoordinaten findet ihr auf der Internetseite unter *Stadtspaziergang Baiersdorf.*

SCHATZSUCHE? GEOCACHING!

▶ Bei dieser Art der Schatzsuche braucht ihr keine Schatzkarte, sondern ihr erhaltet die Koordinaten – also den genauen Ort, wo der Schatz versteckt ist – im Internet unter www.geocaching.com. Gebt die Koordinaten in einen GPS-Empfänger ein. Und nun macht ihr euch auf die Suche nach dem Schatz, der hier übrigens *Cache* heißt. Es gibt verschiedene Caches, manchmal müsst ihr noch kleine Rätsel lösen, um neue Koordinaten zu erhalten, die euch dann wieder dem Schatz ein Stück näher bringen. Aber denkt bitte bei der Suche an die Natur und eure eigene Sicherheit: Bleibt auf den befestigten Wegen und begebt euch niemals in Gefahr! Wichtige Hinweise zum naturverträglichen Geocaching findet ihr unter www.wanderverband.de. ◀

Grillplatz & Erlebnispark

Grillplatz am Wasserrad Hausen

Gemeinde Hausen, 91353 Hausen. ✆ 09191/ 737217, www.hausen.de. **Bahn/Bus:** Hbf Erlangen S1 Richtung Forchheim, dann Regionalbus 206. **Auto:** Straße F025 von Hausen nach Kersbach, über Schleuse des Rhein-Main-Donau-Kanals bis Parkplatz, 5 Min zu Fuß. **Zeiten:** nach Reservierung bei der Gemeinde Hausen, Herr Schmitt. **Preise:** pauschal 30 € pro Tag, 50 € Kaution.

▶ Direkt an der *Regnitz* liegt der schöne und gepflegte Grillplatz der Gemeinde Hausen. Hier dreht sich eins der letzten Wasserschöpfräder. An dem gemauerten Grill ist jede Menge Platz für eure mitgebrachten Würste, Gemüse und alles, was ihr sonst noch grillen möchtet. Auf den gemütlichen Bänken um das Feuer finden rund zehn Personen Platz.

Fertiger Pizzateig aus dem Kühlregal eignet sich prima, um daraus schnell Stockbrot zu machen. Probiert es aus!

Erlebnispark Schloss Thurn

Schlossplatz 4, 91336 Heroldsbach. ✆ 09190/ 929898, www.schloss-thurn.de. **Bahn/Bus:** Hbf Erlangen S1 Forchheim, Regionalbus 206 bis Thurn Am Kübellohberg. **Auto:** A73 Ausfahrt Baiersdorf Nord, Richtung Heroldsbach,1. Straße links. **Zeiten:** Ostern – Okt, abhängig vom Wetter, Infos im Internet. **Preise:** 19,50 €, ab 55 Jahre 17,50 €, Saisonkarte 55 €; Kinder 3 – 11 Jahre 17,50 €, Saisonkarte 45 €, ab 12 Jahre 19,50 €; Familienkarte 2 Erw, 2 Kinder 65 €, mit 3 Kindern 75 €, Behinderte ab GdB 50 15,50 €.

▶ Der Erlebnispark Thurn ist eins der bekanntesten und beliebtesten Ausflugsziele der Region. Die Kulisse mit weitläufiger Parkanlage, Barockschloss und See ist außergewöhnlich schön. Mit einer alten **Dampflok** könnt ihr bequem das ganze Gelände umfahren. Sie hält unterwegs viermal an, sodass ihr auch zwischen den einzelnen Attraktionen von **Schlosspavillon, Spiegelsaal, Rosengarten** oder **Westernstadt** hin- und herfahren könnt. Neben den

Happy Birthday! Geburtstagskinder haben freien Eintritt (Ausweis mitbringen).

Im Juli Kinderwagenwochen.

In der Westernstadt gibt es Grillmöglichkeiten. 10 € pro Grill inklusive Grillbesteck, Kohle, Grillanzünder, Teller, Becher und Besteck. Reservierung im Internet.

Die Edle Fru von Fippsenstein mit ihrem knappen Knappen Philippus

© pmv, Heike K. Ewald

vielen **Fahrgeschäften,** wie Wildwasserbahn, Oldtimerbahn und der Familienachterbahn, bietet der Park täglich **Shows** an. Da werden Cowboys und Banditen lebendig und der edelmütige Ritter *Georg* kämpft um seine Braut *Marie.* Bei den furiosen Stunts wird euch sicher manchmal der Atem stocken. Wer es etwas ruhiger mag, besucht einen der schön angelegten **Spielplätze,** den **Wasserspielplatz** oder das **Tiergehege** mit Damwild, Ponys und verschiedenen Vogelarten. Entspannen lässt sich zwischendurch auf großen Liegeflächen mit klassischer Musik. Eure Eltern werden sich übrigens freuen, dass im Parkeintritt alle Attraktionen inklusive sind – vom Parken bis zu den Shows.

UMWELT ERFORSCHEN

Auf dem Bauernhof

Fledermäuse in Aktion

Bayerische Fledermaus-Zentrum Schloss Thurn,

↗ Erlebnispark Schloss Thurn, www.fledermauszentrum-schloss-thurn.de. **Zeiten:** ↗ Schloss Thurn.

Preise: Eintritt frei.

▶ Auf dem Dachboden von Schloss Thurn leben nicht etwa Gespenster, sondern schon seit vielen Jahren über 300 Fledermäuse. Im Mai 2015 wurde ein modernes **Informationszentrum** geschaffen, in dem ihr alles über diese lautlosen Flugkünstler und ihre Verhaltensweisen erfahren könnt. An 16 Spiel- und Lernstationen lauscht ihr z.B. den Fledermausstimmen oder puzzelt ein Fledermausskelett. Am Ende wisst ihr so viel mehr über die nachtaktiven Tiere, die im Dunkeln »sehen« und mit dem Kopf nach unten schlafen, dass ihr sie sicher auch bei euch zu Hause wohnen haben mögt – statt der ollen Gespenster.

Erlebnisbauernhof Scheferhof

Scheferhof Bräuningshof, Familie Schmitt, Bubenreuther Straße 8, 91094 Langensendelbach-Bräuningshof. ✆ 09133/2015, Handy 0171/6009404. www.scheferhof.de. **Bahn/Bus:** VGN-Bus 252 bis Dorfbrunnenstraße. **Auto:** A73 Richtung Bamberg, Ausfahrt Möhrendorf rechts, B4 Richtung Erlangen rechts, 500 m rechts nach Bubenreuth, weiter Hauptstraße bis Bräuningshof, 1. Hof links. **Zeiten:** zugänglich bis 20 Uhr. **Preise:** Besuch kostenlos, Erlebnisangebote für Gruppen max. 10 Pers 1 Std 30 €, Bulldogfahrt 45 Min 30 €, Voltigieren ab 7 Jahre 1 Std 30 €, Ponyführung 1 Std 30 €.

▶ Auf dem idyllisch gelegenen Hof gleich am Ortseingang von Bräuningshof hat Familie Schmitt mit drei Generationen an Bord ein kleines Bauernhof-Paradies geschaffen. Zwischen all den Tieren gibt es viel zum Spielen und Entdecken. Wie wäre es mit einer Fahrt mit dem Minitraktor durch den Kuhstall? Legt hier einen kleinen Stopp ein – die genügsamen Kühe lassen sich gern von euch füttern. In der Spielscheune könnt ihr auf lebensgroßen Holzpferden reiten oder ihr schlagt auf dem Riesentrampolin Saltos. Nicht versäumen solltet ihr die umfangreichen **Erlebnisangebote** des Bauernhofs. Dabei erfahrt ihr zum Beispiel, ob es Kühe auch in Lila gibt oder wieso Kälbchen Ohrringe tragen. Ebenfalls spannend ist die Bulldogfahrt mit Traktor und Anhänger, bei der es über Stock und Stein geht. Unterwegs erzählt euch der Bauer kleine lehrreiche Geschichten. Angeboten werden auch Pony führen, Tiere streicheln, voltigieren und vieles mehr. Mitten auf dem Hof lädt eine sonnige Terrasse zu Kaffee und Kuchen oder einer Brotzeit ein. Familie Schmitt ist bestimmt auch dabei und kann euch noch mehr Spannendes über ihren Hof und die Tiere erzählen.

Happy Birthday!
Geburtstagsfeiern am Scheferhof mit z.B. Voltigieren und Schatzsuche bis max. 10 Kinder für 30 € (3 – 4 Std).

Scheferstodl, Bubenreuther Straße 8, Langensendelbach-Bräuningshof. ✆ 09133/2015. www.scheferhof.de. Zur Selbstbedienung jederzeit geöffnet. Gesunde und frische Lebensmittel aus der Region, z.B. Rohmilch, Eier, Nudeln, Säfte, Honig.

An der 10. Station könnt ihr einen Abstecher zu den ↗ Möhrendorfer Wasserrädern unternehmen, die dort am Ufer der Regnitz drehen (Mai – Sep).

Lehrpfade erkunden

Hallo Wassertrinker

Naturerlebnispfad Möhrendorf, Erlanger Straße, 91096 Möhrendorf. www.estw.de. **Lage:** am Beginn der für den Pkw-Verkehr gesperrten Straße zwischen Alterlangen und Möhrendorf, Der Einstieg in den Lehrpfad kann über die Erlanger Straße oder die Wasserwerkstraße/Erlangen erfolgen. **Länge:** 2 Rundwege, jeweils 4 km. **Bahn/Bus:** Bus 254 bis Büchenbacher Weg, Erlanger Straße Richtung Erlangen laufen bis Straße für Pkw-Verkehr gesperrt ist, Einstieg in den Lehrpfad auf der rechten Seite (Schautafel). **Auto:** ↗ Möhrendorf, nach Ortsmitte links bis Wasserschutzgebiet, Parken in den Seitenstraßen. **Zeiten:** ganzjährig frei zugänglich.

▶ Zwischen Alterlangen und Möhrendorf liegt das *Wasserschutzgebiet West,* aus dem Trinkwasser für Erlangen gewonnen wird. Der **Naturerlebnispfad Wasser ist Leben** informiert euch auf zwei Rundwegen über aktiven Grundwasser- und Naturschutz und umweltverträgliche Landwirtschaft. Falls ihr Glück habt, trefft ihr unterwegs einen schwarzgelben *Bienenwolf* oder die *Blauflügelige Ödlandschrecke.* Wenn ihr den Weg abkürzen wollt, könnt ihr das zwischen Station 5 und 12 tun. Da die Markierung des Weges teilweise schwierig zu verstehen ist, empfiehlt es sich, vor der Wanderung den Infozettel auf der ESTW-Internetseite (Menüpunkt *Energiewende*) herunterzuladen.

Auf den Spuren des Karpfens

Naturkundliche Anlagen Neuhaus, Gerhard Zender, 91325 Adelsdorf-Neuhaus. ✆ 09195/7392, www.adelsdorf.de. **Länge:** Lehrpfad Jagd und Forst 3 km, Lehrpfad Fischerei und Teichwirtschaft 2 km. **Bahn/Bus:** Ab Hbf Erlangen Regionalbus 205 bis Neuhaus. **Auto:** A3 Nürnberg – Würzburg, Ausfahrt Höchstadt/Ost, weiter B470 Richtung Adelsdorf, Wegweiser Neuhaus, Parkplatz am Ortseingang rechts. **Zeiten:**

Lehrpfade ganzjährig, Fischereimuseum April – Ende Okt So 13 – 17 Uhr, Gruppen ab 10 Pers nach Vereinbarung. **Preise:** Lehrpfad und Museum frei zugänglich.

▶ In der Nähe von Adelsdorf findet ihre ein schöne naturkundliche Anlage, die euch die heimische Tier- und Pflanzenwelt näher bringt. Im *Aischgrund* spielt besonders die Fischerei, speziell der **Karpfen,** eine große Rolle. Die Anlage besteht aus zwei Lehrpfaden und einem Fischereimuseum. Für eine kleine Wanderung auf den beiden Lehrpfaden startet ihr am besten auf dem Parkplatz am Ortseingang. Beim Lehrpfad **Jagd und Forst** folgt ihr einem Fuchssymbol. Auf 40 Infotafeln werdet ihr mit der heimischen, wild lebenden Tierwelt bekannt gemacht. Ihr seht beispielsweise, wie der Jäger den Fuchs fängt und wie die Wildfütterung im Winter organisiert ist. Bei dem etwas kürzeren Lehrpfad **Fischerei und Teichwirtschaft** folgt ihr dem Fischsymbol. Euch erwarten 7 Infotafeln und eine Aussichtsplattform mit Blick auf das *Crailsheimische Wasserschloss.* Wenn ihr anschließend noch Lust habt, könnt ihr das kleine **Fischereimuseum** besichtigen. Hier lernt ihr alle heimischen Fische von A wie Aal bis Z wie Zander kennen. Außerdem seht ihr viele historische Fischereigerätschaften wie beispielsweise Reusen. Diese stationären Vorrichtungen wurden früher zum Fangen von Fischen verwendet.

***Karpfen** stehen nur in Monaten, die ein »R« enthalten, auf der Speisekarte. In dieser Region werden sie entweder gebacken oder »blau«, also gekocht, serviert.*

HANDWERK UND GESCHICHTE

Betriebsbesichtigung

Vom Baum in die Flasche

Kupfers Natursäfte, Ringstraße 9, 91336 Heroldsbach. ✆ 09190/217, www.kupfersnatursaefte.de. **Bahn/Bus:** Hbf Erlangen S1 Forchheim, dann Regionalbus 206 bis Heroldsbach Raiffeisenbank, Fußweg 6 Min. **Auto:** Über Hauptstraße (Hausener Straße) nach Ortsausgang Richtung Schlosspark Thurn in Ringstraße nach rechts. **Zeiten:** Fruchtsaftladen Di – Fr 8 – 12,

13 – 17, Sa 8 – 12 Uhr, Führung nach Vereinbarung. **Preise:** kostenlos, Spende erbeten (geht ans Kinderherz OP Spendenkonto des Uniklinikums Erlangen).

▶ Jedes Jahr ab Ende August geht es in der *Mosterei Kupfer* rund. Dann werden Trauben, Äpfel, Birnen, Johannisbeeren und viele andere Früchte zu leckerem Natursaft verarbeitet. Die fleißigen Mitarbeiter lassen sich dabei gern mal über die Schulter schauen. Und sie haben nebenbei auch noch viel Interessantes zu erzählen. Es gibt keine festen Termine, aber auf Anfrage werden Führungen für Schulklassen oder Gruppen angeboten. Ansonsten bleibt immer noch der Besuch des **Fruchtsaftladens,** wo ihr die fertigen Produkte probieren und kaufen könnt.

Museen & Stadtführungen

Synagoge und Jüdisches Museum

Zweckverband Synagoge Ermreuth, Wagnergasse 8, 91077 Neunkirchen a. Brand-Ermreuth. © 09134/ 70541 (Anmeldung), www.synagoge-museum-ermreuth.de. **Bahn/Bus:** Von Erlangen Arcaden Regionalbus 209 bis Neunkirchen Busbahnhof (häufig), dann Regionalbus 211 bis Ermreuth Kirche (8.30, ab 11.20 Uhr stündlich). **Auto:** Von Erlangen über A73 Ausfahrt 29-Baiersdorf-Nord, Richtung Heroldsbach/Hausen/ Kersbach. **Zeiten:** April – Okt jeweils 3. So im Monat 14 – 17 Uhr, Führung am 1. So im Monat um 15 Uhr, Nov – März geschlossen, Führung nach Anmeldung jedoch möglich. **Preise:** 2 €; Schüler und Studenten 1 €; Schulklassen 15 €, Gruppen bis 20 Pers 30 €.

▶ Schon im 16. Jahrhundert lebten in der Gegend von Ermreuth jüdische Familien. Sie lebten vom Handel mit Vieh und Pferden. Als ihr Versammlungshaus zu klein geworden war, bauten sie 1822 die Synagoge aus hellem Sandstein. Sie war zu dieser Zeit eine der größten und bedeutendsten Dorfsynagogen in ganz Oberfranken! Im Laufe der Zeit schrumpfte die

Gemeinde, 1933 gab es noch 5 jüdische Familien im Ort, die unter dem Naziterror zu leiden hatten. Auch die Synagoge wurde 1938 stark beschädigt. Die letzten 15 Gemeindemitglieder wurden von den Nazis 1939 verschleppt und im KZ ermordet.

Die Synagoge diente während des Zweiten Weltkriegs als Lager für Porzellan- und Glaswaren Nürnberger Geschäftsleute. Nach ihrem Verkauf 1955 an die Raiffeisengenossenschaft in Ermreuth lagerten hier 20 Jahre lang landwirtschaftliche Maschinen und Produkte. Erst 1994 wurde die Synagoge nach erfolgreicher Sanierung wieder geweiht und ist seit dieser Zeit ein Haus des Gebets, der Begegnung, der Kultur und auch ein **Museum.** Dort wird über jüdische Geschichte und Kultur informiert, u.a. anhand von Originalfunden aus dem Leben der jüdischen Gemeinde Ermreuth. Speziell für Schulklassen werden Sonderführungen angeboten, zum Beispiel zu den Themen *Die großen jüdischen Feste im Jahreskreis* oder *Die jüdische Religion – Schnittstellen zwischen Judentum und Christentum.*

Geigenbauermuseum Bubenreuth

Rathaus Bubenreuth, Birkenallee 51 (Untergeschoss), 91088 Bubenreuth. ✆ 09131/9086158, www.bubenreutheum.de. **Bahn/Bus:** ↗ Bubenreuth, Bus 253 bis Bubenreuth kath. Kirche, Fußweg 3 Min. **Auto:** ↗ Bubenreuth, Richtung Ortsmitte/Rathaus. **Zeiten:** So 14 – 17 Uhr. **Preise:** 2 €; Kinder ab 14 Jahre 1,50 €.

▶ Wisst ihr, was die *Beatles,* die *Rolling Stones* und das *Bayerische Rundfunkorchester* gemeinsam haben? Sie alle spielten auf Instrumenten, die aus Bubenreuth stammen! Das Museumsprojekt *Bubenreutheum* erzählt davon, wie der kleine fränkische Ort in der Nachkriegszeit mit gerade 500 Bauern zur europäischen Metropole des Saiteninstrumentenbaus aufgestiegen ist. Damals hat Bubenreuth 2000 Flüchtlinge aus dem **Egerland** aufgenommen, die das Geigenbauerhandwerk nach Bubenreuth brach-

*Heute gehört das Gebiet des ehemaligen **Egerlands** zu Tschechien und Bayern. 1945 lebten dort mehr als 90 Prozent Deutschböhmer. Die meisten wurden infolge des Zweiten Weltkrieges enteignet und vertrieben. Einige davon kamen nach Bubenreuth.*

ten. Darüber gibt es viel zu erzählen und zu sehen. Besonders beeindruckend ist der handsignierte Beatles-Bass von *Paul McCartney.* Für Schulklassen oder Gruppen bietet das Museum Sonderführungen an, bei denen ihr nach Absprache in der *Lebenden Werkstatt* auch mal selbst den Hobel in die Hand nehmen dürft.

Kinderstadtführungen in Baiersdorf

Stadt Baiersdorf, Frau Zeilinger, 91083 Baiersdorf. ✆ 09133/7790-13, www.baiersdorf.de. **Bahn/Bus:** Bus 252 bis Hauptstraße. **Auto:** ↗ Baiersdorf. **Zeiten:** Termine im Internet oder für Gruppen nach Vereinbarung. **Preise:** kostenfrei.

▶ Baiersdorf ist bereits seit 1401 für die Herstellung von Meerrettich bekannt. Aber natürlich gibt es noch viel mehr über die Geschichte der Stadt zu erzählen. Speziell für Kinder bietet Baiersdorf **Kinderführungen** an, die für Gruppen gebucht werden können. Themen sind zum Beispiel: *Salomon Samson und die Perlenhändlerin* oder *Patrizier, Bauern, Bürgersleut – Wellerstadt in der frühen Zeit.* Wenn eure Führung an einem Wochenende stattfindet, ist das eine gute Gelegenheit, anschließend noch das **Meerrettich-Museum** zu besuchen. Dort erfahrt ihr, wo der Meerrettich eigentlich herkommt.

Schamels Meerrettich-Museum, Judengasse 11, Baiersdorf. ✆ 09133/603040. www.schamel.de. März – Nov Sa, So 10.30 – 17 Uhr und nach Absprache. 2 €, Kinder ab 14 Jahre 1,50 €.

BÜHNE, LEINWAND & AKTIONEN

Theater, Bücher, Ferienprogramme

Ferienprogramm in Neunkirchen am Brand

Diakonie für Kinder und Jugend e.V., Dietlinde Stiller, Von-Hirschberg-Straße 4, 91077 Neunkirchen a. Brand. ✆ 09134/7084053, www.neunkirchen-am-brand.ferienprogramm-online.de. **Bahn/Bus:** ↗ Neunkirchen am Brand. **Auto:** ↗ Neunkirchen a. Brand. **Zeiten:** in den bayerischen Sommerferien. **Preise:** Zaubern 12 €, Wasserwacht 3 €, Zirkustag 22,50 €, BMW-Welt 25 €.

Die Gemeinde Neunkirchen am Brand veranstaltet in den Sommerferien ein umfangreiches Ferienprogramm, zu dem ihr euch im Internet informieren und anmelden könnt. Angeboten werden beispielsweise *Zaubern im Zauberkeller* oder *Ein Tag mit der Wasserwacht*. Der *Zirkustag – Rund ums Pferd* wird vor allem die Mädchen unter euch begeistern. In der *BMW-Welt* könnt ihr an zehn interaktiven Stationen ausgiebig rund ums Thema Mobilität forschen.

Einen schönen Spielplatz mit großen Wiesen und Piratenschiff findet ihr im Brandbachgarten.

Mühlentheater

Tassilo Theater e.V., Mühlentheaterstraße 2, 91096 Möhrendorf. ✆ 09133/1349 (Kasse), www.muehlen-theater.de. **Bahn/Bus:** Bus 254 bis Neue Straße, Fußweg 15 Min. **Auto:** ↗ Möhrendorf, 30 m hinter dem Ortsschild rechts, nach 750 m vor Brücke rechts. **Zeiten:** Theaterkasse für Tickets Mo, Mi, Fr 10 – 12 Uhr. **Preise:** z.B. Bli Bla Blütentanz 9 € pro Pers.

Früher war das Mühlentheater tatsächlich eine Mühle. Dank der gelungenen Sanierung durch Theaterleiter *Gerd Fischer* im Jahr 1993 erstrahlt das Sandsteingehöft inzwischen in neuem Glanz. Das ganze Jahr über werden auf der Kleinkunstbühne viele Stücke für Erwachsene, aber auch für Kinder gezeigt. So zum Beispiel Märchen von *H. C. Andersen* oder der *Bli Bla Blütentanz* vom Purzelbaumtheater Nürnberg. Bei warmen Temperaturen lädt der begrünte Innenhof zum Verweilen ein. Das vierteljährlich erscheinende Theaterprogramm findet ihr auf der Internetseite.

Bühne frei für Willi: Der knuffige, wilde Stier zieht alle in seinen Bann

Foto © Theater Kuckucksheim

Bezauberndes Theater Kuckucksheim

Theater Kuckucksheim, Stefan Kügel, Heppstädt 28, 91325 Adelsdorf-Heppstädt. ✆ 09195/2142, www.kuckucksheim.de.

Bahn/Bus: Hbf Erlangen Regionalbus 205 Richtung Höchstadt bis Adelsdorf Schafgasse, dann Regionalbus 247 Richtung Nainsdorf bis Heppstädt, Fußweg 2 Min. **Auto:** Von Hemhofen am Schloss vorbei, links in Heppstädter Weg Richtung Friedhof, 2 km durch den Wald nach Heppstädt, 2. Haus links. **Preise:** je nach Preisgruppe ab 5 € pro Pers.

▶ Das **Puppentheater** *Kuckucksheim* verzaubert nicht nur Kinder, sondern auch die Erwachsenen. Seit dem Jahr 2000 hat es seine Heimat in einer zum Theater ausgebauten Scheune gefunden. Doch *Stefan Kügel* tourt mit seinen liebevoll inszenierten Stücken auch quer durch Deutschland. Die Stücke sind nach Altersstufen gegliedert – so ist zum Beispiel *Willi, der wilde Stier* bereits für die Kleinsten ab 4 Jahre geeignet. Mit viel Musik und Gesang wird von einem Stier und dem Mut eines kleinen Jungen auf dem Lande erzählt. Für Kinder ab 6 Jahre werden Stücke wie *Jim Knopf* oder *Ronja Räubertochter* angeboten.

Jugendtreff Baiersdorf

Jugendtreff Underground, Verena Fiedler, Am Igelsdorfer Weg 2 (Hinterseite der Mehrzweckhalle), 91083 Baiersdorf. ✆ 09133/7790-16, www.baiersdorf.de. **Bahn/Bus:** ↗ Baiersdorf, Fußweg von Bhf 10 Min. **Auto:** ↗ Baiersdorf, Ortsausgang Richtung Igelsdorf. **Zeiten:** Di 15.30 – 21, Do, Fr 15 – 21 Uhr, in den Ferien gesonderte Öffnungszeiten. **Preise:** Tag bei der Feuerwehr 2,50 €, Voltigier-Nachmittag 12,50 €.

▶ Der Jugendtreff Underground bietet an drei Tagen pro Woche ein abwechslungsreiches Programm. Besonders viel los ist im Sommer beim Ferienprogramm. Unter den Veranstaltungen aus den Bereichen Kunst, Sport, Musik, Kreatives, Backen oder Natur ist sicher für jeden von euch etwas dabei – zum Beispiel ein Tag bei der Feuerwehr oder ein Voltigier-Nachmittag.

Marktbücherei St. Michael

Markt Neunkirchen am Brand, Anton-von-Rotenhan-Straße 3, 91077 Neunkirchen a. Brand. ✆ 09134/5020, www.neunkirchen-am-brand.de. **Bahn/Bus:** ↗ Neunkirchen a. Brand, ab Busbhf 4 Min Fußweg. **Auto:** ↗ Neunkirchen a. Brand. **Zeiten:** Di 11 – 14, Do 16 – 19.30, Fr 15 – 17, So 9 – 11 Uhr. **Preise:** 6 € pro Jahr.

▶ In der Marktbücherei in Neunkirchen könnt ihr über 17.000 Bücher, Zeitschriften, Hörbücher, CDs, Spiele, Filme und eBooks ausleihen. Nehmt ihr mit eurer Schulklasse am Leseförder-Projekt *Antolin* teil, stehen euch in der Bücherei extra dafür ausgewählte Bücher zur Verfügung, die ihr ausleihen könnt. Eine große Kuschelecke lädt euch zum Schmökern vor Ort ein. Für alle, die noch nicht selbst lesen können, findet einmal im Monat ein Vorlesenachmittag für Kinder 3 – 6 Jahre statt.

Feste & Märkte

Baiersdorfer Krenmarkt

Stadt Baiersdorf, Waaggasse 2, 91083 Baiersdorf. ✆ 09133/7790-0, www.baiersdorf.de. **Bahn/Bus:** Bus 252 bis Hauptstraße. **Auto:** ↗ Baiersdorf. **Zeiten:** jährlich am 3. So im Sep.

▶ Baiersdorf nennt sich die *schärfste Stadt der Welt.* Wisst ihr warum? In Baiersdorf wurde bereits 1401 durch den Markgrafen *Johann der Alchemist* der Meerrettichanbau begründet. Heute haben die beiden führenden Hersteller von Meerrettich, nämlich die Fir-

Hier treffen sich die Meerrettichmeister: In Ost- und Südeuropa wird der scharfe Rettich Kren genannt, im Fränkischen auch Kree

Foto © Stadt Baiersdorf

An Erntetagen duftet die ganze Region nach dem würzigen Kraut des Meerrettichs!

men *Schamel* und *Koch's Meerrettich,* ihren Hauptsitz in Baiersdorf. Daran knüpft auch der Baiersdorfer Krenmarkt an, der jedes Jahr am dritten So im September stattfindet. Angeboten werde natürlich jede Menge Meerrettich-Spezialitäten. Außerdem gibt es Aktivitäten für Kinder, zum Beispiel Fahrgeschäfte oder Oldtimertraktoren. Bei einem Festumzug könnt ihr Trachten und Traditionen bewundern und vor allem die hübsche Meerrettich-Königin, die den Markt eröffnet. Natürlich hat das berühmte ↗ *Meerrettich-Museum* an diesem Tag geöffnet.

FESTKALENDER BAIERSDORF & NORDEN

Februar/März:	Faschingssonntag, Baiersdorf: Beim **Fasalecken** mit Tanz um das Feuer wird der Winter ausgetrieben. Faschingsdienstag, Neunkirchen am Brand: Großer **Faschingsumzug,** Start 14 Uhr.
April:	Osterwochenende: Geschmückte **Osterbrunnen** in der gesamten Fränkischen Schweiz. Ostermontag, Effeltrich: **Georgiritt.**
Mai:	1., Möhrendorf: **Spargel-Erlebnistag** in Oberndorf mit Kinderprogramm. 1. Wochenende, Kirchehrenbach: **Walberlafest** mit Maibaumaufstellen (Fr 17 Uhr) und Tanzaufführungen einer Kinder- und Jugendgruppe, Sa, Sa Festprogramm und Schaustellerbuden.
Juni:	Am Wochenende vor oder nach dem Johannistag: Baiersdorf: **Johanniskirchweih** mit Kinderprogramm.
Juli:	5 Tage, Baiersdorf: **Altstadtfest.**
September:	3. So, Baiersdorf: **Krenmarkt.** Möhrendorf: **Kirchweih** mit Betzenaustanzen am Kirchweihsonntag.
Oktober:	Anfang, Neunkirchen am Brand: **Kerwa** mit Betzenaustanzen am Kirchweihmontag.
Dezember:	3. Adventswochenende, Neunkirchen am Brand: **Weihnachtsmarkt** mit berühmter Krippenausstellung.

ERLANGEN

Höchstadt
Baiersdorf
Gräfenberg
BAIERSDORF & NORDEN
Main-Donau-Kanal
HERZOGEN-AURACH
ERLANGEN
ERLANGEN
Herzogen-aurach
Regnitz
LAUF & UMGEBUNG
Lauf
Zenn
Langenzenn
FÜRTH
FÜRTH-STEIN
Pegnitz
Röthenbach
NÜRNBERG
NÜRNBERG
Zirndorf
Oberasbach
Stein
N
1 cm
7 km
SCHWABACH & UMGEBUNG
www.PeterMeyerVerlag.de
Schwabach
3
73
9
6

Eisvogel

RUND UM HUGO UND SEINE FREUNDE

Erlangen zählt mit rund 106.000 Einwohnern zu den Großstädten der Region und bildet zusammen mit Fürth und Nürnberg die Europäische Metropolregion Nürnberg. Geprägt wird Erlangen vor allem durch die Friedrich-Alexander-Universität und den Technologiekonzern Siemens.

Viele Plätze und Gebäude zeugen heute jedoch noch von der Ansiedlung der Hugenotten seit 1686. Beispielsweise der Hugenottenplatz, der von den Erlangern liebevoll *Hugo* genannt wird. Er liegt mitten im Stadtzentrum und ist Knotenpunkt der Innenstadt-Straßen und Buslinien. Besonders auffällig ist der hohe Anteil von Fahrradfahrern am Gesamtverkehr. Egal, ob mit Aktentasche oder mit Einkaufsbeutel – hier radelt jeder, wenn es nur irgendwie geht. Die große Zahl an Fahrradwegen auf Gehwegen macht das Radfahren schon für die Kleinsten sicher und bietet tolle Möglichkeiten, die Stadt zu entdecken. Beispielsweise könnt ihr durch die Schwabachanlage in den ↗ *Aromagarten* radeln, wo ihr im Sommer rund 120 heimische und exotische Duftpflanzen beschnuppern könnt. Zu der größten Veranstaltung in Erlangen, der ↗ *Bergkirchweih,* kommt ihr ohnehin am besten mit dem Rad. Denn dann ist fast ganz Erlangen und Umgebung unterwegs.

ADAC Stadtplan Nürnberg, Erlangen, Fürth mit Feucht, Schwabach und Schwaig, 1:20 000, ISBN 978-3-8264-0327-9, 7,99 €.

TIPPS FÜR WASSERRATTEN

Frei- & Hallenbäder

Familiäres Badevergnügen: Hallenbad Frankenhof

Südliche Stadtmauerstraße 35, 91054 Erlangen. ✆ 09131/8234281, www.estw.de. **Bahn/Bus:** ↗ Erlangen, Bus 284, 286, 287, 294 bis Langemarckplatz. **Auto:** ↗ Erlangen, Parkmöglichkeiten in Nebenstraßen oder im Parkhaus Henkestraße. **Rad:** Über Henkestraße stadtauswärts. **Zeiten:** Mitte Sep – Ende April Mo 13 – 19, Di, Do, Fr 12 – 21, Mi 13 – 21, Sa 8 – 20, So 9 – 14; Sa 13 – 15 Uhr Actionnachmittag. **Preise:**

So klein ist ein Eisvogel? Das Naturerlebniszentrum zeigt euch, wie ihr ihn dennoch entdecken könnt

Ab 7 Jahre dürft ihr ohne Begleitung eines Erwachsenen ins Schwimmbad. Ausweis nicht vergessen!

1,5 Std 3,80 €, 10er-Karte 33 €, 25er-Karte 75 €, unbegrenzte Badezeit 5,10 €, 10er-Karte 43 €, 25er-Karte 90 €, Saisonkarte 250 €; Kinder 6 – 17 Jahre 1,5 Std 1,70 €, unbegrenzte Badezeit 2,20 €, Saisonkarte 40 €; Familienkarte 1 Erw, max. 3 Kinder 1,5 Std 4,80 €, unbegrenzte Badezeit 7,30 €, Familienkarte 2 Erw, max. 3 Kinder 1,5 Std 7,60 €, unbegrenzte Badezeit 11,10 €.

▶ In dem Schwimmbad mitten in der Innenstadt geht es ruhiger zu, als in den großen Spaßbädern. Es gibt ein 25-m-Sportbecken mit 27 Grad warmem Wasser und ein separates Nicht-Schwimmerbecken. Hier hat das Wasser angenehme 30 Grad. Jeden Sa ist 13 – 15 Uhr **Actionnachmittag.** Dann ist alles erlaubt, was Spaß macht: Wettrennen auf der Wasserlaufbahn, Toben, Planschen und Springen! Wer hungrig ist, geht in die **Brotzeitecke,** in der ihr auch mitgebrachte Speisen und Getränke verzehren dürft.

In den Fußstapfen einer großen Schwimmerin: Hannah-Stockbauer-Halle

Hartmannstraße 21, 91058 Erlangen. ✆ 09131/8234823, www.estw.de. **Bahn/Bus:** Bus 286, 287 bis Röthelheimbad, Bus 293 bis Röthelheimbad Ost/Hartmannstraße. **Auto:** Über Hartmannstraße, Parkplatz beim Bad. **Rad:** Von der Innenstadt über Henkestraße in Hartmannstraße, Fahrradparkplätze vorhanden. **Zeiten:** Mo, Di, Do, Fr 6.30 – 20, Mi, So 8 – 20, Sa 8 – 18 Uhr. **Preise:** 3,80 €, 10er-Karte 33 €, 25er-Karte 75 €, Saisonkarte Winter 250 €; Kinder 6 – 17 Jahre 1,50 €, Saisonkarte 40 €; Familienkarte 1 Erw, 3 Kinder 4,80 €, 2 Erw, 3 Kinder 7,60 €. **Infos:** Keine EC-Zahlung möglich.

▶ Wer kein großes Spaßbad sucht, sondern in einem schönen, modernen Bad seine Runden schwimmen möchte, ist hier goldrichtig. Im 50 m langen Sportbecken hat bereits die erfolgreiche deutsche Schwimmerin *Hannah Stockbauer* 2002 – 2004 während ihres Studiums in Erlangen trainiert. Von ihr hat die Schwimmhalle auch ihren Namen erhalten. Neben dem Sportbecken stehen ein Nichtschwimmerbecken mit 29 Grad und Babybecken mit 32 Grad Wassertemperatur zur Verfügung. Da die Erlanger Schulen das Bad für ihren Schwimmunterricht nutzen, kann es manchmal ziemlich voll sein.

Endlich Sommer – auf ins Röthelheimbad!

Freibad Röthelheimbad Erlangen, Hartmannstraße 21, 91058 Erlangen. ✆ 09131/8234823, www.estw.de. **Bahn/Bus:** ↗ Erlangen, Bus 286, 287 bis Röthelheimbad, Bus 293 bis Röthelheimbad Ost/Hartmannstraße. **Auto:** ↗ Erlangen, über Hartmannstraße, Parkplatz beim Bad. **Rad:** Von der Innenstadt über Henkestraße in Hartmannstraße, Fahrradparkplätze vorhanden. **Zeiten:** Mai – Sep Mo, Mi, Fr 6.30 – 20, Di, Do, Sa, So 8 – 20 Uhr. **Preise:** 3,80 €, 10er-Karte 33 €, 25er-Karte 75 €, Saisonkarte Sommer 100 €; Kinder 6 – 17 Jahre 1,50 €, Saisonkarte 20 €; Familienkarte 1 Erw, 3 Kinder 4,80 €, 2 Erw, 3 Kinder 7,60 €. **Infos:** Keine EC-Zahlung möglich.

Im Röthelheimbad könnt ihr jeden Sa 10 – 12 Uhr verschiedene Schwimmabzeichen machen. Meldet euch einfach bei der Badeaufsicht.

▶ Direkt neben der ↗ *Hannah-Stockbauer-Halle* liegt das Röthelheimbad. Bei schönem Wetter ist hier richtig viel los, aber auf den großen Liegeflächen findet sich immer noch ein Platz für die eigene Picknickdecke. Sportliche Schwimmer ziehen im 50-m-Becken ihre Bahnen. Die Kleinen toben im Nicht-Schwimmerbecken mit 24 Grad Wassertemperatur. Viel Spaß bieten Rutsche, Strömungs- und Strandbereich,

Macht am meisten Spaß: Tauchen im Freibad
© pmv, Sylvia Schaub

Jugendpavillon und ein Wasserpilz. Auch ein Kleinkindbereich mit Planschbecken auf drei Ebenen, Sonnensegel und Spielplatz ist vorhanden. Der Kiosk ist bekannt für leckeres Essen. Was kann hier einem schönen Sommertag noch entgegenstehen?

Radeln

Entlang dem Main-Donau-Kanal nach Forchheim

91054 Erlangen. www.erlangen-marketing.de. **Strecke:** Erlangen – Möhrendorf – Hausen – Forchheim – Erlangen. **Länge:** 35 km Rundtour, leichte Radtour ohne große Steigungen. **Rad:** Regnitzradweg.

▶ Die Route entlang dem **Main-Donau-Kanal** eignet sich besonders gut für Familien-Radtouren, denn sie verläuft sehr flach und hat kaum Steigungen. An den Böschungen wachsen Gräser, Büsche und Blumen, sodass der Kanal manchmal sogar wie ein natürlicher Flusslauf wirkt. Und ihr kommt sogar gleich an zwei Schleusen vorbei! Wenn ihr Glück habt, könnt ihr einem Schiff dabei zusehen, wie es geschleust wird. Ihr startet in **Erlangen,** egal, auf welcher Höhe des Kanals. Von dort radelt ihr auf dem *Regnitzradweg* den Kanal entlang, an *Alterlangen* vorbei, weiter nach **Möhrendorf.** Zwischen Alterlangen und Möhrendorf seht ihr die erste Schleuse. Ihr bleibt auf dem Radweg Richtung Möhrendorf und von dort geht es weiter Richtung **Hausen.** Hier befindet sich die zweite Schleuse der Radtour. Außerdem gibt es ein altes Wasserschöpfrad aus Holz zu sehen. Wer dorthin möchte, kann auf Höhe von Hausen die **Main-Donau-Kanal-Brücke** überqueren. Ungefähr 200 m hinter der Brücke führt ein Feldweg direkt zum Wasserschöpfrad an der *Regnitz.* Wieder zurück auf dem Radweg, radelt ihr nun weiter bis **Forchheim.** Von dort aus könnt ihr dann auf der anderen Seite des Main-Donau-Kanals zurück nach **Erlangen** fahren.

*Der **Main-Donau-Kanal** verbindet die Flüsse Rhein, Main und Donau. Er wurde 1992 fertiggestellt und ist 171 km lang.*

Hunger & Durst

Pizzeria Adria, Hauptstraße 28, Hausen. ✆ 09191/616244. www.pizzeria-adria-hausen.de. Di – Sa 17 – 23, Do auch 11.30 – 14, So und Fei 11.30 – 14 und 17 – 23.30 Uhr. Mit Biergarten.

Auf zur Rädli

Stadt Erlangen, Sportamt, Fahrstraße 18, 91054 Erlangen. ✆ 09131/862269, www.raedli.de. **Start:** Je nach Route verschiedene Startpunkte, es kann auch quer gefahren werden. **Zeiten:** jährlich 1. Mai 9 – 16 Uhr. **Preise:** Startgeld 1,50 €, Familie 3 €.

▶ Jedes Jahr am 1. Mai schwingt sich ganz Erlangen auf die Fahrräder. Die *Rädli* ist eine schöne Fahrrad-Rallye für die ganze Familie – mitfahren darf jeder, vorausgesetzt er hat ein verkehrstüchtiges Fahrrad. Ihr habt drei Routen zur Auswahl: die AOK-Route, die Fitness-Route und die MAUSS-Route. Alle verlaufen größtenteils auf Radwegen. Unterwegs könnt ihr an verschiedenen Stationen Lösungswörter sammeln und bei der anschließenden Tombola auf dem Rathausplatz vielleicht noch einen tollen Preis gewinnen. Die genauen Routen findet ihr auf der Internetseite.

Erlanger Skatenight, Erlangen. ✆ 09131/862269. www.skatenight-erlangen.de. Tag vor Christi Himmelfahrt und ein Termin im Juli ab 21 Uhr, genaue Termine im Internet. Zweimal im Jahr flitzen rund 5000 Skater durch die extra dafür gesperrten Erlanger Straßen.

Zu den Wasserrädern in Möhrendorf

91056 Erlangen-Alterlangen. www.erlangen-marketing.de. **Strecke:** Alterlangen – Möhrendorf (– Oberndorf). **Länge:** Leichte Rundtour, etwa 15 km auf Radwegen oder kleineren Ortsstraßen (außer kurzes Stück auf der Kanalbrücke), Abstecher nach Oberndorf hin und zurück 2 km. **Bahn/Bus:** Bus 286, 287 bis Langer Johann. **Auto:** Bis Alterlangen, Langer Johann. **Rad:** Über Regnitzgrund etwa 2 km. **Zeiten:** Wasserräder Mai – Sep in Betrieb.

▶ Ihr startet eure Radtour am **Langen Johann** in Alterlangen. Von dort geht es über die für Pkw gesperrte Verbindungsstraße Erlan-

Es klappert die Mühle: Das Möhrendorfer Wasserrad hat schon Jahrhunderte auf dem Buckel und dreht sich immer noch!

© pmv, Heike K. Ewald

ger Straße Richtung Möhrendorf etwa 4 km durch den Wald. Ihr bleibt auf der Straße und radelt nach **Möhrendorf.** An der großen Kreuzung in der Ortsmitte biegt ihr rechts in die Hauptstraße ab. An der alten *Martinskirche* vorbei geht es dann wieder ortsauswärts, hinauf auf die Kanalbrücke Richtung Autobahn. Gleich am Anfang der Brücke biegt ihr rechts ab. Hier trefft ihr auf eins der letzten acht **Wasserräder,** die sich in der *Regnitz* drehen. Gut 190 Wasserräder dieser Art bewässerten im 19. Jahrhundert zwischen Fürth und Forchheim die umliegenden Wiesen und Felder. Auf der Schautafel erfahrt ihr noch mehr Interessantes und vor allem, wo es im nahen Umkreis noch intakte Wasserräder zu entdecken gibt. Die Brotzeitbank lädt zu einem kleinen Picknick oder nur zur Pause ein. In den mit Wasser volllaufenden Rinnen lässt es sich bei warmem Wetter wunderbar planschen. Wenn ihr wollt, könnt ihr auf dem Rückweg noch einen kleinen Abstecher nach **Oberndorf** machen. Dazu folgt ihr ab der Ortsmitte der Beschilderung *Oberndorf.* Dort erwartet euch ein hübscher Biergarten mit Spielplatz. Zurück radelt ihr wieder über die Verbindungsstraße Richtung Langer Johann oder über den Regnitzgrund vorbei an der Kläranlage.

In den Möhrendorfer Sandböden wächst der leckere und gesunde **Spargel.** Er wird zwischen April und Mai gestochen. Dann kann man ihn ganz frisch bei vielen Bauern in Möhrendorf kaufen. Achtet auf die Verkaufsschilder am Straßenrand.

Hunger & Durst

Fischküche Reck, Oberndorf 7, Möhrendorf. ✆ 09131/47176. www.fischkueche-reck.de. Mi – Sa 11.30 – 14, 17 – 21, So, Fei 11.30 – 19.30 Uhr. Biergarten, Kinderkarte, Stieleis, Spielzimmer und Spielplatz.

Wandern & spazieren

Durch den Buckenhofer Forst zu den Wildschweinen

Kurt-Schumacher-Straße, 91054 Erlangen-Röthelheimpark. www.erlangen-marketing.de. **Länge:** Rundweg etwa 8 km, mit Kinderwagen begehbar. **Bahn/Bus:** Bus 294 bis Marie-Curie-Straße, 5 Min Fußweg oder 284, 285 bis Markuskirche, 10 Min Fußweg. **Auto:** Über Kurt-Schumacher-Straße, Parkplatz Obi oder an der Kurt-Schumacher-Straße. **Zeiten:** Wildschweingehege frei zugänglich.

▶ Einen schönen Spaziergang durch den Buckenhofer Forst mit Besuch bei den Wildschweinen bietet euch folgende Strecke: Startet in der **Panzerstraße** Richtung Buckenhof und biegt nach 400 m links in den Fahrradweg Richtung Buckenhof ein. Auf diesem lauft ihr bis zum **Waldparkplatz Buckenhof.** Weiter geht es geradeaus Richtung Uttenreuth/Kalchreuth. An der Friedhofskapelle des Waldfriedhofs Buckenhof biegt ihr rechts ein. Haltet euch bei der Weggabelung halb links und anschließend an der Gabelung **Am Fuchsstein** halb rechts. An der nächsten großen Wegkreuzung, an der vier Wege abgehen, nehmt ihr den Weg ganz rechts. Weiter geht es geradeaus bis zu einer Kreuzung, an der ein **Stromhäuschen** steht. Hier biegt ihr links ab (Wandermarkierung Rotes Kreuz auf Weißem Rechteck). Nun folgt dieser Markierung solange, bis ihr zum **Wildschweingehege** kommt. Für den Rückweg geht ihr links am Wildschweingehege vorbei. Hier könnt ihr der Wandermarkierung weiter folgen. An der nächsten T-Kreuzung geht ihr rechts und weiter auf dem Waldweg. An der folgenden Weggabelung vor einem kleinen Tümpel biegt ihr links und auf der Panzerstraße Richtung Tennenlohe an der nächsten Kreuzung (Schranke) rechts ein. An einem **Biotop** vorbei (linker Hand) kommt ihr wieder zurück auf die Kurt-Schuhmacher-Straße. Biegt dann rechts ab und folgt weiter dem Weg parallel zur Straße. So kommt ihr wieder zurück zu eurem Startpunkt.

Hunger & Durst

Unicum, Carl-Thiersch-Straße 9, Erlangen. ✆ 09131/503480. www.unicum-erlangen.de. Mai – Sep 11 – 23 Uhr, Okt – April 17 – 24 Uhr. Café, Restaurant, toller Biergarten mit schönem Spielplatz.

Vergesst nicht euer Fernglas und ein paar übrig gebliebene Bio-Nudeln. Vom Aussichtsturm könnt ihr prima beobachten, wie sich die Schweine im Dreck suhlen. Mit den Nudeln könnt ihr anschließend die Frischlinge füttern.

Spaziergang um den Dechsendorfer Weiher

Naturbad Dechsendorfer Weiher, Campingstraße, 91056 Dechsendorf. ✆ 09135/1053, www.erlangen-marketing.de. **Länge:** Etwa 4 km auf Schotterwegen, mit Kinderwagen gut befahrbar. **Bahn/Bus:** Bus 283 bis Dechsendorfer Weiher. **Auto:** ↗ Erlangen. Über Dechsendorfer Damm, hinter Aral-Tankstelle links in Brühl, nächste Kreuzung rechts in Naturbadstraße,

Parkplätze Naturbadstraße oder Campingstraße. **Zeiten:** frei zugänglich.

▶ Eine sehr schöne und abwechslungsreiche kleine Wanderung könnt ihr zu jeder Jahreszeit rund um den Dechsendorfer Weiher unternehmen. Sie startet an der Bushaltestelle *Dechsendorfer Weiher.* Von dort geht ihr rechts herum auf den kleinen Weg um den See. Auf der rechten Seite folgen zwei Gastwirtschaften, eine davon ist das **Forsthaus Dechsendorf** mit nettem Biergarten und gemütlichem Strandkorb. Der Weg führt euch nun vorbei an Liegewiesen mit Grillstellen und einer großen Rasenfläche mit Kinderspielplatz. Weiter folgt eine Unterstandshütte, die bei Regen für entsprechenden Schutz sorgt. Weiter durch einen Kiefernwald gelangt ihr zum oberen Ende des *Großen Bischofsweihers.* Um den Rundweg um den Dechsendorfer Weiher zu nehmen, haltet ihr euch links und geht über die Brücke auf den Damm des oben liegenden kleinen Weihers. Am Ende des Dammes führt der Rundweg links zur Schule, dort biegt ihr wieder links ab. Auf einem sogenannten *Knüppeldamm* gelangt ihr erneut zum Weiherufer und bleibt auf dem größeren Weg, der über die Schule und die Campingstraße zurück zum See führt. Dort geht ihr weiter an den Segelclubs und dem Campingplatz vorbei. Kurz darauf habt ihr wieder euren Ausgangspunkt erreicht.

Im Sommer könnt ihr am Weiher grillen, campen, surfen, segeln, Tretboot fahren oder einfach in der Sonne liegen. Im Winter, wenn das Eis dick genug ist, steht euch fast 1 qkm Eisfläche zum Schlittschuh laufen und Eisstockschießen zur Verfügung.

Hunger & Durst

Forsthaus Dechsendorf, Naturbadstraße 99, Dechsendorf. ✆ 09135/722060. www.forsthaus-dechsendorf.com. Di – So 11 – 22.30 Uhr. Biergarten, Strandkörbe, großer Spielplatz mit Trampolin.

Spaziergang zu den Urwildpferden

Landschaftspflegeverband Mittelfranken, 91058 Erlangen-Tennenlohe. ✆ 09131/6146345, www.wildpferde-tennenlohe.de. **Länge:** einfache Strecke 2 km. **Bahn/Bus:** Bus 30 bis Walderlebniszentrum. **Auto:** B4 Ausfahrt Tennenlohe, Parkplatz an der Kurt-Schumacher-Straße/Weinstraße. **Zeiten:** jederzeit zugänglich, einmal im Monat kostenlose Themenführung, Termine im Internet. **Preise:** kostenlos.

▶ Ein tolles Ziel habt ihr bei einem Spaziergang zu den Urwildpferden im **Tennenloher Forst** vor euch. Ihr

In dem Naturschutzgebiet sind bislang 1800 Pflanzen- und Tierarten nachgewiesen. Nehmt am besten ein Bestimmungsbuch mit. Darin könnt ihr die Pflanzen- und Tiernamen nachschlagen.

startet am Parkplatz in der Kurt-Schumacher-Straße, Ecke Weinstraße. Auf dem Hauptweg durch den Tennenloher Forst erreicht ihr nach circa 2 km das Gehege der Urwildpferde. Diese könnt ihr in aller Ruhe beobachten – allerdings ist das Streicheln und Füttern verboten. Denn hier wird alles dafür getan, die Tiere so naturnah wie möglich zu halten und damit deren Bestand zu sichern. Die sogenannten *Przewalski-Pferde* beweiden hier eine Fläche von rund 90 ha und sind dabei sehr genügsam: Sie können sich vom kargen Bewuchs auf den sandigen Flächen das ganze Jahr ernähren. Durch Wälzen und Scharren sowie den Huftritt schaffen sie übrigens immer wieder neue offene Sandflächen, die Sandbewohnern wie Heidelerche, Sandlaufkäfer und Blauflügeliger Ödlandschrecke als Lebensraum dienen. Auch starke Sonneneinstrahlung im Sommer und Kälte im Winter kann den Pferden nichts anhaben. Als Unterstand benutzen sie Baumgruppen, die Schatten spenden und bei rauer Witterung Schutz bieten. Wasser erhalten die Tiere durch eine natürliche Wasserquelle, die auch im Winter aktiv ist.

Filmreif: Zwei Urwildhengste kämpfen
Foto © Landschaftspflegeverband Mittelfranken

ERLANGEN

Gärten, Parks & Grillplätze

Reise in die Tropen: Botanischer Garten

Loschgestraße 1 – 3, 91054 Erlangen. ✆ 09131/8522969, www.botanischer-garten.uni-erlangen.de. **Bahn/Bus:** ↗ Erlangen, vom Hugenottenplatz etwa 10 Gehminuten. **Auto:** Ausfahrt Erlangen Nord, Wegweisern Botanischer Garten folgen, parken am Theaterplatz oder auf dem Großparkplatz. **Rad:** Innenstadt. **Zeiten:** Freiland Sep – Mai 8 – 16 Uhr, Juni – Aug 8 – 17.30 Uhr, Gewächshäuser Di – So und Fei 9.30 – 15.30 Uhr, Neischlhöhle April – Sep So 14 – 16 Uhr. **Preise:** Eintritt frei.

Der schöne barocke ↗ *Schlossgarten* liegt gleich nebenan. Er lädt nach einem Besuch im Botanischen Garten zum Picknick oder zum Toben auf den Rasenflächen ein.

▶ Mitten im Stadtzentrum, direkt neben dem Schlossgarten, könnt ihr euch auf einen Ausflug in eine bunte Pflanzenwelt freuen. Dabei begebt ihr euch auf botanische Weltreise, denn rund 4000 Pflanzenarten aus der ganzen Welt gibt es hier zu bewundern. In circa 1700 qm großen **Gewächshäusern** wachsen Pflanzen aus den Tropen und Subtropen. Im **Freiland** sind kleinflächige Anlagen zu unterschiedlichen Themenkreisen, wie zum Beispiel Feuchtbiotop, Steppe oder ein fernöstlicher Garten, angelegt. Besonders hübsch sind die großen tropischen Seerosen anzusehen, die im Sommer im Freien in den Farben Blau, Rot und Gelb leuchten. Hier lassen sich dann auch prima die Frösche beobachten, die Unterschlupf unter den großen Blättern suchen. Auch wenn der Botanische Garten zu einem der kleinsten Deutschlands gehört, kann er mit einer großen Besonderheit aufwarten: nämlich mit der Nachbildung einer **Dolomit-Tropfsteinhöhle.** In einem etwa 25 m langen und bis zu 5 m hohen Raum sind täuschend echt hängende und stehende Tropfsteine nachgebildet.

Der Burgberggarten

Heinrich-Kirchner-Skulpturengarten, An den Kellern 36, 91054 Erlangen. www.erlangen-marketing.de. **Bahn/Bus:** Bus 288, 289 bis Rathsberger Straße, 10 Min Fußweg. **Auto:** ↗ Erlangen, über Rathsberger Straße, Parken an den Kellern. **Zeiten:** frei zugänglich, Garten in der Woche nach Pfingsten geschlossen.

Die Keller unter dem Burgberg könnt ihr besichtigen, ↗ *Streifzug durch kühle Keller.*

▶ Am Erlanger Burgberg tobt jedes Jahr um Pfingsten die ↗ *Bergkirchweih.* Dann wird es hier laut und bunt. Außerhalb dieser Zeit lädt der Burgberggarten zu schönen Spaziergängen ein. Bei den Kellern Nummer 36 beginnt ihr euren kleinen Ausflug und steigt von dort über Treppen in den Burgberggarten auf. Ein paar Meter weiter ist außerdem ein Weg für Kinderwagen, der gut ausgebaut ist. Dort erwarten euch 17 große Bronzeplastiken des in Erlangen geborenen Künstlers *Heinrich Kirchner* (1902 – 1984). Im Mittelpunkt seiner Kunst steht das Thema Mensch und Natur in Bezug zum Göttlichen. Ihr dürft die riesigen Plastiken ruhig anfassen oder durch sie hindurchlaufen. Wenn ihr an der höchsten Stelle des Burgberggartens angekommen seid, habt ihr von dort einen tollen Blick über Erlangen. Der Garten selbst ist schön angelegt: mit Terrassen, Obstbäumen, Steinbrüchen und Wasserbecken. Auf einer der großen Wiesen oder auf den vielen Bänken findet sich bestimmt ein schöner Platz für ein Picknick.

Ganz oben: Auf Papas Schultern im Skulpturenpark

© pmv, Sylvia Schaub

Schlossgarten

Schlossgarten Erlangen, Schlossgarten 1, 91054 Erlangen. ✆ 09131/850, www.erlangen-marketing.de. **Bahn/Bus:** ↗ Erlangen, vom Hugenottenplatz 5 Min Fußweg. **Auto:** ↗ Erlangen, Innenstadt, Parkplatz am Theaterplatz oder Großparkplatz. **Rad:** Innenstadt. **Zeiten:** frei zugänglich.

▶ Unter dem Einfluss der Markgräfin *Elisabeth Sophie* (1674 – 1748) entstand hinter dem ab 1700 erbauten **Markgrafenschloss** ein wunderschöner **Barockgarten.** Vor allem, wenn die Blumen blühen, zeigt er sich von seiner schönsten Seite. Die ausgewiesenen Liegeflächen bieten sich im Sommer für ein Picknick an. Neben den vielen Studenten, die bei

Hunger & Durst

Café Mengin, Schlossplatz 5, Erlangen. ✆ 09131/21969. Mo – Fr 8.30 – 18, So und Fei 10 – 18 Uhr. Traditionsreiches Café mit schöner Sonnenterrasse zum Schlossgarten hin, leckere Kuchen auch zum Mitnehmen fürs Picknick, Spielecke.

Sonnenschein von der Uni entspannen, findet ihr sicher noch ein schönes Plätzchen. Sonntags um 11 Uhr finden vor der Orangerie die beliebten Schlossgartenkonzerte statt. Dann spielen Bands, Orchester oder Jazzformationen (Eintritt frei, Termine im Internet).

Grillplätze in Erlangen

Amt für Soziokultur – Kinderkulturbüro, 91052 Erlangen. ✆ 09131/86425 (Reservierung).

- **Grillplatz Bayernstraße 18 – 20,** direkt neben einer Freizeitanlage mit Schaukel, Seilbahn, Bolzplatz und Beachvolleyballfeld, keine Sitzgelegenheiten, kostenlos, grillen bis max. 23 Uhr.
- **Grillplatz an der Freizeitanlage Meilwaldbühne,** Spardorfer Straße 80, Tische und einige Sitzgelegenheiten an der Grillstelle sowie Abfalleimer und Grillvorrichtung, Privatfeiern 30 €/Tag inkl. Strom und Wasser, für Schulen und Kindergärten 20 €/ Tag.
- **Grillplatz an der Sylvaniastraße/Kraftwerkstraße,** fest installierte Grills und Lagerfeuerstellen, großer Bolzplatz, keine Sitzmöglichkeiten, Privatfeiern und gemeinnützige Veranstaltungen 20 €/ Tag inkl. Strom.

Spielen, klettern & rodeln

Tierisch bunter Abenteuerspielplatz

Jugendfarm e.V., Spardorfer Straße 82, 91054 Erlangen. ✆ 09131/21365, www.jugendfarm-er.de. **Bahn/ Bus:** Bus 288, 289 bis Atzelsberger Steige, dann zu Fuß stadtauswärts entlang Spardorfer Straße, am Turnerbund vorbei, 50 m durch den Wald, links Teerweg (Jugendfarm-Schild, ca. 10 Min). **Auto:** ↗ Erlangen, über Spardorfer Straße, Parkmöglichkeiten eingeschränkt vorhanden. **Rad:** Über Spardorfer Straße, danach wie Fußweg Bahn/Bus. **Zeiten:** Mo – Sa 9.30 –

Unter dem Motto *Schluss mit McDonalds, Fertigsuppen und -pizzen* findet hier jeden 1. Fr im Monat (außer in den Ferien) ein Kinderkochclub statt. Anmeldung erbeten.

18 Uhr, Büro Mo – Fr 9.30 – 13 Uhr. **Preise:** frei zugänglich für Rundgänge, Offene-Tür-Betreuung 25 € im Jahr, Preise für Ferienangebote variieren.

▶ Der Spielplatz liegt im Naherholungsgebiet *Meilwald* und bietet Tiergehege, Reitplatz, Gartenflächen, Feuerstellen, Bauspielbereiche und Niedrigseilgarten. Zu den allgemeinen Öffnungszeiten steht die Jugendfarm jedem für einen spontanen Besuch offen. Falls ihr danach Lust habt, öfter zu kommen und zum Beispiel bei der Pflege der Tiere zu helfen, kann eine Offene-Tür-Betreuung gebucht werden. In den Ferien bietet die Jugendfarm für Kinder 6 – 12 Jahre ein spannendes **Ferienprogramm** an, beispielsweise Reiterferien, Zirkus-Spiele oder Kreativangebote. Außerdem könnt ihr täglich viele hungrige Tiere versorgen und verwöhnen. Es lohnt sich also, sich über die vielen Veranstaltungen und Kurse auf der Internetseite zu informieren!

Schmusen mit dem Hahn? Er ist nicht ganz das perfekte Tier dafür, aber der Gockel von der Jugendfarm lässt es sich gefallen

Foto © Jugendfarm Erlangen

Boulderhalle Dechsendorf

Blockhelden, Weisendorfer Straße 18, 91056 Erlangen-Dechsendorf. ✆ 09135/7359509, www.blockhelden.de. **Bahn/Bus:** Bus 283 bis Weisendorfer Straße. **Auto:** ↗ Erlangen, über Dechsendorfer Damm, hinter Aral-Tankstelle, Parkplätze vorhanden. **Rad:** Über Regnitzgrund, dann Dechsendorfer Damm. **Zeiten:** Di, Do, Sa, So 9 – 23, Mo, Mi, Fr 11 – 23 Uhr. **Preise:** Mo – Fr vor 15 Uhr 7,90 €, Mo – Fr ab 15 Uhr, Sa, So, Fei 9,90 €, 11er-Karte 99 €, Leihschuhe 2,90 €; Kinder 3 – 5 Jahre Mo – Fr vor 15 Uhr 2,90 €, 6 – 13 Jahre 5,90 €, Mo – Fr ab 15 Uhr, Sa, So, Fei 3 – 5 Jahre 3,90 €, 6 – 13 Jahre 6,90 €; ab 2 eigenen Kindern klettert das jüngste kostenlos.

▶ Klettert ihr gerne auf dem Spielplatz oder auf Bäumen? Dann solltet ihr Bouldern kennen lernen: klet-

Happy Birthday!

Die Kindertrainer der Blockhelden bereiten für euch ein 90-minütiges Programm vor. Danach wird im Bistro weitergefeiert. Kuchen dürft ihr mitbringen. Ab 109 € (1 Trainer, max. 6 Kinder).

Fast schon wie Spiderman! In der Boulderhalle übt ihr Klettern

Foto © Blockhelden

tern auf Absprunghöhe. In Dechsendorf erwartet euch eine der modernsten Boulderhallen Europas. Auf 1600 qm stehen riesige Kletterflächen, ein separater Kinderbereich und ein Bistro zur Verfügung. Ab 3 Jahre könnt ihr mit dem Bouldern beginnen. Es werden natürlich Kurse für alle Altersgruppen angeboten. Falls eure Eltern einmal selbst ganz in Ruhe klettern möchten, solltet ihr So zwischen 13 und 17 Uhr kommen. Denn dann bieten die Blockhelden eine Betreuung im Kinderbereich an. Einfach Sportsachen einpacken und los geht's!

Schlitten fahren in Erlangen

91052 Erlangen. www.erlangen-marketing.de.

▶ Wenn es endlich mal wieder geschneit hat und der Schnee bleibt liegen, dann habt ihr in Erlangen jede Menge Möglichkeiten zum Rodeln:

- **Rodelhügel Pommernstraße,** Nähe Westbad, 91052 Erlangen,
- **Rodelhügel Bürgermeistersteg:** zwischen Nordende der Löwenichstraße und Ebrardstraße, 91054 Erlangen,
- **Rodelhügel an der Michael-Vogel-Straße,** am Rand des Bolzplatzes, 91052 Erlangen,
- **Rodelhang im Röthelheimpark,** Kurt-Schumacher-Straße, Nähe OBI, 91052 Erlangen (nicht für Kleinkinder geeignet, da zu steil),
- **Rodelhang Kanal-Deich,** neben dem Steinforstgraben, 91056 Erlangen-Kosbach (mit Aufstiegshilfe),
- **Rodelhang Frauenaurach,** Freizeitgelände Willi-Grasser-Straße, 91056 Erlangen-Frauenaurach,
- **Rodelberg Buckenhoferweg,** Freizeitanlage an der Bahnlinie, 91058 Erlangen-Bruck,

- **Rodelhang Äußere Nürnberger Straße am Südkreuz,** 91058 Erlangen-Bruck,
- **Rodelhügel Eltersdorf** bei der Georg-Hirschmann-Anlage, 91058,
- **Rodelhügel zwischen Sieglitzhof und Spardorf** gegenüber der BMX-Bahn,
- **Rodelhügel Brucker Lache** am Sandhügel südlich des Bierweges und östlich des Franzosenweges im Naturschutzgebiet, 91058 Erlangen-Bruck (schöne lange Abfahrt).

UMWELT ERFORSCHEN

Auf dem Bauernhof

Selbst ernten macht Spaß

Huckepack Erlebnisernten, Niedermann, Vacherstraße 30, 91056 Erlangen-Hüttendorf. ✆ 0911/762570, www.huckepack-ernte.de. **Bahn/Bus:** Bus 175 bis Vach Nord, dann Fußweg 1 km; Bus 281 bis Hüttendorf-Tulpenweg, dann Fußweg 1 km. **Auto:** Über A72, Ausfahrt 35-Eltersdorf, das Feld liegt zwischen Hüttendorf und Vach. **Zeiten:** Huckepackfeld Ostern – Ende Okt Di – So 10 – 19 Uhr. **Preise:** Spielwiese 3 € pro Person.

▶ Wollt ihr sehen, wie und wo das regionale Obst und Gemüse wächst, dann kommt zum Huckepack Erlebnisernten. Das Tolle ist: Ihr dürft, wie der Name schon sagt, auch selbst ernten. Auf einer Fläche von 120.000 qm wachsen unter anderem Äpfel, Artischocken, Auberginen, Blumenkohl, Beeren, Erdbeeren, Gurken und vieles mehr. Nach dem Ernten bezahlt ihr für das Obst oder Gemüse je nach Preisliste, zum Beispiel für das Kilogramm Erdbeeren 3,20 €. Auf der dazugehörigen **Naturspielwiese** erwarten euch anschließend ein Tiergehege, Strohpyramiden, Maisschwimmbad, Oldtimertraktor und überdachte Sitzbänke mit Grillmöglichkeiten. Huckepack Erlebnisernten bietet außerdem Veranstaltungen für Schulklassen oder für Geburtstagsfeiern an. Dann wird zum

Hofladen Familie Niedermann, Talblick 13, Hüttendorf. www.huckepack-ernte.de. Fr 10 – 18, Sa 9.30 – 14 Uhr, Ostern – Ende Nov geschlossen. Beim Huckepack Erlebnisernten gibt es auch einen Hofladen. Hat dieser im Winter geschlossen, könnt ihr in Hüttendorf einkaufen: Produkte vom Huckepackfeld und aus der Region, Müslis, Marmelade, selbst gemachte Kuchen.

Beispiel unter dem Motto *Gemüse macht Spaß* gemeinsam Gemüse geerntet und zu lustigen Gemüsegesichtern verarbeitet. Danach darf alles restlos aufgegessen werden (6 €, zzgl. 2 € Spielwiese pro Kind und Std). Ihr werdet schnell merken, wie viel besser das frisch geerntete Obst und Gemüse im Vergleich zu dem aus dem Supermarkt schmeckt, das teilweise schon um die halbe Welt nach Deutschland gereist ist.

Der Natur auf der Spur

Naturschutzgebiet Exerzierplatz

Stadt Erlangen, Silbergrasweg, 91052 Erlangen-Röthelheimpark. ✆ 09131/862174, www.erlangen.de. **Bahn/Bus:** Bus 294, 293 bis Röthelheimpark, Fußweg 10 Min. **Auto:** ↗ Erlangen, über Kurt-Schumacher-Straße oder Hartmannstraße. **Zeiten:** Info-Pavillon Juni – Sep Mi 14 – 17 Uhr, Sandgarten jederzeit frei zugänglich, für Gruppen nach Anmeldung.

▶ Früher rollten auf dem ehemaligen Militärgelände die Panzer. Heute ist das 250.000 qm große Areal als **Naturschutzgebiet** ausgewiesen. Es gehört zu den bedeutendsten Sandlebensräumen in Bayern. Da viele der dort lebenden Tiere und Pflanzen vom Aussterben bedroht sind, stellt das Naturschutzgebiet Exerzierplatz ein wichtiges Rückzugsgebiet für sie dar. In einem Info-Pavillon erhaltet ihr Informationen über die Natur und ihren Schutz. Vielleicht bekommt ihr sogar eine Idee für ein eigenes Naturschutzprojekt!

Gleich nebenan liegt ein hübsch angelegter **Sandgarten,** der zusammen mit dem Botanischen Garten Erlangen betrieben wird. Dieser macht euch mit den wichtigsten und attraktivsten Pflanzen der für Erlangen typischen Sandlebensräume vertraut. Der Garten ist im frühen Sommer besonders sehenswert, wenn viele der Pflanzen blühen.

Kurz vor den Sommerferien finden hier die jährlichen Naturschutztage statt. 15 – 20 Schulklassen sind eingeladen, an spannenden Aktionen wie dem Bau eines Insektenhauses teilzunehmen.

Typisch für sandige Böden: Die Flockenblume
Foto © Annette Sievers

Aromagarten an der Palmsanlage

Universität Erlangen-Nürnberg, 91054 Erlangen. ✆ 09131/8522969 (Botanischer Garten), www.botanischer-garten.uni-erlangen.de. **Lage:** Von der Universitäts- über Bismarckstraße In die Palmsanlage. **Bahn/Bus:** Bus 288,289 bis Schwabachanlage. **Auto:** A73, Ausfahrt Erlangen-Nord, Parkhaus Kopfklinik. **Rad:** Über Universitätsstraße in Palmstraße. **Zeiten:** April – Okt 7 – 19 Uhr. **Preise:** Eintritt frei.

▶ Ein Geruchserlebnis der besonderen Art erwartet euch im Aromagarten. Auf 10.000 qm bewundert und beschnuppert ihr rund 120 heimische und exotische Duftpflanzen. Dabei ist faszinierend, wie viele unterschiedliche Duftnuancen erkennbar sind. Wisst ihr, wie Duftlauch riecht oder Salbei? Man muss sich schon ganz genau auf eine Pflanze konzentrieren, um die vielen Düfte auseinander zu halten. Der Garten ist in verschiedene Themenbereiche gegliedert. Ihr beschreitet beispielsweise den Thymianhügel oder die Baldrianwiese. Wusstet ihr, dass viele der Pflanzen auch für Arzneimittel eingesetzt werden? Die meisten Pflanzen sind winterfest, aber Mai – Juni ist der Besuch des Aromagartens am schönsten. April – Okt finden thematische Gartenführungen statt. Termine auf der Internetseite.

Der Aromagarten liegt im Landschaftsschutzgebiet des Schwabachgrunds und lässt sich prima mit einem Spaziergang verbinden. Es gibt viele Spielplätze (einen mit Wasserspielplatz: Steg an der Bleiche). Auf dem Hubschrauberlandeplatz nahe der Kopfklinik könnt ihr manchmal Hubschrauber starten oder landen sehen.

Naturerlebniszentrum Weihergrundstück

Grünes Klassenzimmer, Naturschutzgemeinschaft Erlangen e.V., Barthelmeßstraße 32, 91056 Erlangen-Alterlangen. ✆ 09131/34686, 0176/6668254 (Geschäftsstelle), www.fen-net.de/nge. **Bahn/Bus:** Bus 286, 287, 288, 293 bis Schulzentrum West, dann 10 Min Fußweg. **Auto:** Über Dechsendorfer Damm, Möhrendorfer Straße, links Alterlanger Straße, rechts Schinnerer Straße, 2. Abzweigung links in Pappelgasse, rechts in Barthelmeßstraße. **Rad:** Über Wöhrmühle durch den Pegnitzgrund. **Zeiten:** jeden 1. Mai und jeden 1. und 3. So Mai – Sep Tag der offenen Tür 10 – 17 Uhr; 15. April – 15. Okt nach Voranmeldung. **Preise:**

Happy Birthday!
Außerhalb der Offenen-Tür-Tage steht euch das Weihergrundstück nach Voranmeldung für Kindergeburtstage oder einen Besuch mit eurer Schulklasse zur Verfügung.

Tag der Offenen Tür
Eintritt frei, Spenden erwünscht.

Vorarbeiten: Im Weiher des Naturerlebniszentrums werden Wassertiere gekeschert, um sie unter die Lupe zu nehmen

Foto © Naturerlebniszentrum Weihergrundstück

▶ Im Naturerlebniszentrum Weihergrundstück dreht sich alles um das Leben im Wasser und an Land. Ein Weiher, idyllisch im Erlanger Regnitzgrund gelegen, bildet den Mittelpunkt für die großen und kleinen Besucher. Hier lassen sich Grasfrösche, Teichmolche, Erdkröten und Libellen beobachten. Vielleicht habt ihr die Möglichkeit, im Sommer das große Konzert der Wasserfrösche anzuhören! In den Freianlagen seht ihr Sumpfschildkröten, Zauneidechsen und noch viele andere Reptilien unserer Heimat. In der Insektennistwand fühlen sich Bienen und Wespen zu Hause. In großen Glasterrarien könnt ihr Laubfrösche, Geburtshelferkröten, Feuersalamander oder auch gefährlich aussehende Gelbbauchunken aus der Nähe bestaunen. Kleinere Wassertiere können unter Becherlupen und Binokularen beobachtet und bestimmt werden. Auch ein Teichhuhn und ein Eisvogel sind regelmäßige Besucher der Anlage und lassen sich gern bewundern.

Den Wald erleben: Walderlebniszentrum Tennenlohe

Weinstraße 100, 91058 Erlangen-Tennenlohe. ✆ 09131/604640, www.walderlebniszentrum-tennenlohe.de. **Bahn/Bus:** Bus 30 bis Walderlebniszentrum. **Auto:** B4, Ausfahrt Tennenlohe, Parkplätze an der Weinstraße und Sebastianstraße. **Zeiten:** März – Okt Mo 7.30 – 12, Di – Do 7.30 – 16, Fr 7.30 – 18, Sa 13 – 18, So, Fei 11 – 18, Nov – Feb Mo, Di – Do 7.30 – 16, Fr 7.30 – 14, So, Fei 11 – 17 Uhr, Ostern und Weihnachtsferien geschlossen. **Preise:** Eintritt frei.

Den Wald mit allen Sinnen zu erleben, das hat sich die Bayerische Forstverwaltung zum Ziel gesetzt. Sie möchte Kindern komplexe Themen der Wald- und Forstwirtschaft anschaulich vermitteln. Dazu stehen verschiedene Themenhäuser, ein forsthistorischer Lehrpfad und ein Naturerlebnislehrpfad zur Verfügung. Im *Haus der Tiere* zum Beispiel könnt ihr die heimischen Wildtiere aus nächster Nähe beobachten. Im *Waldlabor* werdet ihr selbst zu kleinen Naturforschern und dürft Themen wie Boden, Wasser und Klima näher erkunden. Auch auf dem **Erlebnispfad** gibt es viel zu entdecken. Probiert doch mal, auf der Riesenwippe das ökologische Gleichgewicht zu halten.
Informiert euch auch über die vielen spannenden und lehrreichen **Veranstaltungen** des Walderlebniszentrums. Angeboten werden unter anderem *Märchenhafte Nachtwanderungen* für Kinder ab viereinhalb Jahre. Dabei lädt euch eine Märchenerzählerin zu einem einstündigen, märchenhaften Abendspaziergang ein. Anschließend klingt der Abend bei Stockbrot und Würstchen aus (3 € pro Person). Im Winter findet **Tierspurensuchen** mit dem Förster statt (2 € pro Person). Ebenso könnt ihr euren Geburtstag feiern oder euren Klassenausflug hierher machen.

Auch außerhalb der Öffnungszeiten bietet sich das Walderlebniszentrum als Ziel einer kleinen Wanderung an. So sind viele Aktivitäten, wie zum Beispiel der Naturerlebnispfad mit seinen 12 Stationen, rund um die Uhr frei begehbar.

HANDWERK UND GESCHICHTE

Betriebe besichtigen

Streifzug durch kühle Keller

Entlas Keller Biergarten GmbH, An den Kellern 5 – 7, 91054 Erlangen. ✆ 09131/22100, www.entlaskeller.de. **Bahn/Bus:** Bus 289 bis Essenbacher Brücke, Fußweg 5 Min. **Auto:** ↗ Erlangen, über Rathsberger Straße. **Zeiten:** April – Sep So 11 Uhr oder nach Vereinbarung. **Preise:** 6 € inkl. Getränk; Kinder bis 12 Jahre frei.

Wusstet ihr, dass die Erlanger Brauereien bereits seit dem 17. Jahrhundert ihr Bier in den kühlen Fel-

Hunger & Durst

Entlas Keller, An den Kellern 5 – 7, Erlangen. ✆ 09131/22100. www.entlaskeller.de. April – letztes Wochenende im Sep ab 11 Uhr. Fränkische Brotzeit, fränkische warme Speisen, besonders lecker: Kirchweihküchla.

senkellern unterm Berg lagern? Um das Bier auch im Sommer schön kühl zu halten, kamen damals die zugewanderten Hugenotten auf diese Idee. Oben auf den Kellern wachsen mächtige Eichen und Linden, die zusätzlich vor Hitze durch Sonneneinstrahlung schützen. Da beim Versuch, die Gänge zu erweitern, nicht ausreichend auf die Statik geachtet wurde, stürzte nach dem Zweiten Weltkrieg ein Teil der Stollen ein. Deshalb könnt ihr heute nicht mehr alle Gänge bis zu ihrem ursprünglichen Ende begehen. Trotzdem ist noch viel Sehenswertes übrig geblieben. Entdecken könnt ihr das fast endlos wirkende unterirdische Gängelabyrinth während einer Führung mit spannenden Geschichten von früher bis heute.

Dem Bäcker über die Schulter schauen

Betriebsführung bei der Bäckerei Der Beck, Renate Pickelmann, Am Weichselgarten 12, 91058 Erlangen-Tennenlohe. ✆ 09131/778316, www.der-beck.de. **Bahn/Bus:** Bus 295 bis Tennenlohe Weichselgarten. **Auto:** A3 Abfahrt Tennenlohe, Gewerbegebiet Tennenlohe, links Weichselgarten. **Zeiten:** nach Vereinbarung für Schulklassen und Kindergärten.

▶ Bereits 1895 wurden in Tennenlohe in einer kleinen Dorfbäckerei die ersten Brote und Brötchen verkauft – und zwar von den Großeltern der heutigen Familienunternehmer der Bäckerei *Der Beck*. Heute ist *Der Beck* aus Erlangen nicht mehr wegzudenken. Das Unternehmen zählt mit über 140 Filialen und rund 1300 Mitarbeitern zu einem der größten Gastronomiebetriebe in Deutschland. Besonderen Wert legt die Bäckerei dabei auf regionale Zutaten und auf den Verzicht von Zusatzstoffen. Davon könnt ihr euch bei einer Betriebsbesichtigung persönlich überzeugen. Interessant ist zu sehen, welche Tätigkeiten heutzutage immer noch mit der Hand gemacht und welche inzwischen mithilfe modernster Maschinen erledigt werden. Bestimmt gibt es dann auch etwas frisch Gebackenes zum Kosten.

Museen & Stadtführungen

Vom ersten Röntgenstrahl zum MRT: Siemens MedMuseum

Gebbertstraße 1, 91052 Erlangen. ✆ 09131/736000, www.medmuseum.siemens.com. **Bahn/Bus:** Bus 293, 284 bis Zollhaus. **Auto:** Über Henkestraße links in Gebbertstraße, eingeschränkte Anzahl von Parkplätzen direkt vor dem Museum. **Zeiten:** Di – Fr 10 – 17, Sa 11 – 19 Uhr. **Preise:** kostenfrei.

▶ In Erlangen spielt die Medizintechnik schon lange eine sehr bedeutende Rolle. Ihren Anfang nahm sie im Jahr 1877, als der Mechaniker *Erwin Moritz Reiniger* eine Werkstatt für mechanische und optische Geräte in Erlangen eröffnete. Das Museum erzählt spannende Geschichten von Menschen mit Pioniergeist und zeigt euch Exponate der Medizintechnik aus der Vergangenheit bis hin zur Gegenwart. Gleich am Eingang begrüßt **Werner von Siemens** die Besucher. Lasst euch von ihm erzählen, wie er seinen Bruder mit Strom gegen Zahnschmerzen behandelt. Ein paar Schritte weiter taucht ihr in die Welt der Schattenbilder ein und erfahrt, wie man mit Röntgenstrahlen in den Körper schauen kann. Vielleicht habt ihr ja schon einmal ein Röntgenbild gesehen. Auf den ersten Blick ist es gar nicht so einfach, etwas darauf zu erkennen. Im Museum könnt ihr in die Rolle eines Arztes schlüpfen und mithilfe von Forscherfolien Röntgenbilder unter die Lupe nehmen. Außerdem trefft ihr bei eurem Rundgang auf ein über 100 Jahre altes Röntgengerät, betagte Zahnbohrer und witzige Hörbrillen. Was eine Hörbrille ist? Findet es selbst heraus! Das Museum bietet euch ein Museumsquiz an, mit dem ihr auf Forschungstour gehen könnt.

***Werner von Siemens** wurde 1816 geboren. Er gründete 1847 mit Johann Georg Halske die Telegraphen-Bauanstalt Siemens & Halske, die heutige Siemens AG. Damals wurde noch in einer kleinen Werkstatt getüftelt. Heute beschäftigt Siemens rund 343.000 Mitarbeiter.*

Stadtgeschichte zum Anfassen

Stadtmuseum Erlangen, Martin-Luther-Platz 9, 91054 Erlangen. ✆ 09131/ 862300, www.erlangen.de. **Bahn/Bus:** 10 Min zu Fuß vom Hugenottenplatz.

Auto: ↗ Erlangen, Richtung Innenstadt, Parken an der Fuchsenwiese oder Theaterplatz. **Zeiten:** Di, Mi 9 – 17, Do 9 – 20, Fr 9 – 17, Sa, So 11 – 17 Uhr. **Preise:** 4 €; Kinder ab 6 Jahre 2,50 €.

▶ Im hübschen ehemaligen Altstädter Rathaus und einem benachbarten Bürgerhaus befindet sich das **Stadtmuseum.** Die vielen Exponate machen die Stadtgeschichte Erlangens von der ersten Besiedlung bis ins 20. Jahrhundert wieder lebendig. Im Mittelpunkt steht die Barockstadt mit hugenottischen Handwerken und Manufakturen, der markgräflichen Residenz und der Gründung der Universität. Auch Erlangens Weg ins Industriezeitalter kann bestaunt werden. Zu sehen ist u.a. eine Maschine aus der Betriebsschlosserei der Firma *Zucker,* wie sie um 1900 eingesetzt wurde. An regelmäßigen Aktions- und Familientagen oder bei separaten Führungen für Gruppen (mit Voranmeldung) wird die Stadtgeschichte für euch wirklichkeitsnah erlebbar. Zum Beispiel unter dem Motto *Uromas Frühstück* geht ihr der Frage nach, wie eure Uroma vor über 100 Jahren ihren vielen Kindern das Frühstück machte. Dabei dürft ihr in einer echten historischen Küche arbeiten.

Stadtrallye durch Erlangen

Erlanger Tourismus und Marketing Verein e.V., Rathausplatz 1, 91054 Erlangen. ✆ 09131/8951-12, www.erlangen-marketing.de. **Lage:** Verschiedene Startpunkte. **Zeiten:** nach Vereinbarung, Dauer etwa 60 Min, max. 15 Teilnehmer. **Preise:** 75 € für min. 7 Schüler.

▶ Wie alt ist eigentlich die Hugenottenkirche in Erlangen und woher hat sie ihren Namen? Wer hat das schöne Schloss gebaut und den imposanten Schlossgarten angelegt? Wer kennt den Wasserturm und wo steht der genau? So viele Fragen, auf die es sicherlich noch mehr spannende Antworten gibt. Bei einer Stadtrallye durch Erlangen (ab der 5. Klasse) könnt ihr auf spielerische Art und Weise ganz viel

Die Tourist-Info bietet auch mobile Stadtführungen über euer Handy an. Auf der Internetseite unter *Stadtführungen – Audioguide* findet ihr weitere Informationen.

über die Stadt erfahren. Die Stadtführerin *Mairi Barkei* hat sich die Fragen extra für diese Tour ausgedacht und bietet die Rallye in deutscher und englischer Sprache an.

Hugenottenkirche: Auf eurer Tour durch Erlangen erfahrt ihr, was es mit den Hugenotten auf sich hat
Foto © ETM, Sabine Ismaier

Museum im Amtshausschüpfla

Heimat- und Geschichtsverein Erlangen e.V., Brauhofgasse 2b, 91096 Erlangen-Frauenaurach. Handy 0175/3526573, www.museum-schuepfla.de. **Bahn/Bus:** Bus 281 bis Wallenrodstraße. **Auto:** Über Herzogenauracher Damm, Ausfahrt Erlangen-West/Frauenaurach, Kreisverkehr 3. Ausfahrt, links in Brückenstraße, rechts in Wallenrodstraße, links in Brauhofgasse. **Zeiten:** Ostereierausstellung 5. und 4. Wochenende vor Ostern 11–18 Uhr, Sommerausstellung Mai – Okt jeden 1. So im Monat 14 – 17 Uhr und Kirchweihtag 4. So im Sep, Advent im Museum 1. und 2. Advent, jeweils Sa und So 13 – 17 Uhr; Gruppenführungen nach Vereinbarung. **Preise:** Eintritt frei, Spende erbeten; Führung 20 € pro Gruppe. Führungen und Aktionen für Kinder-/Schülergruppen 2 € pro Kind.

▶ Südwestlich von Erlangen liegt Frauenaurach, das früher eine selbstständige Gemeinde war. Vor rund 40 Jahren wurde es in die Stadt Erlangen eingemeindet. Im **Heimatmuseum** mit dem lustigen Namen wird gezeigt, wie die Menschen um 1920 im Raum Frauenaurach gelebt, gewohnt und gearbeitet haben. In einer original eingerichteten Küche, einer Stube und einer Schlafkammer könnt ihr in die Welt von damals eintauchen. Da viele Menschen in Frauenaurach damals vom Handwerk und der Landwirtschaft gelebt haben, ist auch eine Schuhmacherwerkstatt jener Zeit zu bewundern. Über das Jahr verteilt gibt es im Museum **drei Schwerpunkte:** die *Ostereierausstellung,* jedes Jahr zu einem anderen Thema, die

Sommerausstellung zu kulturhistorischen Themen und *Advent*. Für Kinder- und Schülergruppen werden besondere Führungen und Aktionen angeboten. Dabei könnt ihr entdecken, wie Kinder vor 100 Jahren lebten.

BÜHNE, LEINWAND & AKTIONEN

@ Wollt ihr wissen, wie Erlangen früher aussah? Dann schaut mal auf die Internetseite www.alt-erlangen.de.

Theater & Kunst

Markgrafentheater: Großes Theater auch für Kleine

Theatherplatz 2, 91054 Erlangen. ✆ 09131/862511 (Karten), 862941 (Führungen, pädagogische Angebote). www.theater-erlangen.de. **Bahn/Bus:** Vom Hugenottenplatz 5 Min Fußweg. **Auto:** ↗ Erlangen, Parkplatz Theaterplatz. **Preise:** Weihnachtsmärchen ab 6 €, Klassenzimmerstücke 4 € pro Schüler zzgl. Fahrtkosten.

▶ Allein das hübsche Gebäude des Theaters ist einen Besuch wert. Das **Markgrafentheater** ist das älteste bespielte Barocktheater Süddeutschlands. Mehrmals im Jahr heben sich hier die schweren, roten Samtgardinen und es werden sehr liebevoll inszenierte Stücke für Kinder aller Altersklassen angeboten. So sind zum Beispiel die Kinderstücke vor Weihnachten schon seit vielen Jahren fester Bestandteil des Programms. Außerdem bietet das Theater ein umfangreiches theaterpädagogisches Programm. Unter anderem die sogenannten Klassenzimmerstücke, bei denen ein Schauspieler in eure Klasse kommt und ihr dort ein Stück einstudiert. Nach Anmeldung könnt ihr mit eurem Kindergarten oder eurer Schule das Theater natürlich auch ohne Besuch eines Stücks oder Workshops besichtigen.

Jugendkunstschule Erlangen (JUKS)

Amt für Soziokultur – Kinderkulturbüro, Südliche Stadtmauerstraße 35, 91054 Erlangen. ✆ 09131/862812, www.juks-erlangen.de. **Bahn/Bus:** Bus 284, 286, 287, 294 bis Langemarckplatz. **Auto:** ↗ Erlangen. **Preise:**

Überraschungs-Dings-Da 4 € zzgl. 2 € Material, Fotokurs 23 € zzgl. 8 €, Lampe aus Recyclingmaterial 6,50 € zzgl. 8 €, Hip-Hop 17,50 €, Yoga 10,50 €.

▶ In der Jugendkunstschule mischen und experimentieren Kinder 3 – 18 Jahre mit unterschiedlichsten Farben und Materialien. Ab 5 Jahre könnt ihr zum Beispiel ein *Überraschungs-DingsDa* bauen. Dabei dürft ihr sägen, kleistern, kleben, wickeln und malen. Wenn das DingsDa fertig ist, bekommt es einen tollen Fantasienamen und ihr dürft es mit nach Hause nehmen. Für Kinder ab 12 Jahre werden Fotokurse mit einem erfahrenen Fotografen oder Kurse zur Herstellung von Lampen aus Recyclingmaterial angeboten. Zusätzlich zu den Kunstkursen gibt es auch Kurse rund um das Thema Tanz und Bewegung. Zum Austoben steht Hip-Hop ab 9 Jahre auf dem Programm. Wenn ihr lieber mal richtig entspannen wollt, nehmt am Yoga (ab 7 Jahre) teil. Der Hauptsitz der Jugendkunstschule befindet sich im **Freizeitzentrum Frankenhof.** Auch in den Stadtteilen wie Bruck (Begegnungszentrum Fröbelstraße) oder Frauenaurach (Gemeindezentrum) werden Kurse angeboten.

In den Ferien finden zusätzliche Ferienkurse der JUKS statt. Termine auf der Internetseite.

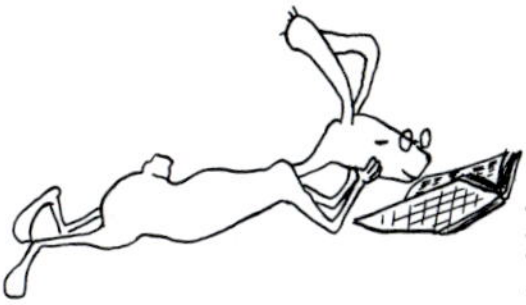

Mitmach-Aktionen, Musik & Medien

Simsons buntes Ferienprogramm

Amt für Soziokultur – Kinderkulturbüro, 91054 Erlangen. ✆ 90131/862915, www.simsons-kinderseiten.de. **Bahn/Bus:** Bus 284, 286, 287, 294 bis Langemarckplatz. **Auto:** ↗ Erlangen. **Preise:** Bäckerei- und Feuerwehrbesichtigung sowie Spielplatz-Aktionen kostenlos, Kletter- und Erlebniscamps bis ca. 135 €, Ganztagsbetreuungen ab 50 €. **Infos:** Auf der Webseite ist für das Ferienprogramm eine Alterssuchmaschine hinterlegt, die Angebote gelten auch noch für 17-Jährige!

▶ Rechtzeitig vor den jeweiligen Ferien erscheint eine kleine Zeitung, in der ihr alle Aktivitäten des

Da der Ansturm auf das Ferienprogramm erfahrungsgemäß groß ist, solltet ihr nicht den ersten Anmeldetag verpassen. Er wird rechtzeitig auf der Internetseite bekanntgegeben.

Ferienprogramms findet. Es gibt Ganztags-Wochenangebote, bei denen ihr vom Freizeitzentrum Frankenhof aus tolle Ausflüge wie beispielsweise ins ↗ *Tucherland* oder ins ↗ *Walderlebniszentrum* mit anschließendem Bowlingspiel unternehmt. Oder ihr lernt beim Abenteuer Kletter- und Erlebniscamp im Hirschbachtal das fachmännische Klettern. Am Ende der Sommerferien gibt es das 5-tägige kreative **Kinderlandfest,** bei dem gespielt, gebaut, gefilzt, Körbe geflochten oder auf der Hüpfburg rumgehüpft werden kann. Darüber hinaus ergänzen viele tolle **Tagesangebote** das Programm. Dabei schaut ihr etwa zu, wie bei einem Bäcker die leckeren fränkischen Brezeln entstehen. Oder ihr seid zu Besuch bei der Erlanger Berufsfeuerwehr und dürft sogar den ein oder anderen Brand selbst löschen!

@ Auf Simsons Kinderseiten unter www.erlangen.de/simson findet ihr tagesaktuell alles, was in Erlangen für Kinder geboten wird, so auch die Termine des Kinderprogramms im E-Werk.

Kinderprogramm im E-Werk

Kulturzentrum E-Werk Erlangen, Fuchsenwiese 1, 91054 Erlangen. ✆ 09131/800555, www.e-werk.de. **Bahn/Bus:** Vom Hugenottenplatz/Bhf 10 Min Fußweg. **Auto:** ↗ Erlangen, Beschilderung Fuchsenwiese, Parkplatz vor dem Haus (Gebühr). **Preise:** Kinderkino bis 14 Jahre 4 €, Theaterworkshop kostenlos, um Spende für Requisiten wird gebeten.

▶ Das Kulturzentrum hat unter dem Motto *Kinder Kultur Tag* immer wieder sehr schöne Veranstaltungen für Kinder und Jugendliche im Programm. Dann wird das E-Werk zu einem kleinen Kino oder es treten Bands auf, die euch mit ihren Kinderliedern ganz sicher zum Lachen und Mitmachen bringen. 8- bis 12-Jährige können unter dem Motto *Auf die Bühne … fertig … Action* an einem Theaterworkshop teilnehmen.

Hunger & Durst

Im Sommer gibt es vor dem E-Werk einen kleinen Biergarten, wo ihr euch vor oder nach den Aktionen stärken könnt.

MusiCeum: Flöte oder lieber Gitarre?

Musikinstitut MusiCeum, Anne Pape, Hauptstraße 109, 91054 Erlangen. ✆ 09131/897094, www.musiceum.de. **Bahn/Bus:** Haupthaus/Büro: ab Hugenottenplatz Bus 293 Martin-Luther-Platz oder Fußweg 10 Min; Außenstelle Karzer, am Schlossplatz, Apfelstraße 12: Bus 293 oder 202 bis Altstadtmarkt oder Fußweg 5 Min; Außenstelle Luitpold, Nähe Röthelheimpark, Luitpoldstraße 73: Bus 293 oder 284 bis Hartmannstraße. **Auto:** Haupthaus: Parkhaus Fuchsenwiese oder Theaterplatz; Karzer: Fuchsenwiese oder Großparkplatz; Luitpold: Parken in Luitpoldstraße. **Zeiten:** Büro Mo – Fr 9 – 19 Uhr, Termine nach telefonischer Vereinbarung. **Preise:** Einzelunterricht ab 76 € monatlich.

▶ Mögt ihr Musik und möchtet gerne ein Instrument lernen? Dann seid ihr beim MusiCeum genau richtig. Einsteigen dürft ihr bereits mit 5 Jahren. Besonders beliebt sind Klavier, Flöte, Geige und Gitarre, aber auch für Cello, Akkordeon, Saxofon, Fagott und Kontrabass könnt ihr bei professionellen Musikern Unterricht nehmen. Fortgeschrittene jeden Alters treffen sich bei den Proben des Streichorchesters oder des Erlanger Blockflötenorchesters. Die Leiterin des MusiCeums, *Anne Pape,* berät euch gerne, ruft doch einfach mal an!

Städtische Sing- und Musikschule Erlangen, Friedrichstraße 35, Erlangen. ✆ 09131/862857. www.musikschule-erlangen.de. Verschiedene Angebote für Kinder ab 1 Jahr rund um Musik und Instrumente, auch Ensembles.

Stadtbibliothek Erlangen

Marktplatz 1, 91054 Erlangen. ✆ 09131/861527, www.erlangen.de/bibliothek. **Bahn/Bus:** Vom Hugenottenplatz 2 Min Fußweg. **Auto:** ↗ Erlangen, Parken auf Großparkplatz. **Zeiten:** Mo, Di, Do, Fr 10 – 18.30, Sa 10 – 14 Uhr. **Preise:** Kinder und Jugendliche bis 18 Jahre Ausleihe und Vorlesestunde kostenlos.

▶ Im *Palais Stutterheim,* einem der schönsten alten Gebäude in Erlangen, befindet sich die Stadtbibliothek. Das Angebot für euch ist in eine Kinder- und in eine Jugendbibliothek unterteilt. Hier findet ihr Bilderbücher und Erstlesebücher, Sachbücher, Zeitschriften, Comics, CDs, Spiele, DVDs und CD-ROMs. In der Leseecke könnt ihr es euch gemütlich machen und schon mal ein bisschen schmökern. Anschließend dürft ihr eure ausgesuchten Medien an einem Computer eigenständig ausleihen. Dabei fühlt ihr euch

@ Auf der Internetseite der Stadtbücherei können Schüler ihre Lieblingsbücher weiterempfehlen. Mailt doch auch mal eure persönliche Buchempfehlung an die Stadtbücherei! Vielleicht es ja sogar dieses Buch?

bestimmt wie eine kleine Bibliothekarin! Die echte Bibliothekarin steht euch aber natürlich trotzdem bei Fragen zur Verfügung. Jeden Di sind alle Kinder ab 4 Jahre um 16 Uhr zu einer Vorlesestunde eingeladen (Dauer 30 Min). Ältere Leseratten entspannen in der Jugendbibliothek in Sitzsäcken. Hier stehen auch drei Internetplätze sowie Arbeitsplätze zur Erledigung der Hausaufgaben zur Verfügung.

Feste & Märkte

Erlangens fünfte Jahreszeit: Die Bergkirchweih

An den Kellern, 91052 Erlangen. ✆ 09131/89510, www.erlangen-marketing.de. **Bahn/Bus:** Bus 288 oder 289 und Sonderbuslinien ab Hugenottenplatz und Hbf. **Auto:** Parkmöglichkeiten Großparkplatz oder Parkhaus Fuchsenwiese. **Rad:** Bewachter Fahrradparkplatz an der Essenbacher Brücke. **Zeiten:** ab Do vor Pfingsten 12 Tage.

▶ Bereits seit 260 Jahren gibt es die Bergkirchweih in Erlangen. Pünktlich um 17 Uhr am Do vor Pfingsten wird auf dem *Berg,* so wird in Erlangen die Bergkirchweih genannt, der Anstich des ersten Bierfasses vollzogen. Zwölf Tage lang tobt dann der »Bär« auf und um den Berg herum. Das Kirchweihgelände liegt am Hang des *Burgbergs* und erstreckt sich über 1 km. Unter alten Eichen, Linden und Kastanien sitzen dann über 10.000 durstige und hungrige Besucher und lassen sich das kühle Bier und die Leckereien schmecken. Auf jedem Bierkeller spielt eine Band – da ist für jeden Musikgeschmack etwas dabei! Die Kleineren freuen sich über eine große Zahl von Karussells, Losbuden, Geisterbahnen und Märchenerzählern. Vor allem abends und am Wochenende ist der Besucherandrang riesig. Am letzten Berg-Tag wird dann das letzte Bierfass symbolisch »beerdigt«.

Waldweihnacht auf dem Schlossplatz

Stadt Erlangen, Schlossplatz, 91054 Erlangen. ✆ 90131/86-0, www.erlanger-waldweihnacht.de. **Bahn/Bus:** Vom Hugenottenplatz 5 Min Fußweg. **Auto:** ↗ Erlangen, Parken auf Großparkplatz. **Zeiten:** 1. Adventswochenende – 24. Dez Mo – Sa 10 – 21, So 11 – 21 Uhr, 24. Dez 10 – 14 Uhr. **Preise:** Märchenstunde kostenlos, Weihnachtswichtel backen 2 € Spende (Anmeldung über Internetseite empfohlen, um Wartezeiten zu vermeiden), Weihnachtskutsche 1 € (ab Weihnachtsmarkt und zurück).

▶ Vom ersten Adventswochenende an verwandelt sich der **Schlossplatz** in eine kleine weihnachtliche Waldlandschaft mit urigen Holzbuden und vielen echten Tannenbäumen. Dank der Holzhackschnitzel auf dem Boden gibt es auch keine kalten Füße. Hier findet ihr alles, was auf einem Weihnachtsmarkt nicht fehlen darf: Christbaumschmuck, Geschenkideen, Glühweinbuden, ein nostalgisches Kinderkarussell und jede Menge fränkische Schmankerln. Di und Do könnt ihr 10.30 – 11 Uhr den Weihnachtsgeschichten einer Märchenerzählerin lauschen. In der Kinderbackstube dürft ihr Erlanger Weihnachtswichtel backen und verzieren. Und nach dem Bummel über den Weihnachtsmarkt könnt ihr noch eine Runde mit der

Neben dem Weihnachtsmarkt am Schlossplatz gibt es Ende Nov – 26. Dez eine Kunsteisbahn. Mo – Fr 13 – 21, Sa – So 10 – 21 Uhr, 24. Dez 10 – 14, 1. und 2. Weihnachtstag 14 – 18 Uhr. Eintritt frei, Verleih Schlittschuhe 2,50 € pro Tag.

Verführerisch: Alles auf dem Waldweihnacht-Markt ist verlockend

festlich geschmückten Weihnachtskutsche drehen. Sie fährt Di und Do 12 – 18 Uhr durch die Innenstadt.

FESTKALENDER ERLANGEN

Februar:	Faschings-Sonntag, Bruck: **Traditioneller Faschingsumzug,** 14 Uhr.
Mai:	1.: **Erlanger Rädli,** Fahrradrallye für die ganze Familie, 9 – 16 Uhr.
	Tag vor Christi Himmelfahrt: 1. Termin **Erlanger Skatenight.**
Juni:	Ein Wochenende: **Zollhausfest,** größte Erlanger Straßenkirchweih.
	21.: Großes **Johannisfeuer** am Abenteuerspielplatz Taubenschlag.
	Do vor Pfingsten: Anstich **Bergkirchweih** um 17 Uhr.
Juli:	Letzte Woche vor Sommerferien: **Naturschutztage** des Naturschutzgebiets Exerzierplatz.
	2. Termin **Erlanger Skatenight.**
	Eltersdorf: **Kunigundenkirchweih** Sa, So mit Zauberern, Spielen etc.
	Juli – Mitte Aug: **Schloss-Strand** am Schlossplatz.
August:	**Ferienprogramm** der Stadt Erlangen und der Jugendfarm.
	Letztes Wochenende: **Poetenfest** im Schlossgarten.
September:	Mitte, Tennenlohe: **Waldfest** im Walderlebniszentrum.
November:	Sa vor St. Martin: Großer Erlanger **Pelzermärtel-Laternenumzug,** 17.30 Uhr, Treffpunkt vor Galeria Kaufhof.
Dezember:	Ende Nov – 23. Dez: **Historischer Weihnachtsmarkt** auf dem Neustädter Kirchenplatz, Sa 19.30 Uhr Feuershow.
	Sa vorm 1. Advent – 24. Dez: **Erlanger Waldweihnacht** auf dem Schlossplatz.
	Erlangen on Ice, Eislauffläche am Marktplatz.
	Kurz vor Weihnachten: **Weihnachtszauber** am Abenteuerspielplatz Taubenschlag.

HERZOGENAURACH

BAIERSDORF & DER NORDEN

ERLANGEN

HERZOGENAURACH

FÜRTH – STEIN

NÜRNBERG: NATUR & SPORT

NÜRNBERG: WISSEN & KULTUR

LAUF & UMGEBUNG

SCHWABACH & UMGEBUNG

ORTE, INFO & VERKEHR

FERIENADRESSEN & KARTEN

Westlich von Erlangen liegt die Stadt Herzogenaurach mit rund 25.000 Einwohnern. Innerhalb der letzten 40 Jahre hat sich die Einwohnerzahl verdoppelt, was vor allem durch die Hauptsitze der beiden Sportartikelhersteller Adidas und Puma bedingt ist.

TURNSCHUHE UND VIELE TIERE

Auch wenn man in der Region Herzogenaurach unmittelbar mit diesen beiden Firmen verbindet, hat die Stadt noch mehr zu bieten. Ein echtes Prunkstück ist das ↗ *Freizeitbad Atlantis,* wo ihr bestimmt einen ganzen Tag verbringen könnt, ohne dass euch langweilig wird. Der ↗ *Erlebnisbauernhof Lindenhof* lockt mit Tieren und vielen Attraktionen. Und auch den kleinen ↗ *Natur- und Vogellehrpfad* solltet ihr nicht versäumen. Durch *adidas* und *Puma* gibt es in der Stadt viel internationales Publikum. Das macht Herzogenaurach zu einer offenen und lebendigen Stadt, in der viele Feste – auch für Kinder – gefeiert werden. In den umliegenden kleinen Ortschaften findet ihr urige fränkische Gastwirtschaften mit großen Wiesen, die zum Toben und Spielen einladen.

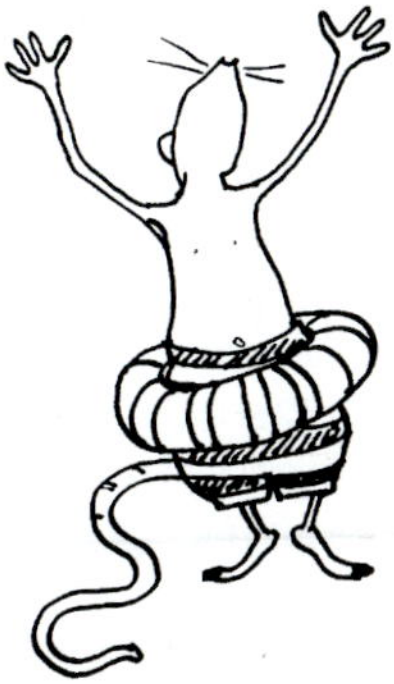

Frei- & Hallenbäder

TIPPS FÜR WASSERRATTEN

Freibad Herzogenaurach

Tuchmachergasse, 91074 Herzogenaurach. ✆ 09132/738541, www.freibad-herzogenaurach.de. **Bahn/Bus:** Bus 279 bis Tuchmachergasse. **Auto:** ↗ Herzogenaurach, über Steggasse rechts in Tuchmachergasse. **Zeiten:** Mo, Fr – So 8 – 20, Di – Do 7 – 20 Uhr, Einlass bis 19.30, Badeschluss 19.45 Uhr, bei unter 16 Grad 8 – 10 Uhr. **Preise:** 3,50 €, ab 17 Uhr 1,70 €; Kinder bis 15 Jahre 1 €, 16 – 17 Jahre 2,20 €; Familienkarte 1 Elternteil inkl. Kinder 5,70 €, beide Elternteile inkl. Kinder 8 €.

▶ Das Freibad liegt mitten in der Stadt – und trotzdem könnt ihr euch hier wie im Urlaub fühlen. Zur Auswahl habt ihr ein 25-m-Sportschwimmbecken und ein multifunktionales Erlebnisbecken mit großer

Jetzt kann es losgehen: Philipp steht in den Startlöchern für den nächsten Recherche-Ausflug

Die Rutsche ist der Hit: Hier saust die ganze Clique auf einmal runter
Foto © Herzo Bäder- und Verkehrs-GmbH

Stimmt ab und schreibt uns: Welche Rutsche ist für Euch der Hit? Schreibt an lesen@PeterMeyerVerlag.de und freut euch auf eine Überraschung!

Minigolfplatz Herzogenaurach, Röntgenstraße 17 – 19, Herzogenaurach. ✆ 09132/7917775. www.minigolf-herzogenaurach.de. Mi – Sa 14 – 19, So, Fei 13 – 19 Uhr, in den Ferien täglich ab 13 Uhr oder nach Vereinbarung. 1. Spiel 3 €, Folgerunde 2,50 €, 10er-Karte 27 €; Kinder bis 12 Jahre 1. Spiel 2,50 €, Folgerunde 2 €, 10er-Karte 22,50 €.

Happy Birthday!
Geburtstagskinder haben freien Eintritt (mit Ausweis). Geburtstagsparty (Kinder 6 – 14 Jahre): Kidsmenü, 1 Std Animation, ab 14 € pro Kind.

Breitrutsche. Die Kleineren planschen im separaten Kinderbecken. Die Wassertemperatur beträgt in allen Becken 24 Grad. Außerhalb des Wassers warten ein Beachvolleyballfeld und ein Spielplatz auf euch. Habt ihr nach so vielen Aktivitäten Hunger oder Durst bekommen? Dann ab in den Kiosk mit schönem Biergarten!

Freizeitbad Atlantis

Würzburger Straße 35, 91074 Herzogenaurach. ✆ 09132/7385-0, www.atlantis-bad.de. **Bahn/Bus:** ↗ Herzogenaurach Bus-Bhf, Bus 201 bis Freizeitbad Atlantis. **Auto:** ↗ Herzogenaurach, Beschilderung folgen, kostenlose Parkplätze. **Zeiten:** 10 – 22 Uhr, Sauna 10 – 23 Uhr. **Preise:** 1 Std 4 €, 2 Std 8 €, 4 Std 11 €, Tageskarte 13 €, Saunazuschlag 3,50 €; Kinder bis 5 Jahre 2 €, 6 – 17 Jahre 1 Std 2,50 €, 2 Std 5 €, 4 Std 8 €, Tag 10 €, Saunazuschlag 3,50 €; Halb-Familienkarte (1 Elternteil, 2 Kinder bis 17 Jahre) 2 Std 13 €, 4 Std 19 €, Tag 23 €; Fr Familientag mit reduzierten Preisen.

▶ Das Freizeitbad Atlantis bietet alles, was eure Herzen höher schlagen lässt. Für Kinder 6 – 14 Jahre gibt es eine 200 qm große Wasserlandschaft. Laufstege, Kletternetze, Kriechröhren, Wasserrutschen und Dschungel-Brücken sorgen hier für reichlich Abwechslung. Im 25-m-Sportbecken könnt ihr für euer

Die Rutsche ist der Hit: Auf verschlungener Bahn geht's ins Nass
Foto © Herzo Bäder- und Verkehrs-GmbH

nächstes Schwimmabzeichen trainieren. Auch im Außenbereich lässt es sich bei 34 Grad Wassertemperatur gut aushalten. Eure Eltern entspannen sich währenddessen im großen Saunabereich oder im Whirlpool.

Hunger & Durst

Restaurant Atlantis, Würzburger Straße 35, Herzogenaurach. ✆ 09132/7385-19. www.atlantis-bad.de. Mo – Sa ab 11.30, So, Fei 10 – 21 Uhr. Neben dem Schwimmbad, Kindergerichte.

FRISCHE LUFT & SPORT

Radeln & skaten

Mit dem Rad von Spielplatz zu Spielplatz

91074 Herzogenaurach. www.herzogenaurach.de. **Länge:** 8 km, leichte Tour auf Radwegen und wenig befahrenen Nebenstraßen, geeignet für Anfänger, kaum Steigungen. **Bahn/Bus:** Bus 200, 273, 275, 276, 277, 279 bis An der Schütt. **Auto:** ↗ Herzogenaurach, Parkplatz am Rathaus. **Rad:** Zum Rathaus/Schlosshof.

▶ Ihr startet am **Schlosshof** direkt am Rathaus. Von dort aus fahrt ihr am Gasthaus *Zum Roten Ochsen* vorbei in Richtung Süden in die Badgasse. Am Ende der Badgasse fahrt ihr rechts, überquert am Zebrastreifen die Straße und biegt vor der Aurachbrücke links auf den Radweg entlang der *Aurach* ab. Dort seid ihr dann auch schon beim **1. Spielplatz** angekommen. Anschließend geht es weiter auf dem Weg entlang der Aurach. Ihr biegt rechts in die Bahnhofstraße ab, überquert die Aurach und folgt hinter der

Bei der Tourist-Info in Herzogenaurach erhaltet ihr eine kostenlose Karte des Herzogenauracher Radwegnetzes. Darin sind auch viele Tourenvorschläge zum Nachradeln eingezeichnet.

@ Unter www.vhs-herzogen-aurach.de findet ihr das umfangreiche Kinderprogramm der Volkshochschule Herzogenaurach, darunter Märchenwanderungen, Töpfern oder Sport.

Brücke links dem Radweg. Hinter der nächsten Brücke biegt ihr wieder links ab, fahrt durch die Unterführung und an der nächsten Ampel rechts auf den Radweg entlang der Erlanger Straße. Am *Friedrich-Weiler-Platz* geht es nach links und dann sofort wieder nach rechts auf den Parkplatz des *Berufsbildungszentrums.* Von dort folgt ihr geradeaus dem Radweg und biegt vor der **Holzbrücke** links ab – die **2. Spielgelegenheit** ist erreicht!

Nach der Pause geht es weiter auf dem Radweg, ihr überquert die Dr.-Wilhelm-Schaeffler-Straße und nach ca. 100 m liegt hinter Bäumen schon der **3. Spielplatz.** Der Radweg führt weiter, leicht ansteigend, zu einer Holzbrücke, an der ihr erst links und nach 50 m rechts abbiegt. Nach weiteren 50 m überquert ihr den Schützengraben und fahrt geradeaus auf dem Mater-Rosalie-Weg. Nach der nächsten Linkskurve erreicht ihr **Spielplatz Nummer 4.** Dann radelt ihr weiter auf dem Mater-Rosalie-Weg quer durch das Lohhof-Wohngebiet, biegt am Ende der Straße rechts und nach 20 m links in den Radweg ein. Fahrt am **Bolz- und Basketballplatz** vorbei und behaltet am Kreisverkehr die Richtung bei. Am Weiher (hinter Büschen versteckt) biegt ihr in einem spitzen Winkel rechts ab, fahrt entlang der Schrebergärten und unter der Nordumgehung hindurch, an **Halfpipe und Bolzplatz** vorbei und biegt beim letzten Haus (Geflügelzuchtverein) links ab. Weiter folgt ihr dem Rechtsknick des Feldweges, biegt danach links ab in Richtung **Flugplatz** und fahrt bis zur Hubertusstraße. Nun seid ihr wieder auf den Radweg Richtung Herzogenaurach und biegt unmittelbar nach der Nordumgehung rechts in den ausgeschilderten Radweg *Innenstadt 1,5 km* ein. Am Ende der Bunzlauer Straße biegt ihr rechts ab, an der nächsten Kreuzung links in die Breslauer Straße und radelt immer geradeaus bergab bis in die Hintere Gasse. Dort fahrt ihr links und hinter dem **Rathaus** rechts über den Parkplatz und erreicht euren Ausgangspunkt.

Kleine Tour für kleine Skater

91074 Herzogenaurach. www.herzogenaurach.de.
Strecke: Herzogenaurach – Kriegenbrunn. **Länge:** Etwa 6,5 km (einfache Strecke), gut geeignet für Anfänger.
Bahn/Bus: Bus 276, 277 bis Am Buck. **Auto:** Parkplatz an der Schaefller AG.

▶ Ihr startet am Parkplatz der *Schaeffler AG* in Herzogenaurach. Von hier aus skatet ihr auf dem Radweg entlang der Aurach. Dieser Weg ist vor allem für Anfänger und erste Fahrversuche gut geeignet. Die Tour führt euch entlang dem **Wildgehege** und am **Kinderspielplatz** vorbei. Auf dem Betonweg zwischen Kläranlage und Kriegenbrunn ist der Belag nicht ganz so gut. Dafür werdet ihr hier nicht zu schnell. Seid ihr an der Schleuse in Kriegenbrunn angekommen, geht es auf dem gleichen Weg wieder zurück zum Ausgangspunkt.

Wer noch nie auf Inlineskates stand, kann prima auf dem Gelände des Verkehrsübungsplatzes (Weihersbachanlage) üben.

Auf Inlineskates durch die fränkische Landschaft

91074 Herzogenaurach. www.herzogenaurach.de.
Strecke: Herzogenaurach – Beutelsdorf – Untermembach – Heßdorf – Großenseebach. **Länge:** Etwa 14 km (einfache Strecke), gut geeignet für Anfänger, hauptsächlich auf Radwegen. Von Untermembach aus könnt ihr noch nach Obermembach fahren, um dort in den Biergarten Gumbrecht einzukehren (Wanderung ↗ *Rund um den Birkenbühl*). Das sind hin und zurück ca. 4,6 km zusätzlich. **Bahn/Bus:** VGN 201 bis Herzogenaurach/Fachklinik, dann zu Fuß oder auf Skates zum Flughafen. **Auto:** Parkplatz am Flughafen Herzogenaurach.

▶ Ihr startet am **Flughafen Herzogenaurach.** Von dort fahrt ihr auf Radwegen Richtung Beutelsdorf und über **Untermembach** und **Heßdorf** bis **Großenseebach.** Wegen des guten Straßenbelags könnt ihr, falls ihr dazu Lust habt, zwischendrin auch mal richtig Gas geben. Wenn euch die Strecke zu lang ist, könnt ihr jederzeit wieder umdrehen.

Wandern, reiten, rodeln

Rund um den Birkenbühl

In der Reuth 1 (Fachklinik Herzogenaurach), 91074 Herzogenaurach. www.herzogenaurach.de. **Länge:** Etwa 4 km, mäßige Steigung, kinderwagentauglich. **Bahn/ Bus:** Bus 201 bis Fachklinik. **Auto:** Über Hans-Maier-Straße, rechts Richtung Würzburger Straße, links Welkenbacher Kirchweg, rechts Richtung in der Reuth, Parkplatz an der Fachklinik.

▶ Durch den Birkenbühl verläuft ein schöner und vor allem kindertauglicher Wanderweg. Der Birkenbühl ist ein schönes Naherholungsgebiet mit Wald und Weihern unweit des kleinen Flugplatzes in Herzogenaurach. Schaut doch mal in den Himmel, vielleicht entdeckt ihr eins der Segelflugzeuge beim Starten oder Landen. Start eurer Wanderung ist der **Parkplatz** an der Fachklinik. Von dort nehmt ihr den Rot-Punkt-Weg, der von der Fachklinik Richtung Norden verläuft. Ihr unterquert die Nordumgehung und gelangt nach 800 m an den Waldrand. Ihr folgt weiter dem Rot-Punkt-Weg bis ihr nach 60 m eine Wandertafel erreicht. Von dort folgt dem Zeichen Gelb 1 und Rot-Punkt in Richtung Norden. Nach rund 500 m kommt ihr an eine T-Kreuzung. Dort lauft ihr durch herrliche Mischwälder geradeaus weiter und erreicht nach 1 km die Verbindungsstraße Hammerbach-Beutelsdorf. Ihr überquert die Verbindungsstraße, geht den leicht ansteigenden Weg weiter und kommt nach etwa 1 km an eine Wegbiegung, die nach Osten weiterführt. An der nächsten Wegbiegung geht ihr nach Süden, weicht von Gelb 1 ab, geht dann links (nördlich) und kommt nach Obermembach zur **Gaststätte Gumbrecht.** Der schöne Biergarten bietet eine gute Möglichkeit zur Rast und auf den umliegenden Wiesen ist jede Menge Platz zum Toben. Vielleicht seht ihr sogar im kleinen Weiher einen Karpfen seine Runden drehen. Von dort wandert ihr weiter auf dem mit Gelb 1 und Rotem Punkt markierten Weg Richtung

Der Wanderweg ist auch an warmen Sommertagen gut zu gehen, da er zum Teil durch schattigen Wald verläuft.

Hunger & Durst

Gasthaus Gumbrecht, Obermembach 2, Heßdorf-Obermembach. ✆ 09135/3140. www.gasthaus-gumbrecht.de. Mi – Mo ab 10 Uhr. Sehr schöner, gemütlicher Biergarten am Weiher, große Spielwiese zum Toben. Tipp: Schlachtschüssel (jeden Do).

Süden. Nach 1 km erreicht ihr die Verbindungsstraße Hammbach-Beutelsdorf. Von dort geht ihr weiter in die eingeschlagene Richtung, folgt der Wegbiegung nach rechts (Westen) und kommt nach etwa 1,2 km zur Kreuzung. Dort folgt ihr weiter der Markierung und erreicht wieder den Parkplatz der Fachklinik.

Kinderreiterhof Scheller

Schwarzholzstraße 17, 91074 Herzogenaurach-Beutelsdorf. ✆ 09132/836373, www.kinderreiten-scheller.de. **Bahn/Bus:** Bus 268 bis Beutelsdorf, dann 7 Min Fußweg. **Auto:** ↗ Herzogenaurach, über Kreisstraße ERH14 Richtung Heßdorf bis Schwarzholzstraße. **Preise:** Ponyführen ab 16 €, Einführungskurs Reiten ab 100 € für 6 Std.

▶ Der Kinderreiterhof Scheller in Beutelsdorf ist ein Familienbetrieb. *Silke Scheller* führt euch an den liebevollen und artgerechten Umgang mit den Pferden heran. Durch Putzen, Führen und schließlich Reiten wird Vertrauen zwischen euch und den Tieren geschaffen. Für Kinder ab 3 Jahre wird Ponyführen angeboten. Ab 5 Jahre könnt ihr dann mit dem Reiten im Einführungskurs beginnen. Außerdem gibt es regelmäßig weitere Angebote wie Ponyfreizeiten oder auch *Reiten für Jungs.*

Ach, wär' das Leben doch bloß ein Ponyhof! Sophia geht reiten

© pmv, Heike K. Ewald

Auf vier Hufen durch Wald und Wiesen

Reiterhof Hager, Höfener Straße 11, 91074 Herzogenaurach-Höfen. ✆ 09132/60065, www.reiterhof-hager.de. **Bahn/Bus:** Bus 123 oder 269 bis Höfen. **Auto:** ↗ Herzogenaurach, über Kreisstraße ERH13 in Höfener Straße. **Zeiten:** Ponyspaziergänge Di – So 10 – 17 Uhr, um 16 Uhr wird das letzte Pony vergeben. **Preise:** nach Absprache.

▶ Einen etwas anderen Spaziergang könnt ihr vom Reiterhof Hager aus unternehmen. Ihr sitzt gemütlich auf dem Rücken eines Ponys und eure Eltern führen euch auf einem Rundweg durch Feld, Wald und Wiesen. Für den beschilderten Rundweg braucht ihr etwa 45 Minuten. Wie eure Eltern das Pony am besten führen und was ihr alles beachten müsst, wird euch natürlich ausführlich vor eurem Spaziergang erklärt. Falls ihr anschließend Lust bekommen habt, Reiten zu lernen, dann ist dies natürlich auch auf dem Hof möglich.

Mit dem Schlitten hinab ins Tal

Schlittenberg Gründla, 91074 Herzogenaurach. www.herzogenaurach.de. **Bahn/Bus:** Bus 276, 277 bis Orffstraße. **Auto:** Über den Süden von Herzogenaurach, zwischen den Firmengeländen von Adidas und INA hindurchfahren und Beschilderung Golfplatz folgen, zum Ortsausgang fällt die Straße ab, danach folgt ein Spielplatz.

▶ Am kleinen *Schlittenberg Gründla* könnt ihr euch bei Schnee so richtig austoben. Dabei ist es egal, wie groß ihr seid. Hier kommt jeder sicher ins Tal, da der Berg nicht zu steil ist.

UMWELT ERFORSCHEN

Bauernhof & Lehrpfad

Austoben auf dem Lindenhof

Erlebnishof Lindenhof, Dahlienstraße, 91074 Herzogenaurach-Hammerbach. ✆ 09132/737728, www.lindenhof-erlebnishof.de. **Bahn/Bus:** Bus 268 bis Hammerbacher Straße. **Auto:** ➚ Herzogenaurach, über Nankendorfer Straße und Hammerbacher Straße bis Veilchenstraße, links in Falkendorfer Straße, rechts in Dahlienstraße. **Zeiten:** Di – So April – Okt ab 11 Uhr, an Fei auch Mo, andere Monate Sa und So laut Ansage auf AB, für Schulklassen, Kindergärten und Gruppen nach Absprache. **Preise:** Erw und Kinder ab 2 Jahre

3,50 €, Ponyreiten 3 €; Ermäßigung für Schulklassen, Kindergärten und andere Gruppen.

▶ Einen kleinen Urlaubstag könnt ihr auf dem 30.000 qm großen Außengelände des Erlebnishofs Lindenhof verleben. Es gibt einen kleinen **Zoo,** der unter anderem Schweine, Ziegen, Lamas, Waschbären und Strauße beherbergt. Ihr dürft die Tiere füttern und auf Ponys reiten. Beliebt sind auch die Tretcars, die sogar Erwachsene fahren dürfen. Auf einem eigens dafür angelegten Parcours könnt ihr ein Rennen gegen eure Eltern starten. Auf dem Hof warten außerdem eine Fußball-Arena, ein Riesenbällebad, eine Strohburg, ein Riesenhüpfkissen und viele andere Attraktionen auf euch. Am besten habt ihr immer Wechselkleidung dabei, denn bei schlechtem Wetter kann es hier schon mal etwas matschig zugehen. Und bei gutem Wetter braucht ihr die Wechselkleidung für den tollen Wasser-Matsche-Platz. Zum Hof gehört ein **Biergarten,** in dem ihr auch mitgebrachte Speisen verzehren dürft. Sogar grillen könnt ihr hier, wenn ihr alles, was ihr dazu braucht (z.B. Kohle), im Gepäck habt.

Schlange stehen zum Gestreicheltwerden: Auf dem Lindenhof will jede Ziege mal dran kommen
Foto © Lindenhof

Happy Birthday!
Geburtstagskinder haben freien Eintritt und dürfen eine Runde umsonst Ponyreiten. Die Grillplätze könnt ihr ohne Voranmeldung für eure Geburtstagsparty nutzen (Müll bitte anschließend entsorgen).

Kleiner Natur- und Vogellehrpfad

Vogelschutz- und Zuchtverein Herzogenaurach und Umgebung e.V., Herbert Peterle, Nutzungstraße (an den Gilgenweihern), 91074 Herzogenaurach.
✆ 09132/1064, www.vogelverein-herzogenaurach.de.
Bahn/Bus: Bus 273 bis INA-Ring. **Auto:** ↗ Herzogenaurach, Niederndorfer Straße, links abbiegen in Zum Flughafen, rechts in Ringstraße, wieder rechts in Nutzung-

Prachtbrummer: Die Goldschildfliege schaffte es 2014 zum Insekt des Jahres

Foto © Annette Sievers

straße. **Zeiten:** Mai – Sep jeden 1. So im Monat 10 – 12 Uhr und nach Absprache. **Preise:** kostenlos.

▶ Was wisst ihr über unsere einheimischen Vogelarten? Und was könnt ihr tun, um sie noch besser zu schützen? Antworten auf diese und viele andere Fragen bekommt ihr auf dem *Kleinen Natur- und Vogellehrpfad.* Der örtliche Vogelschutz- und Zuchtverein hat auf einem schönen Gelände, angeschlossen an einen Weiher, Igel, Vögel, Wassergeflügel, Insekten, Amphibien und viele andere Tiere angesiedelt. Zahlreiche Lehrtafeln und Exponate geben einen Einblick in die verschiedensten Bereiche der Natur. In den Volieren sind neben einheimischen Vögeln auch Vögel zu sehen, die ursprünglich von anderen Kontinenten wie Afrika und Australien oder aus anderen Teilen Europas stammen. Die Bergloris (Bergpapageien) dürft ihr sogar mit mitgebrachtem Obst füttern. Außerdem könnt ihr euch auf dem Lehrpfad noch über Bienen und die Entstehung von Honig informieren. Kinderspielecke, Rutsche, Schaukeln und ein Sandkasten sind ebenfalls auf dem Gelände vorhanden.
Auf seine Arbeit kann der Verein übrigens sehr stolz sein: Er wurde 2012 und 2013 mit dem *Bayerischen Vogelschutzpreis* in Gold ausgezeichnet. Herzlichen Glückwunsch!

Happy Birthday!
Das Gelände kann für Kindergeburtstage gebucht werden. Bei schönem Wetter könnt ihr grillen, bei schlechtem Wetter findet ihr Unterschlupf im Vereinsheim. Auch geeignet für Schul- oder Kindergartenfeste. Preise nach Absprache.

Museen & Stadtführungen

Kinderstadtführung durch Herzogenaurach

Heimatverein Herzogenaurach, Klaus-Peter Gäbelein, Steinweg 5, 91074 Herzogenaurach. ✆ 09132/ 63132, www.heimatverein-herzogenaurach.de. **Bahn/ Bus:** Bus 200, 273, 275, 276, 277, 279 bis An der Schütt. **Auto:** ↗ Herzogenaurach. **Zeiten:** für Gruppen nach Voranmeldung, für Einzelpersonen laut Jahresprogramm auf www.herzogenaurach.de unter Stadtinfo. **Preise:** 4 €; Kinder unter 6 Jahre kostenlos, Schulkinder 2 €; Gruppen bis 15 Pers 50 €.

▶ In Zusammenarbeit mit dem Heimatverein Herzogenaurach werden regelmäßig Kinderstadtführungen angeboten. Dabei taucht ihr in die Herzogenauracher Geschichte und die Welt des Mittelalters ein: Wie lebten die Kinder früher und was haben sie in ihrer Freizeit gemacht? Wie genau sah damals das Schulleben aus? Was haben die Kinder gegessen und getrunken? Das und vieles mehr erfahrt ihr bei den Führungen. Zu manchen der Rundgänge könnt ihr eure Taschenlampe mitbringen. Wozu ihr die braucht? Lasst euch überraschen!

Auf den Spuren der Vergangenheit

Stadtmuseum Herzogenaurach, Irene Lederer, Kirchenplatz 2, 91074 Herzogenaurach. ✆ 09132/901116, www.herzogenaurach.de. **Bahn/Bus:** Bus 200 (morgens und abends), 201, 273, 275 – 277, 279 bis An der Schütt. **Auto:** ↗ Herzogenaurach. **Zeiten:** Do 17 – 20, Sa, So und Fei 14 – 17 Uhr für Gruppen nach Voranmeldung (25 € pauschal). **Preise:** 2 €; Kinder 7 – 13 Jahre 1 €, Jugendliche 1,50 €; Familie 4,50 €, Schulklassen Eintritt frei, Führung 25 €.

▶ Wie lebten früher die Ackerbürger im bischöflichen Landstädtchen? Welche Rolle spielten Zünfte? Das Stadtmuseum Herzogenaurach lädt zu einem spannenden Rundgang durch die 1000-jährige Geschichte

Bücher, Medien und mehr, Hauptstraße 21, Herzogenaurach. ✆ 09132/ 4383. www.buecher-medien-und-mehr.de. Mo – Fr 9 – 18.30, Sa 9 – 14 Uhr. Schöne Kinderbücher, eBooks, Geschenke. Auch dieses pmv-Buch gibt es dort!

Betreutes Wohnen gab es schon im Mittelalter. Denn im ***Pfründner Spital*** *lebten alte und wohlhabende Bürger der Stadt, meist Witwen. Sie erhielten dort bis zu ihrem Tod täglich Pflege und Essen, waren aber auch zur Arbeit für die Gemeinschaft angehalten.*

Mit dem *Vereinspass* erhalten alle Erstklässler in Herzogenaurach eine einjährige, kostenlose Mitgliedschaft in einem Herzogenauracher Sportverein. Infos dazu bei der Stadtverwaltung.

@ Reist doch mal mit der Zeitmaschine unserer pmv-Autorin *Kirsten Wagner* (»Hannover …«, »Hamburg …« und »Harz mit Kindern«): www.kinderzeitmaschine.de.

der Stadt ein. Zu sehen gibt es die wirtschaftliche und handwerkliche Entwicklung vom Mittelalter bis heute. Beispielsweise die Tuchmacherei oder die Anfänge der heute in der ganzen Welt bekannten Sportschuhindustrie. In einer nachgestellten Schuhmacherwerkstatt in der Zeit um 1900 seht ihr, wie sich die Arbeitsbedingungen der Schuhmacher im Laufe der Jahre verändert haben. Nicht verpassen solltet ihr die regelmäßigen museumspädagogischen Aktionen des Museums, die im Internet bekannt gegeben werden. Beispielsweise könnt ihr in einer Schreibwerkstatt mit einem Federkiel schreiben, der mittlere Teil einer Vogelfeder, die im Mittelalter zum Schreiben benutzt wurde. Oder ihr versucht eine alte Urkunde zu entziffern. Auch das Museumsgebäude selbst ist sehenswert. Das Museum befindet sich nämlich in einem ehemaligen **Pfründner Spital,** das 1508 erbaut wurde.

Leias Zeitreise: Geocaching-Stadtrallye

Grundschule Niederndorf, 91074 Herzogenaurach-Niederndorf. www.grundschule-niederndorf.de/zeitreise.htm. **Zeiten:** jederzeit durchführbar.

▶ Die 4. Klassen der Cunz-Reyther-Grundschule Niederndorf beteiligten sich an dem Projekt *Stadt.Geschichte.Zukunft.* Daraus entstand die Geocaching-Tour **Leias Zeitreise.** *Leia* ist ein Mädchen, das im Jahr 2050 lebt und die Geschichte einiger Gebäude und Plätze Herzogenaurachs besser kennen lernen möchte. Sie begibt sich also auf eine Zeitreise in die Vergangenheit. Dort trifft sie *Konrad,* einen Jungen, der sich gut in Herzogenaurach auskennt und ihr viele Geschichten erzählen kann. Wollt ihr Leia auf ihrer spannenden Zeitreise begleiten, dann braucht ihr dazu ein internetfähiges Handy mit einem Navigationsprogramm und einem QR-Code-Scanner. Und schon kann es losgehen: Auf der Internetseite findet ihr die ersten GPS-Koordinaten und den Startpunkt der Rallye.

Musik & Kinderprogramm

Musik erleben

Käthe-Zang-Sing- und Musikschule Herzogenaurach, Kirchenplatz 1, 91074 Herzogenaurach. ✆ 09132/ 795905, www.herzogenaurach.de. **Bahn/Bus:** Bus 200, 273, 275, 276, 277, 279 bis An der Schütt. **Auto:** ↗ Herzogenaurach. **Zeiten:** Sekretariat Mo – Mi 9 – 12, Mo und Do 13 – 16 Uhr. **Preise:** Musikalische Früherziehung für Kinder aus Herzogenaurach 247 € pro Schuljahr.

▶ Egal, ob Jung oder Alt – bei der Musikschule darf jeder etwas lernen, der Interesse daran hat. Für die 4- bis 6-jährigen Kinder gibt es musikalische Früherziehung. Danach stehen je nach Interessen verschiedene Möglichkeiten offen: zum Beispiel das Erlernen eines Instruments, gemeinsames Musizieren oder Singen im Chor. Bei regelmäßigen Konzerten stellen die Schüler ihr Können dem Publikum und den stolzen Eltern vor. Die Musikschule ist Mitglied im Verband der deutschen Musikschulen (VdM) und hat im Jahr 2005 das Prädikat *Qualitätssystem Musikschule* erhalten.

Jugendtreff Puschendorf

Neustädter Straße 7, 90617 Puschendorf. ✆ 09101/ 90950 (Gemeindeverwaltung), www.puschendorf.de. **Bahn/Bus:** Regionalbahn R1 Richtung Neustadt bis Hbf Puschendorf. **Auto:** Über Puschendorfer Straße, dann Höfener Straße, rechts Fürther Straße danach Neustädter Straße. **Zeiten:** Mo und Fr 14.30 – 18.30 Uhr. **Preise:** Offener Treff kostenfrei, Breakdance-Kurs 10 €, Monsterbaggern 28 €, jeweils pro Tag.

▶ Zweimal pro Woche findet in Puschendorf bei Herzogenaurach ein offener Jugendtreff statt, zu dem ihr herzlich eingeladen seid. *Hilda Inhof* und eine FSJ-lerin betreuen in dieser Zeit die Einrichtung und sorgen dafür, dass ihr euch wohl fühlt. Dann könnt einfach nur quatschen, Musik hören, Billard oder

In begrenztem Umfang stehen von der Musikschule Leihinstrumente zur Verfügung (nur für Hauptfächer). Hier lohnt es sich, einmal nachzufragen.

Tischtennis spielen. Über das Jahr verteilt werden viele tolle Veranstaltungen angeboten. Vor Weihnachten werden zum Beispiel verschiedene Theaterstücke aufgeführt. In den Sommerferien wartet ein buntes Ferienprogramm auf euch. Dann könnt ihr an einem Breakdance-Kurs teilnehmen oder Monsterbagger fahren. Vorbeischauen lohnt sich!

Hits für Kids

Städtisches Freizeitheim Herzogenaurach, Erlanger Straße 16, 91074 Herzogenaurach. ✆ 09132/ 734170, www.herzojugend.de. **Bahn/Bus:** Bus 123, 201, 268 bis Am Friedhof, dann 3 Min Fußweg. **Auto:** Über Niederndorfer Straße in Erlanger Straße. **Zeiten:** nach Programm. **Preise:** in der Regel kostenlos, Ferienprogramm teilweise gebührenpflichtig, z.B. Zumba 5 €, Stock- und Schwertfechten 6 €.

▶ Unter dem Motto *Hits für Kids* wird im Freizeitheim Herzogenaurach sowohl in den Ferien als auch während der Schulzeit jede Menge Abwechslung geboten. Do 15.30 – 17 Uhr findet der *Kidsclub* für Kinder 7 – 12 Jahre statt. Jeden Sa gibt es den *Samstagstreff* für die etwas Älteren zwischen 10 und 14 Jahre. In den Ferien könnt ihr zum Beispiel in einem Kurs das Stock- und Schwertfechten ausprobieren oder euch im Zumba versuchen. Außerdem ist ein rollendes Spielmobil während der ganzen Ferien Mo – Fr in allen eingemeindeten Stadtteilen von Herzogenaurach unterwegs. Die Stationen werden über das Ferienprogramm veröffentlicht.

@ Unter www.herzojugend.de findet ihr unter dem Menüpunkt *Freizeitaktivtäten* alles, was in Herzogenaurach aktuell für Kinder und Jugendliche geboten wird.

Zweimal im Jahr veranstaltet das Freizeitheim einen **Familien-Trödelmarkt.** Termin ist immer der letzten Sa im April bzw. Sep. Anmeldung und Information direkt über das Freizeitheim.

Für Bücherwürmer

Stadtbücherei Herzogenaurach

Marktplatz 11, 91074 Herzogenaurach. ✆ 09132/ 901131, www.herzogenaurach.de. **Bahn/Bus:** Bus 200, 273, 275, 276, 277, 279 bis An der Schütt. **Auto:** ↗ Herzogenaurach. **Zeiten:** Mo, Di, Fr 14 – 18,

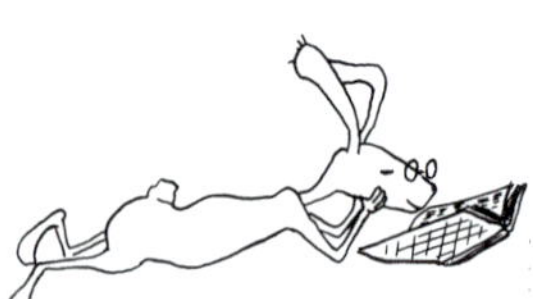

Do 10 – 19, Sa 10 – 13 Uhr, für Schulen und Kindergärten auch nach Vereinbarung. **Preise:** Jahresgebühr für Ausleihe 10 €; Kinder 7 – 18 Jahre frei.

▶ Rund 25.000 Medien könnt ihr in der Stadtbücherei ausleihen. Diese werden ständig durch aktuelle Neuerscheinungen ergänzt. Natürlich findet ihr hier nicht nur Bücher, sondern auch Zeitschriften, Brettspiele, Musik- und Hörbuch-CDs, Kassetten, Sprachkurse, Filme und sogar Wii-Spiele. Im Winterhalbjahr und in den Sommerferien werden jeden Freitagnachmittag um 16 Uhr für Kinder ab 4 Jahre von Lesepatinnen Vorlesestunden angeboten. Teilweise sind die Vorlesestunden sogar zweisprachig – dann werden die Texte sowohl auf Deutsch als auch auf Englisch oder Spanisch vorgelesen. Die genauen Termine und Themen findet ihr auf der Internetseite unter *Bildung und Familie, Stadtbücherei.*

Die Stadtbücherei Herzogenaurach kann auch von auswärtigen Lesern genutzt werden!

Feste & Märkte

Herzogenauracher Weihnachtsmarkt

Stadt Herzogenaurach, Marktplatz 11, 91074 Herzogenaurach. ✆ 09132/9010, www.herzogenaurach.de. **Bahn/Bus:** Bus 200, 273, 275, 276, 277, 279 bis An

Da ist die Kälte vergessen: Wenn das Christkind auf der Bühne steht, werden Kinderaugen größer

Foto © Stadt Herzogenaurach

der Schütt. **Auto:** ↗ Herzogenaurach. **Zeiten:** Do 17 – 20, Fr 17 – 21, Sa, So 11 – 20 Uhr.

▶ Liebevoll gestaltete Marktstände mit Bratwürsten, Glühwein und selbst gemachtem Allerlei verwandeln den historischen Marktplatz in Herzogenaurach vier Tage lang in ein Weihnachtszauberland. Ein durchgängiges Bühnenprogramm wartet auf Jung und Alt. Besonders spannend wird es, wenn Fr um 18 Uhr das Herzogenauracher Christkind seinen Prolog hält. Sa und So freuen sich die Kinder auf den Kinderweihnachtsmarkt mit Schlittenrutschen und Plätzchenbacken.

FESTKALENDER HERZOGENAURACH

Februar/März: Faschingsdienstag: Ab 13.30 Uhr **Närrisches Treiben** mit Spielmannszug auf dem Marktplatz, Kinder erhalten süße Überraschungen.

April: Letzter Sa: **Familien-Trödelmarkt** am Weihersbachgelände Herzogenaurach, 8 – 14 Uhr.

Juni: Wochenende nach Fronleichnam: **Altstadtfest** mit Kindertheater.

Juli: **Sommerkirchweih,** 10 Tage, mit Familientag Do auf den Weihersbachanlagen.

Ende/Anfang Aug: **Mittelalterfest** in der Herzogenauracher Altstadt mit Kinderritterturnier, Gauklerschule, Märchenzelt etc.

September: Letzter Sa: Familientrödelmarkt am Weihersbachgelände Herzogenaurach, 8 – 14 Uhr.

November: **Martinikirchweih** am Wochenende mit Laternenumzug und Karussells, verkaufsoffener So in der Innenstadt.

Dezember: 1. – 24.: **Lebendiger Adventskalender** auf dem Marktplatz, täglich um 17 Uhr, 24. Dez um 12 Uhr.

2. Adventswochenende: **Herzogenauracher Weihnachtsmarkt.**

FÜRTH – STEIN

Höchstadt
Baiersdorf
Gräfenberg
BAIERSDORF & NORDEN
Main-Donau-Kanal
HERZOGEN-AURACH
ERLANGEN
ERLANGEN
Herzogen-aurach
LAUF & UMGEBUNG
Regnitz
Lauf
Zenn
Langenzenn
FÜRTH
Pegnitz
FÜRTH-STEIN
Röthenbach
NÜRNBERG
NÜRNBERG
Zirndorf
Oberasbach
Stein
N
1 cm
7 km
SCHWABACH & UMGEBUNG
www.PeterMeyerVerlag.de
Schwabach
3
73
9
6

So multikulturell wie die Bevölkerung, so vielseitig ist auch das Freizeitangebot der 120.000-Einwohner-Stadt Fürth. Neben dem Stadtpark mit seinen großen Spiel- und Erholungsflächen, zählen vor allem die Rad- und Wanderstrecken entlang der Pegnitz und Rednitz zu den beliebten Ausflugsgebieten der sogenannten Kleeblattstadt.

Der Stadtwald lockt mit Wildschweingehege und Waldlehrpfad und wenn das Wetter streikt, könnt ihr verschiedene Museen, wie ↗ *Kriminal-* oder ↗ *Rundfunkmuseum* erkunden. Beachtenswert ist auch das ↗ *Schloss Burgfarrnbach,* die größte klassizistische Schlossanlage Süddeutschlands. Die Fürther Außenstadtteile sind ländlich geprägt und reichen bis ins **Knoblauchsland** mit seinen zahlreichen Gemüsebauern und Hofläden. Aushängeschild der Spielzeugstadt Zirndorf ist der *Playmobil*-Hersteller *Geobra Brandstätter* mit seinem einzigartigen ↗ *FunPark.* Aber auch die historische Innenstadt mit ihren Fachwerk-, Sandstein- und Backsteinhäusern und die grünen Auen entlang der *Bibert* bieten viele Möglichkeiten zum Erkunden und Erholen. Weiter südlich grenzen Oberasbach und Stein an, wobei letzteres geprägt ist von der Präsenz des Unternehmens *Faber-Castell,* samt ↗ Schloss und Erlebniswelt.

VON KNOBLAUCHSLAND BIS BIBERTTAL

@ Unter www.landkreis-fuerth.de findet ihr neben Freizeittipps auch die Termine des Spielmobils*Ratzefatz,* das Juni – Ende der Sommerferien mit offenen Spielaktionen im Landkreis unterwegs ist.

Frei- & Hallenbäder

TIPPS FÜR WASSERRATTEN

Kristall Palm Beach

Kur- & Freizeitbad GmbH, Albertus-Magnus-Straße 29, 90547 Stein. ✆ 0911/68835-0, www.kristall-palmbeach.de. **Bahn/Bus:** ↗ Stein, Bus 154 bis Stein Palm Beach oder ab Röthenbach Bus 64, 713. **Auto:** B14, Mühlloheweg, bis Albertus-Magnus-Straße. **Zeiten:** So – Do 9 – 22, Rutschen 10 – 21, Fr, Sa 9 – 24, Rutschen 10 – 22 Uhr, 19 – 24 Uhr textilfreies Baden. **Preise:** 13,50 € 2 Std, 16,50 € 4 Std, 19,50 € Tageskarte; Kinder bis 5 Jahre 5,50 €, 6 – 15 Jahre 10,50 €

Happy Birthday! Geburtstagskinder haben freien Eintritt!

Spielen am Wasserkanal: Im Playmobil Fun Park werden Träume wahr

Für die Eltern steht eine riesige Saunalandschaft zur Verfügung. Zuschlag 5 €.

2 Std, 13,50 € 4 Std, 16,50 € Tag; Do Familientag, pro Erw zahlt ein Jugendlicher 4 Std 10,50 €, Tag 13,50 €.

▶ Dieses Erlebnisbad lässt keine Wünsche offen! Attraktion ist das intergalaktische Rutschencenter mit bis zu 200 m langen, teils mehrbahnigen Rutschen sowie Reifen- und Geschwindigkeitsrutsche. Ansonsten habt ihr die Qual der Wahl zwischen 25-m-Sportbecken, tropischem Wellenbad, Außenbecken mit Strömungskanal, Kleinkind-Planschzone oder diversen Sprudelbecken, die sich teilweise im separaten Thermenbereich befinden. Ein Außenbereich mit Sandstrand, Lagune, Spielplatz und Gastronomiebereiche runden das Angebot ab.

Veitsbad

Am Bad 1, 90587 Veitsbronn. ✆ 0911/75208-0, www.veitsbronn.de. **Bahn/Bus:** ➚ Veitsbronn. **Auto:** ➚ Veitsbronn, Am Dorfplatz links Richtung Bad. **Rad:** Zenntalradweg. **Zeiten:** Mitte Mai – Anfang Sep täglich 8 – 20 Uhr. **Preise:** 3,50 €, ab 16 Uhr 2,50 €, 10er-Karte 30 €; Kinder unter 16 Jahre 2 €, 10er-Karte 16 €; 5 € Pfand für 10er-Karte. **Infos:** Bei schlechtem Wetter wird das Bad ab 12 Uhr geschlossen, bei Wetterbesserung um 16.30 Uhr wieder geöffnet.

▶ Egal, ob ihr über eine Breitrutsche ins Nichtschwimmerbecken mit Strömungskanal sausen oder über das Sprungbrett in das große 50-m-Sportbecken eintauchen möchtet, im Veitsbad seid ihr bei heißen Sommertemperaturen genau richtig. Die Kleinsten haben beim Planschbecken mit Sonnensegel und Wasserspielzeug ihren eigenen Bereich zum Spielen. Die große Liegewiese und der Kiosk sind während der Spiel- und Planschpausen für alle da.

Badespaß und Abenteuer im Fürthermare: Hallensportbad

Vitaplan Thermalbad GmbH & Co. KG, Scherbsgraben 15, 90766 Fürth. ✆ 0911/723054-0, www.fuerthermare.de. **Bahn/Bus:** U1 bis Stadthalle, Bus 172 bis

Scherbsgrabenbäder. **Auto:** A73 bis Poppenreuth, dann den Schildern Fürthermare folgen. **Rad:** Biberttalradweg bis Scherbsgraben. **Zeiten:** 10 – 23 Uhr. **Preise:** Sa, So, Fei, Ferien 2 Std 10 €, 4 Std 12 €, Tageskarte 16 €, Mo – Fr (außer Fei, Ferien) 2 Std 8,50 €, 4 Std 10,50 €, Tag 14 €; Kinder bis 3 Jahre 3,50 €, Kinder 4 – 15 Jahre Sa, So, Fei, Ferien 2 Std 8 €, 4 Std 10 €, Tag 14 €, Mo – Fr (außer Fei, Ferien) 2 Std 7 €, 4 Std 9 €, Tag 12 €; Familie (2 Erw, 1 Kind) Sa, So, Fei, Ferien 31 €, jedes weitere Kind 8 €, Mo – Fr (außer Fei, Ferien) 27,50 €, jedes weitere Kind 7 €. **Infos:** Kostenloser Zugang zu Sommerbad und HallenSportBad zu ausgeschriebenen Zeiten.

▶ Mittelpunkt der Kindererlebniswelt ist das große Piratenschiff für kleine Seeräuber. Im **Erlebnisbecken** locken Strömungskanal, Wasserfall und eine geheimnisvolle Grotte zu Badeabenteuern, während sich eure Eltern auf Strandliegen unter Palmen wie im Urlaub fühlen. Wer mutig ist, traut sich auf den Rutschenturm und saust auf der 109 m langen Reifenrutsche, der 47 m langen, steilen Turborutsche oder der 75 m langen *Blackhole-Rutsche* ins kühle Nass. Draußen wartet auf euch das Außenbecken mit Massagedüsen und Luftperlbänken. Für leckeres Essen sorgt das **Spaßbadrestaurant.**

Hallensport- und Sommerbad Fürth

Vitaplan Thermalbad GmbH & Co. KG, Scherbsgraben 25, 90766 Fürth. ✆ 0911/723054-0, 72305465 (Bademeister). www.baederland-fuerth.de. **Bahn/Bus:** U1 bis Stadthalle, Bus 172 bis Scherbsgrabenbäder. **Auto:** A73 bis Poppenreuth, dann den Schildern Fürthermare folgen. **Rad:** Biberttalradweg bis Scherbsgraben. **Zeiten:** Hallenbad Sep – Juni Mo, Do 14 – 20.30, Di 6.30 – 9.30, 14 – 20.30, Mi 14 – 22, Fr 6.30 – 22, Sa, So, Fei 8 – 13 Uhr, 24., 31. Dez, 1. Jan geschlossen, Sommerbad Mitte Mai – Aug Sa – Di, Fei 8 – 20, Mi – Fr 7 – 20 Uhr. **Preise:** 4,50 €, Sommerbad Mo – Fr ab 18 Uhr 2,50 €; Kinder ab 4 Jahre 2,50 €; 5er-Karte 20 €,

Happy Birthday!
Während ihr freien Eintritt habt, zahlt ihr für Freunde 16,50 €, für Erw 19,50 €, Mo – Fr (außer Fei, Ferien) 2 € weniger, Geburtstagsessen inklusive.

Wenn Juni – 15. Sep draußen min. 25 Grad sind, zahlt ihr bei Tageskarten-Einzeltarifen nur den halben Preis.

Kinder 11 €, 10er-Karte 36 €, Kinder 20 €. **Infos:** Gratis-Zugang vom Fürthermare ins Hallen- und Sommerbad zu ausgeschriebenen Zeiten.

▶ Wenn es draußen heiß ist, könnt ihr im beheizten 50-m-Becken des **Sommerbades** eure Bahnen ziehen oder euch im Erlebnisbecken durch den Strömungskanal treiben lassen. Ist euch die Kamikaze-Rutsche zu steil? Dann probiert einfach die 3er-Breitrutsche aus. Für die Kleinsten stehen ein Planschbecken und ein schattiger Sandkasten zur Verfügung. Außerhalb des Wassers warten Beachvolleyballplätze, eine weitläufige Spiel- und Liegewiese und ein Strandareal mit feinem Quarzsand auf euch. Für euer Schwimmabzeichen übt ihr am besten im **Hallenbad.** Im 29 Grad warmen Lehrschwimmbecken könnt ihr Ringe tauchen oder die *Froschbeine* für das Brustschwimmen üben. Im 25-m-Schwimmerbecken zeigt sich dann, ob ihr fit fürs Seepferdchen seid. Hier dürft ihr auch vom 1- oder 3-m-Brett springen.

Radeln

Radwege in Fürth

90762 Fürth. www.fuerth.de.

▶ Der **Main-Donau-Kanal** sorgt für eine flache Radstrecke an ganz Fürth vorbei.

Eine naturnahe und kinderfreundliche Tour bietet sich auch auf einem Abschnitt des **Paneuropa-Radweges** an, der euch von Nürnberg über Fürth bis nach Zirndorf vorbei an vielen Spielplätzen leitet.

Auf dem 7,7 km langen **Regnitzradweg** könnt ihr östlich von Zirndorf, vorbei an Unterasbach und Stein, sogar bis nach Schwabach radeln.

Fahrradstadtplan Fürth 1:15.000 mit Umgebungskarte 1:50.000, 5 €, erhältlich bei der Tourist-Info Fürth.

Radeln an Main-Donau-Kanal und Regnitz

90765 Fürth-Stadeln. www.fuerth.de. **Start:** Fischerberg in Fürth-Stadeln. **Länge:** Etwa 12 km, leichte Rundtour, fast nur ebene Radwege. **Bahn/Bus:** R2, S1 bis

Vach, Bus 173, 174 bis Stadeln Fischerberg. **Auto:** A73 bis Stadeln, über Stadelner Hauptstraße bis Fischerberg. **Rad:** Regnitzradweg.

▶ Ihr startet eure Fahrradtour am **Fischerberg** und radelt die Stadelner Straße hinunter, vorbei am **Atzenhofer Müllberg** (prima Aussicht von oben) und unter dem Main-Donau-Kanal hindurch. Kurz vor dem Hafengelände könnt ihr auf den Radweg direkt am Kanal wechseln. Vielleicht habt ihr Glück und seht einen Frachter vorbeischippern, der mit seinem Signalhorn grüßt. An der Würzburger Straße überquert ihr den Kanal und folgt der B8 Richtung Innenstadt (auf Höhe von Obi liegt links ein etwas versteckter Spielplatz) bis zur **Billinganlage.** Hinter der Flutbrücke führt der Radweg durch den *Scherbsgraben* und die *Kapellenruh.* Wenn ihr Käppner- und Friedhofssteg passiert habt, wartet auf euch der **Mehrgenerationenspielplatz am Schießanger,** ein großer, schattiger Spielplatz mit Klettergeräten, Bolzplatz und angrenzender Skateranlage. Nach der Pause führt euch die Radstrecke Richtung Norden an der Regnitz entlang, vorbei an der Kläranlage (Nase zuhalten!) bis zum großen Wasserrad auf der linken Seite. An diesem idyllischen Fleckchen lohnt sich eine letzte Rast mit **Wasserspielgelegenheit**. Bis zum Ausgangspunkt sind es nun nur noch wenige Minuten.

Schöne Anfänger-Tour: Am Main-Donau-Kanal geht es flach immer geradeaus

Hunger & Durst

Gasthaus Wilhelmshöhe, Wilhelmstraße 21, Fürth. ✆ 0911/732962. www.gasthauswilhelmshoehe.de. Ab 10 Uhr, warme Küche bis 22 Uhr. Biergarten, fränkische Küche.

*Die roten Schienen an der **Billinganlage** erinnern an die Straßenbahn, die 1928 – 1981 bis hierhin fuhr. Der Brunnen wurde mit lustigen Porzellanfiguren von Bildhauer Karl-Heinz Richter verziert.*

Spazieren

Spaziergang mit Schatzsuche: Geocaching in Veitsbronn

Kreppendorfer Straße, 90587 Veitsbronn. www.veitsbronn.de. **Start:** Kreppendorfer Straße. **Länge:** Rundweg, ca. 2,5 km. **Bahn/Bus:** ↗ Nürnberg R1, 12 bis Siegelsdorf Bhf bzw. ↗ Fürth Bus 126 bis Bernbach/ Raabstraße. **Auto:** Südwesttangente bis B8, durch Seukendorf bis Siegelsdorf, rechts über Fürther Straße bis Weihergasse/Ecke Kreppendorfer Straße. **Rad:** Zenntalradweg.

▶ In Veitsbronn könnt ihr euren Spaziergang mit einer spannenden Schatzsuche kombinieren. Startet eure Tour zum Beispiel in der **Kreppendorfer Straße.** Hier hat der Heimat- und Geschichtsverein seinen ersten *Stummen Zeugen der Vergangenheit* ausgestellt, einen *Federzahngrubber.* Eine weitere Skulptur, den *Kartoffelroder,* findet ihr, wenn ihr die Weihergasse bis zur **Obermichelbacher Straße** hinauflauft. Bis hierhin sind übrigens schon zwei Caches mit den aussagekräftigen Namen *Alteisen?* versteckt. Durch die Obermichelbacher Straße gelangt ihr zum Kirchberg, wo ihr über 107 Stufen die historische **Wehrkirche St. Veit** erreicht. Wenn ihr euch die Wehranlage genau anschaut und einige Rätselfragen löst, erfahrt ihr die Koordinaten für den nächsten Cache. Danach geht es wieder hinunter in den Ort und am **Dorfplatz** erfahrt ihr einiges über die Geschichte Veitsbronns. Über die Siegelsdorfer Straße gelangt ihr an der **Zenn** zum nächsten Cache. Die Route zurück führt euch am Wiesengrund entlang. Wisst ihr, wo der Holzwurm wohnt? Dann seid ihr ganz nah dran am nächsten Geocache-Versteck. Auf euerm Weg begegnet ihr dem *Gabelheuwender,* einer weiteren Skulptur des Heimatvereins. An der **Nürnberger Straße** geht es rechts wieder zurück Richtung Ausgangspunkt.

@ Die genauen GPS-Daten für alle Caches in Veitsbronn inklusive Rätsel und Suchtipps findet ihr auf www.geocaching.com.

Naturlehrpfad, Kreppendorfer Straße, Veitsbronn. www.veitsbronn.de. Beim *Federzahngrubber* startet ein Naturlehrpfad Richtung Kreppendorf. Hier erfahrt ihr Wissenswertes zu Bäumen, Sträuchern und Naturlebensräumen.

Spaziergang zu den Fürther Heilquellen

Sebastian-Kneipp-Weg, 90765 Fürth. www.fuerth.de/heilquellenweg. **Start:** Dammstraße, Ecke Sebastian-Kneipp-Weg. **Markierung:** Heilquellenweg. **Länge:** Rundweg 8,8 km, Gehzeit etwa 2 Std. Mit kleineren Kindern Tour evtl. abkürzen und nur bis Stadtpark gehen (Rundweg etwa 4 km). **Bahn/Bus:** U1 bis Stadtgrenze, Bus 175 bis Schilfweg. **Auto:** A73 bis Poppenreuth, über Hans-Vogel-Straße, Karl-Bröger-Straße, Espanstraße bis Parkplatz Dammstraße.

Schaut euch auf dem Rückweg über den Sebastian-Kneipp-Weg doch einmal im Schaugarten des Bund Naturschutz um! Infos: © 0911/77394.

▶ Erster Anlaufpunkt des Heilquellen-Spaziergangs ist der **Trinkpavillon** der **Espanquelle** in der **Kleinen Mainau.** Den hohen Eisengehalt des Wassers erkennt ihr an der rostigen Farbe des kleinen Baches, dem ihr weiter folgt. Hinter dem Toilettenhäuschen geht es links bis über die Quellenbrücke. Linker Hand unter dem **Aussichtspavillon** des früheren Kurparks entdeckt ihr in einer Nische die **König-Ludwig-Quelle I.** Folgt dem Weg über den neuen FROG-Steg am Rande des Technologieparks Uferstadt, vorbei an der Pegnitzaue bis zum **Stadtpark.** Nach dem Engelhardtsteg führt euch der zweite Weg links bis hinauf zum oberen Hauptweg, wo ihr schon von Weitem den **Fontänenhof** erblicken könnt. Habt ihr Lust, eure Arme ein wenig abzukühlen? Dann nehmt ein Bad im Armbadebecken. Gegenüber führen Treppen nach unten zum **Parkweiher** und ihr habt die Möglichkeit, eine Spielpause mit Schaukeln oder Rutschen einzulegen. Am Ende des Stadtparks geht es beim Karlsteg nach links Richtung Stadtzentrum. Vorbei am Stadttheater und am Rathaus trefft ihr auf das ↗ **Geburtshaus** des früheren Bundeskanzlers *Ludwig Erhard.* Am **Grünen Markt** bieten zahlreiche Cafés die Möglichkeit für eine kleine Erfrischung. Nun lauft ihr Rich-

Hase oder Kaninchen? Wer kennt den Unterschied und schreibt ihn uns? Am besten mit Foto von eurem Haustier! lesen@PeterMeyerVerlag.de.

Mümmellümmel: Er lebt unbeschwert im Heilquellenpark

© pmv, Sylvia Schaub

tung Rednitztal durch die Wiesenaue bis zum **Thermalbad Fürthermare,** das die dortige **Kleeblattquelle** nutzt. Der Rückweg verläuft südlich der Innenstadt über die Rednitz und die Uferpromenade, vorbei am **Stadtmuseum** bis durch den **Stadtpark** und diesmal links über den Röllingersteg bis zur **Kleinen Mainau.**

Radfahrer finden auf der Internetseite eine spezielle Radroute, die auch die Gustav-Adolf-Quelle in Weikershof einschließt.

Parks & Grillplätze

Stadtpark Eichenhain

Eichenhain, 90513 Zirndorf. www.zirndorf.de. **Bahn/Bus:** R11 bis Zirndorf, Bus 70 bis Zirndorf Ost. **Auto:** ↗ Zirndorf, über Jahnstraße, Wallensteinstraße bis Eichenhain. **Rad:** Paneuropa-Radweg, Biberttalradweg.

▶ Direkt an der *Bibert* gelegen, sorgt der Park in Zirndorf für frische und naturnahe Erholung. Der geschützte Baumbestand bietet im Sommer viel Schatten und für euch gibt es mit dem *Seilzirkus* eine tolle Spielmöglichkeit. Ältere Kinder dürfen an der Fitnessanlage aktiv werden und eine Runde auf der **Minigolf-Anlage** sorgt für Spaß bei der gesamten Familie. Nebenan in der *Hindenburganlage* gibt es übrigens noch einen schönen Spielplatz mit Spielhaus, Sandkasten und Klettergerät.

Minigolf Zirndorf, Eichenhain 7, Zirndorf. ✆ 0911/606168. www.minigolf-zirndorf.de. Mo – Fr 15 – 24, Sa 12 – 24, So, Fei 9 – 22 Uhr. 3,50 €, Kinder 2,50 €. Gaststätte mit Biergarten.

Grüne Oase: Der Stadtpark Fürth

Engelhardtstraße, 90762 Fürth. ✆ 0911/2395870 (Tourist-Info), www.fuerth.de. **Bahn/Bus:** U1 bis Fürth Hbf, Bus 173, 174, 178 bis Stadttheater. **Auto:** B8 bis Königstraße/Nürnberger Straße, Parken in der Umgebung. **Rad:** Paneuropa-Radweg, Regnitzradweg.

▶ Der Park wurde bereits 1951 für die Gartenschau *Grünen und Blühen* angelegt. Auch heute noch könnt ihr euch von dem herrlichen *Rosengarten* beeindrucken lassen: Bestaunt Rosen mit dem Namen *Schneewittchen* oder *Heidekönigin.* Genießt einen Halt am *Fontänenhof* mit seinen 17 kleinen und einem hohen Wasserstrahl in deren Mitte oder badet eure Arme im Kneippbecken. Wenn ihr lieber spielen wollt, dann steht euch ein Kinderspielplatz mit Klettergeräten, Schaukeln und Wasserspielbereich zur Verfügung. Oder habt ihr Lust auf eine Runde **Minigolf?** Nicht zuletzt könnt ihr euch auch auf eine Entdeckungstour auf dem *Baumlehrpfad* begeben. Hier erfahrt ihr Wissenswertes zum *Trompetenbaum,* zur *Flatterulme* und noch vielen anderen Bäumen.

Minigolf Stadtpark Fürth, Fürth. ✆ 0177/3800821. Etwa ab Ostern – Michaelis-Kirchweih, täglich 11 – 19 Uhr wetterabhängig. 3 €, Kinder 2 €.

Zwei schöne Grillstellen in der Stadt

Grillplatz Fürth: Engelhardtstraße, 90762 Fürth. www.fuerth.de. In unmittelbarer Nähe zum ↗ Fürther Stadtpark.

Grillplatz Waldmannsweiher: Fuchsstraße/Uferpromenade, 90763 Fürth. www.fuerth.de. Landschaftlich schön gelegener Grillplatz mit zahlreichen Sitzmöglichkeiten und Tischen sowie einer fest installierten Grillanlage.

Reiten & Kutsche fahren

Hoch zu Ross auf dem Hölzleshof

Pferdesport am Hölzleshof, Grünstraße 24, 90522 Oberasbach. ✆ 0911/7330539, www.hoelzleshof.de. **Bahn/Bus:** S4 bis Unterasbach, Bus 154 bis Unterasbach Bhf Südseite. **Auto:** B14 bis Stein, über Mühl- und Steinerstraße bis Unterasbach, bei S-Bahn links bis Feldstraße/Grünstraße. **Rad:** Rednitz-Radweg bis Unterasbach. **Preise:** Preise und Termine individuell nach Vereinbarung.

▶ 20 Pferde und Ponys stehen euch auf diesem Reiterhof für Longe-, Gruppen- und Einzelunterricht zur Verfügung. In den Ferien werden regelmäßig auch Ponykurse angeboten.

@ Auf der Suche nach Spielplätzen, Kinos, Sportvereinen? Schaut auf www.familieninfo-fuerth.de!

Mit der Postkutsche durch Fürth

Tourist-Information Fürth, Bahnhofplatz 2, 90762 Fürth. ✆ 0911/239587-0, www.mfk-nuernberg.de.

Start: Gegenüber Rathaus, Königstraße 81. **Dauer:** Etwa 2 Std. **Bahn/Bus:** U1 bis Fürth Rathaus. **Auto:** A73 bis Fürth-Poppenreuth, über Poppenreuther Straße links auf B8 bis Rathaus, Parkhaus Sozialrathaus, Parkplätze Helmplatz, Helmstraße. **Rad:** Paneuropa-Radweg bis Karlsteg, dann Richtung Rathaus. **Preise:** 50 € pro Person; Kinder bis 8 Jahre frei, 9 – 17 Jahre 25 €.

▶ Zwei Kutschen für 7 oder 9 Personen stehen euch für die Fahrt durch die Fürther Innenstadt zur Verfügung. Ihr erfahrt Wissenswertes über das Postkutschenwesen und macht einen kurzen Halt an interessanten Plätzen wie der Hornschuchpromenade oder dem Stadttheater. Zum Abschluss gibt es noch ein kleines Getränk und einen Imbiss.

Spielen, toben, klettern

Waldspielplatz Achterplätzchen

Am Achterplätzchen, 90513 Zirndorf. www.zirndorf.de. **Bahn/Bus:** R11 (Rangaubahn), Bus 111, 150 bis Zirndorf Kneippallee. **Auto:** ↗ Zirndorf, über Zirndorfer Straße, Jahnstraße, Paul-Metz-Straße bis Kneippallee, weiter bis Am Achterplätzchen. **Rad:** Main-Donau-Kanal bis Alte Veste, dann am Stadtwaldrand entlang.

▶ Auf der riesigen *Burganlage* mit Kletterwand könnt ihr spielen, klettern und fantastische Abenteuer erleben. Oder ihr flitzt auf der langen Bergrutsche den Hang hinunter. Auf den Sandkasten, die Wippe und das Schaukeltier freuen sich vor allem die Jüngsten. Durch die Nähe zum Stadtwald ist der Spielplatz im Sommer schön schattig. Darüber hinaus bieten die Schluchten und Hänge im ehemaligen Steinbruchgebiet viel Platz zum Toben und Geschichtenerfinden.

Eine Broschüre mit einer Übersicht über weitere Spiel- und Bolzplätze rund um Zirndorf erhaltet ihr bei der Tourist-Info, im Rathaus oder im Jugendhaus *Alte Scheune.*

Spiel & Spaß im Playmobil FunPark

Geobra Brandstätter GmbH & Co. KG, Brandstätterstraße 2 – 10, 90513 Zirndorf. ✆ 0911/9666-1455, www.playmobil-funpark.de. **Bahn/Bus:** S4 bis Anwan-

Auch im Playmobil Fun Park könnt ihr reiten – aber mit den Pferden kommt ihr nicht weit

den, R11 bis Zirndorf Bhf, dann Bus 151 bis Zirndorf Playmobil FunPark, Bus 113 bis Zirndorf Bundesamt. **Auto:** Südwesttangente bis Zirndorf, über Rothenburger Straße, Zwickauer Straße bis Brandstätterstraße. **Rad:** 500 m südlich von Paneuropa-, Biberttalradweg. **Zeiten:** Mai – Mitte Sep 9 – 19, Mitte Sep – Anfang Nov, April 9 – 18, Nov – März 10 – 18 Uhr, Nov – März Außenbereich geschlossen. **Preise:** Erw und Kinder ab 3 Jahre Mai, Juni 10 €, ab 16 Uhr 8 €, Juli – Mitte Sep 11 €, ab 16 Uhr 8 €, Mitte Sep – Anfang Nov 9 €, ab 15 Uhr 7 €, Anfang Nov – März 3 €, außer Weihnachts- und Faschingsferien 5 €, April 9 €, ab 15 Uhr 7 €; Mo Seniorentag, freier Eintritt ab 60 Jahre (außer Fei, Ferien, Wintersaison). **Infos:** Kinder unter 12 Jahre nur in Begleitung eines Erw. Witterungsbedingte Teilschließung des Außenbereichs, Minigolf, Aktivpark möglich. Keine Haustiere erlaubt.

▶ Überdimensionale Playmobil-Ritter erwarten euch schon vor dem Eingang des Parks. Auch drinnen trefft ihr überall auf mannshohe Plastikfiguren, die ihr sonst nur einige Nummern kleiner kennt und vielleicht zu Hause in eurer Spielkiste habt. Zentrum des Abenteuerparks sind die gewaltige Ritterburg und das riesige Piratenschiff. Vor allem bei Kletter- und Wasseraktivitäten könnt ihr euch austoben, aber auch der Bauernhof oder die Westernstadt mit Gold-

Denkt wegen der vielen Wasserattraktionen im Playmobil FunPark an Wechselkleidung. Alternativ könnt ihr kostenlos die Wäschetrockner im Park nutzen.

Aktiv Park, Biergarten, Minigolf, ✆ 0911/9666-1070. www.playmobil-funpark.de. Mai – Mitte Sep 9 – 22, Mitte Sep – Anfang Nov, April 11 – 18 Uhr. Aktiv Park mit Fitnessgeräten, Boule, Airhockey, bis 18 Uhr im Fun-Park-Eintrittspreis enthalten, ab 18 Uhr kostenlos, Minigolf 4,50 €, Kinder bis 11 Jahre 3,50 €.

miene und Edelsteinsuche sind beliebte Attraktionen in der Erlebniswelt. Und sollte es einmal regnen, dann trefft euch doch im Indoor-Klettergarten oder in der Playmobil-Spielstadt!

Bärenstarker Kletterspaß im Kletterwald Weiherhof

Banderbacher Straße 301, 90513 Zirndorf. Handy 0171/5335438 (Di – Fr 10 – 16 Uhr). www.kletterwald-weiherhof.de. **Bahn/Bus:** R11 bis Weiherhof, 15 Min Fußweg. **Auto:** Südwesttangente bis Fürth-Fürberg, über Heilstättenstraße, Wachendorfer Weg bis Banderbacher Straße, Parkplätze beim Sportverein Weiherhof. **Rad:** Main-Donau-Kanal bis Fürberg, über Kolpingstraße durch den Stadtwald, Weiherhofer Hauptstraße bis Banderbacher Straße. **Zeiten:** 15. März – 2. Nov Fr 13 – 20, Sa, So, Fei, Ferien 10 – 20 Uhr, Mo – Do Gruppenbuchungen ab 10 Pers mit Voranmeldung. **Preise:** 3 Std Klettern mit Leihausrüstung und Einführung 20 €; Kleinkinderparcours 8 €, Kinder bis 11 Jahre 13 €, 12 – 18 Jahre 17 €; Familie (ab 3 Pers, Eltern und Kinder) 2 € Rabatt pro Familienmitglied, Studenten, Azubis mit Nachweis 18 €. **Infos:** Letzte Sicherheitseinweisung 2 Std vor Schließung. Der Kletterwald wird geschlossen bei Einbruch der Dunkelheit, Sturm, Gewitter, starkem Regen.

▶ Nach einer Einweisung auf dem Einführungsparcours könnt ihr euch endlich in luftige Höhen schwingen. Auf die Kleineren wartet der Bärchen-Parcours mit Bobbycar-Fahrt in 1 m Höhe. Ab 1,30 m Körpergröße seid ihr reif für spannende Kletterstrecken mit Schlittenfahrt, Tarzan Swing oder Skateboarden 2 – 3 m über dem Erdboden. Oder reicht eure Größe für den Tarzansprung und die Fahrt auf dem Surfbrett, während ihr bis zu 7 m in die Tiefe schaut? Ein reiner Seilbahnparcours sorgt für besonderen Spaß. Und wenn ihr nach oben schaut, könnt ihr vielleicht die Profis beim Klettern in bis zu 11 m Höhe beobachten.

Weitere Herausforderungen findet ihr auf einem Slackline-Parcours, der Naturkegelbahn oder beim Bogenschießen. Schaut auch einmal nach den Geburtstagsangeboten!

Tiere erleben

Freiland-Aquarium und -Terrarium

Naturhistorische Gesellschaft Nürnberg, Heuweg 16, 90547 Stein. ✆ 0911/227970, www.freiland.nhg-nuernberg.de. **Bahn/Bus:** U1 bis Röthenbach, dann Bus 63 bis Stein Sommerstraße oder Bus 64 bis Stein Albert-Magnus-Straße. **Auto:** Südwesttangente bis Nürnberg Schweinau, B14 bis Deutenbacher Straße und Heuweg, 700 m Fußweg. **Zeiten:** Mai – Sep Sa, So, Fei 9 – 18 Uhr. **Preise:** kostenfrei, Spende erbeten.

▶ Teichmolche, Kreuzkröten, Laubfrösche und Ringelnattern, das sind nur einige der Reptilien und Amphibien, die ihr in dem Freiland-Areal in Stein beobachten könnt. Auch Fische und Pflanzen, die sich alle auf der *Roten Liste* bedrohter Tierarten befinden, haben in dem kleinen Naturparadies ihren Platz.

Geburtstag auf dem Erlebnisbauernhof Reichel

Renate Reichel, Felsenkellerweg 1, 90768 Fürth-Burgfarrnbach. ✆ 0911/756397, **Bahn/Bus:** R1, 12 bis Burgfarrnbach Bhf, Bus 125 bis Regelsbacher Straße. **Auto:** Südwesttangente, B8 bis Burgfarrnbach, über Würzburger und Regelsbacher Straße bis Egersdorfer Straße/Ecke Felsenkeller. **Rad:** Main-Donau-Kanal bis Burgfarrnbach. **Zeiten:** Hofladen Fr, Sa 9.30 – 18 Uhr, Gaststüberl zu festgelegten Terminen und für geschlossene Veranstaltungen. **Preise:** Bauernhofführung 25 € pro Std max. 25 Pers, Kindergeburtstag max. 10 Kinder 85 € zzgl. Extras wie Kuchen, Getränke oder mehr Kinder. **Infos:** 6 – 8 Wochen im Voraus buchen!

▶ Eine bestimmt unvergessliche Geburtstagsparty könnt ihr auf dem Erlebnishof Reichel feiern. Habt ihr schon einmal Butter selbst gemacht? Und was wisst ihr über Gemüse? Oder habt ihr mehr Lust, die Tiere auf einem Bauernhof einmal zu treffen? Dann seid ihr hier genau richtig: Lernt Kühe, Schweine, Schafe, Ziegen, Hühner, Kaninchen, Meerschweinchen,

UMWELT ERFORSCHEN

@ Auf der Internetseite könnt ihr euch ein altersgerechtes Quiz für euren Besuch herunterladen.

Der Fußweg durch das Rednitztal führt an einem schönen, großen Spielplatz und Fitness-Parcours vorbei.

@ Unter www.bayerischerbauernverband.de findet ihr weitere Adressen für Bauernhof-Kindergeburtstage.

Hund, Kater und eine Eselstute von Angesicht zu Angesicht kennen – streicheln inklusive.

Ein Admiral, der verzaubern kann: Der Schmetterling kommt pünktlich zur Vorführung von Pro Terra

Foto © Pro Terra

Der Natur auf der Spur

Naturforscher aufgepasst!

Pro Terra – Naturerfahrung & Umweltbildung, Katharina Michielin, Dipl.-Biologin, Sudetenstraße 10, 90522 Oberasbach. ✆ 0911/770031, www.oekozentrum-fuerth.de. **Lage:** Treffpunkte je nach Veranstaltung. **Preise:** z.B. Thema Fledermäuse 2 – 2,5 Std 150 €.

▶ Begebt euch auf spannende Forscher-Exkursionen, entdeckt Tiere und Pflanzen in freier Natur und lernt die Geheimnisse dieser Lebewesen kennen und schätzen. Die Naturthemen, wie beispielsweise *Heimlich, still und leise – heimische Fledermäuse,* eignen sich auch für euren nächsten Kindergeburtstag.

@ Ob GPS-Schnitzeljagd, Vogelstimmenführung oder Höhlenexkursion, auf www.bayerntour-natur.de findet ihr viele interessante Veranstaltungen und Aktionen.

Naturschutzgebiet Hainberg

Am Hainberg, 90522 Oberasbach. www.oberasbach.de. **Bahn/Bus:** S4 bis Unterasbach (von Süden kommend), Bus 71, 179 bis Fürth-Süd (von Norden), Bus 154, 155 bis Kreutles Ost (von Osten). **Auto:** Südwesttangente bis Nürnberg-Kleinreuth, Richtung Oberasbach bis Am Hainberg, Zugang mit Infotafel neben der Fernabrücke. **Rad:** Rednitz-Radweg bis Oberasbach.

▶ Das rund 213 ha große Areal befindet sich im Städtedreieck Nürnberg – Oberasbach – Stein und ist bei Wanderern und Naturfreunden sehr beliebt. Im Osten begrenzt die *Rednitz* das Gebiet, aus dem Westen kommend wird es von der *Asbach* durchzogen. Bedeutsam und daher seit 1995 auch als Naturschutzgebiet ausgewiesen, ist der Hainberg aufgrund seines ausgedehnten Sandmagerrasens, dem größten zusammenhängenden in Nordbayern. Viele bedrohte Tiere und Pflanzen sind auf die nährstoffarmen, sandigen Böden angewiesen und an die extremen Temperaturunterschiede in dieser Landschaft angepasst. Eine Besonderheit stellt das Auftreten des *Österreichischen Beifuß* dar, der hier wahrscheinlich im Dreißigjährigen Krieg von kroatischen Soldaten als Weingewürz angepflanzt wurde.

Einen Trimm-Dich-Pfad findet ihr südwestlich vom Hainberg in einem Waldstreifen an der Birkenstraße.

Waldfee der Fürther Märchenwiese, Heilstättenstraße 130, Fürth. ✆ 0911/13092607, 0176/60906745. Märchenspaziergänge und Hüttennachmittage im Fürther Stadtwald, 1 – 1,5 Std, 6 – 8 €, Kinder 4 – 5 €, Treffpunkt Blockhütte hinter der Stadtförsterei.

Wildschweine und Erlebnispfade im Stadtwald

Stadtwald Fürth, Zum Vogelsang, 90768 Fürth. www.fuerth.de. **Bahn/Bus:** R11 bis Dambach, Bus 178 bis Coubertinstraße oder Stadtförsterei. **Auto:** Südwesttangente bis Oberfürberg, über Main-Donau-Kanal, Am Europakanal, Coubertinstraße bis Zum Vogelsang. **Rad:** Main-Donau-Kanal.

▶ Der Fürther Stadtwald hat weit mehr zu bieten als reine Wander- und Spazierwege. Wenn ihr vom Parkplatz *Zum Vogelsang* in den Stadtwald lauft, trefft ihr nach wenigen Schritten bereits auf das **Schwarzwildgehege.** Es macht viel Spaß, zu beobachten, wie die Frischlinge durch ihr Revier jagen und mit ihren kleinen Schnauzen in der Erde wühlen. Geht ihr von hier aus weiter und folgt dem *Marmarisweg* (Weißer Vogel auf rotem Grund), dann erreicht ihr bei der Stadtförsterei den **Waldlehrpfad** mit interessanten Schautafeln zu Bäumen und Tieren im Wald. Mittendurch kreuzt ein **Walderlebnispfad,** der Wackelbrücke, Barfußpfad

Lecker: Die Frischlinge lassen sich die Kastanien schmecken

© pmv, Sylvia Schaub

und Baumtelefon für euch bereithält. Darüber hinaus ist im Stadtwald ein **Trimm-Dich-Pfad** mit 15 Stationen angelegt. Auch längere und kürzere Rundwanderwege mit teils herrlichen Aussichtspunkten fehlen nicht.

HANDWERK UND GESCHICHTE

Burgen & Schlösser

Cadolzburg bei Fürth

Burgverwaltung Nürnberg, Burgstraße, 90556 Cadolzburg. ✆ 0911/2446590, 09103/509-58 (Anmeldung Gruppenführung). www.kaiserburg-nuernberg.de. **Lage:** Treffpunkt Führung 1. Burgbrücke. **Bahn/Bus:** R11 (Rangaubahn), Bus 111 bis Sparkasse, 136, 152 bis Bauhofstraße. **Auto:** ↗ Cadolzburg, Richtung Marktplatz. **Rad:** Hohenzollern-Radweg. **Zeiten:** Führung Rund um die Burg So, Fei 14 Uhr. **Preise:** 2 € pro Pers. **Infos:** Anmeldung Führung: kulturamt@cadolzburg.de.

▶ Mit der Cadolzburg thront eine der mächtigsten Burganlagen Bayerns über der gleichnamigen Marktgemeinde südwestlich von Fürth. Bereits 1157 wurde die Burg erstmals urkundlich erwähnt, ab dem 13. Jahrhundert war sie lange Jahre im Besitz der hohenzollerschen Burggrafen von Nürnberg. Bis 2017 wird die Anlage nun saniert und zu einem erlebnisreichen **Museum** ausgebaut. Geplant sind Ausstellungsbereiche im Alten Schloss und in der Kernburg, in denen ihr dann eine Zeitreise ins Mittelalter unternehmen und das Leben zu jener Zeit mit allen Sinnen nachspüren könnt. Bis es soweit ist, schaut euch doch die Burg bei einer **Führung** schon einmal genau von außen an!

Wandert von Fürth oder Zirndorf nach Cadolzburg und genießt den Blick vom Aussichtsturm, auch *Bleistift* genannt. Mit der Rangaubahn könnt ihr dann wieder zurückfahren.

Faber-Castell: Schloss, Museum, Werksführung

Faber-Castell AG, Nürnberger Straße 2, 90564 Stein. ✆ 0911/88199108, www.faber-castell.de/faber-castell-erleben. **Bahn/Bus:** U2 bis Nürnberg-Röthenbach, dann Bus 63, 64, 713 bis Stein Schloss. **Auto:** Südwesttangente bis Nürnberg-Schweinau, B14 bis Nürnberger Straße. **Zeiten:** Schloss und Museum 3. So im Monat 11 – 17 Uhr, Werksführung ein Fr im Monat (Termine im Internet) 10 Uhr. **Preise:** Museum 4,50 €, Schloss 7 €, Kombikarte 10 €, Werksführung 4 €; Kinder Museum 3 €, Schloss 5 €, Kombi 7 €, Werksführung 4 €; Familienkarte 2 Erw, 3 Kinder Museum 10 €, Schloss 15 €, Kombi 19 €. **Infos:** Führung für Gruppen bis 20 Pers (nach Anmeldung): Schloss, Museum Mo – So 8 – 18 Uhr, Werksführung Mo – Fr 8.30 – 11.30 Uhr. **Preise:** 1 Station 100 €, 2 Stationen 150 €, 3 Stationen 200 €, Schülergruppen frei.

Im Schloss der Faber-Castells: Stilvolles Spielzimmer – und so schön aufgeräumt!

Foto © Faber-Castell AG

▶ *Faber-Castell Erleben* nennt sich das Projekt, das euch mit drei verschiedenen Angeboten an 250 Jahren Geschichte des Familienunternehmens teilhaben lässt. Da ist zum einen das **Schloss Faber-Castell.** Auf einem Rundgang durch die Räumlichkeiten seht ihr Möbel verschiedener Stilepochen und erfahrt in einer Ausstellung Interessantes über die Familie *Graf von Faber-Castell.* Im **Museum Alte Mine** kehrt ihr zu den spannenden Anfängen der Bleiminenfertigung zurück. Und bei einer **Führung** durch das heutige moderne Werk wird euch gezeigt, wie so ein Bleistift überhaupt entsteht. Dabei könnt ihr jeden Schritt von der Rohstiftstraße bis zur Spitzerei genau verfolgen.

Der neben dem Schloss gelegene **Faberpark** gleicht heute eher einem verwunschenen Wald. Seit 1981 gehört er zu zwei Dritteln dem Freistaat Bayern. Ihr könnt hier am großen Teich spazieren gehen oder euch auf dem Naturspielplatz austoben.

Schloss Burgfarrnbach

Schlosshof 12, 90768 Fürth-Burgfarrnbach. ✆ 0911/ 975343, www.schloss-burgfarrnbach.de. **Bahn/Bus:** R1, 12 (Zenngrundbahn) bis Fürth-Burgfarrnbach, Bus

172 bis Regelsbacher Straße. **Auto:** Südwesttangente bis Theodor-Heuss-Brücke, B8 bis Burgfarrnbach. **Rad:** Main-Donau-Kanal bis Burgfarrnbach. **Zeiten:** Termine ↗ Internetseite, Buchung über Tourist-Info, ✆ 0911/2395870. **Preise:** Führung Schloss oder Parkanlage 7 €; Kinder bis 12 Jahre in Begleitung eines Erw frei; ermäßigt 5,50 €. **Infos:** Separate Schlossführung auf Anfrage unter ✆ 97534517, 80 € für max. 18 Pers.

▶ Zwischen 1830 und 1834 wurde das neue Schloss der Grafen *Pückler-Limburg* erbaut, aber bereits im 14. Jahrhundert befand sich auf diesem Gelände ein Wasserschloss. Das beeindruckende Bauwerk gilt heute als die größte klassizistische Schlossanlage in Süddeutschland. Mittlerweile werden hier im Stadtarchiv Urkunden, Amtsbücher, Karten und Filme aufbewahrt, um sie für die Zukunft zu sichern. Nehmt doch an einer **Führung** durch das Schloss teil, dann könnt ihr auch das Archiv besichtigen und Einblicke in die Stadtgeschichte der Kleeblattstadt gewinnen. Ebenso könnt ihr über die Fürther Tourist-Information eine Führung durch die Schloss- und Parkanlage buchen. Darüber hinaus werden im Schloss regelmäßig interessante Ausstellungen angeboten.

Museen & Stadtführungen

Städtisches Museum Zirndorf

Spitalgasse 2, 90513 Zirndorf. ✆ 0911/9606059-0, www.zirndorf.de. **Bahn/Bus:** ↗ Zirndorf. **Zeiten:** Jan – Juni, Okt – Dez Di – So 10 – 12, 14 – 17, Juli – Sep 10 – 17 Uhr, 24., 25., 31. Dez, 1. Jan, Faschingsdienstag geschlossen. **Preise:** 3 €, Führung 4 €, Kombi-Karte (Museum und Wallensteinführung, April – Okt) 6 €; Kinder 6 – 17 Jahre je 2 €; Familienkarte (Eltern, eigene Kinder) 7 €, Führung 8 €, Kombi-Karte 10 €.

▶ Natürlich darf im Museum der Spielzeugstadt eine Abteilung über die **Spielzeugproduktion** nicht fehlen.

Happy Birthday!
Feiert euren Geburtstag doch mal mit Blechspielzeug oder auf Wallensteins Spuren. 1,5 Std, max. 10 Kinder, 50 – 60 € zzgl. 1 € Eintritt pro Kind.

Bereits seit 1840 wurden in Zirndorf Blechspielwaren hergestellt, zum Beispiel Kreisel, Blechtrompeten oder Spardosen. Im Obergeschoss werdet ihr mit der Stellung der Stadt im Dreißigjährigen Krieg vertraut gemacht und im Dachgeschoss ist Platz für wechselnde Sonderausstellungen. Ihr könnt das Museum auch über eine spezielle Kinderführung entdecken. Im Erdgeschoss gibt es für euch zudem eine Spiel- und Videoecke. Bei der Wallensteinführung unternehmt ihr nach einer Führung durchs Obergeschoss einen Spaziergang zur Alten Veste, wo der böhmische Feldherr *Albrecht von Wallenstein* im Dreißigjährigen Krieg eine Schlacht gegen den Schweden-König führte.

Heimatmuseum Stadt Stein

Heimat- und Kulturverein Stein e.V., Mühlstraße 1, 90547 Stein. ✆ 0911/6804757, www.heimat-und-kulturverein-stein.de. **Bahn/Bus:** U2 bis Nürnberg-Röthenbach, Bus 63, 64, 713 bis Stein Kirche. **Auto:** Südwesttangente bis Nürnberg-Schweinau, über B14 bis Stein Mühlstraße (direkt hinter der Rednitz). **Rad:** Rednitz-Radweg. **Zeiten:** 3. So im Monat 13 – 17 Uhr. **Preise:** kostenlos.

▶ Im 1635 erbauten und damit ältesten Gebäude der Stadt ist heute die **Bücherei** untergebracht und auch das **Heimatmuseum.** Unternehmt hier eine kleine Zeitreise in die Vergangenheit und erfahrt viel über die Stadtgeschichte Steins und ihre Bürger. Dabei werden nicht nur Handwerk und Industrie in den Mittelpunkt gestellt, sondern auch das alltägliche Familien- und Vereinsleben. In der wechselnden Sonderausstellung wird jeweils ein spezielles Thema in den Fokus gerückt.

Stadtbücherei Stein, Mühlstraße 1, Stein. ✆ 0911/67048-15. www.stadt-stein.de. Mo, Do, Fr 14 – 18, Di 15 – 20, Mi 9 – 13 Uhr. 8 € pro Jahr, Kinder bis 16 Jahre kostenlos.

Jüdisches Museum Franken

Königstraße 89, 90762 Fürth. ✆ 0911/770577, www.juedisches-museum.org. **Bahn/Bus:** U1 bis Fürth Rathaus, Bus 125, 173 – 175, 177 – 179 bis Fürth

Jüdisches Museum Franken in Schwabach, Synagogengasse 10a, rückwärtiger Eingang, Schwabach. ✆ 0911/770577. www.juedisches-museum.org. So 12 – 17 Uhr, Führungen auf Anmeldung. Im Juni 2015 eröffnet, Preise wie Museum Fürth.

Rathaus. **Auto:** A73 bis Fürth-Poppenreuth, Richtung Zentrum über Ludwigsbrücke, B8 bis Königsstraße. **Rad:** Regnitzradweg bis Karlsteg, über Bäumenstraße bis Königstraße. **Zeiten:** Di 10 – 20, Mi – So 10 – 17 Uhr, 24., 25., 31. Dez, 1. Jan, Fürther Kirchweih, Jom Kippur geschlossen (Termine auf der Internetseite). **Preise:** 5 €, Gruppenführung 8 € pro Pers inkl. Eintritt, Offener Rundgang 5 €; Kinder ab 13 Jahre 4 €; Familie 2 Erw, 3 eigene Kinder 6 €, ermäßigt (z.B. Studenten, Rentner, Behinderte), Schulklassen 3 € pro Schüler.

▶ Franken entwickelte sich seit dem Mittelalter zu einem Zentrum für jüdische Geschichte und Kultur in Süddeutschland. In drei Museen in Fürth, Schwabach und Schnaittach findet ihr Spuren jüdischen Alltags und lernt religiöse Riten von früher und heute kennen. Spannend ist in Fürth die Besichtigung der *Mikwe,* dem jüdischen Ritualbad in den Kellergewölben, außerdem könnt ihr mit Stempeln euren Namen in hebräisch drucken. Spürt bei Familienführungen, der Kinderrallye im Ferienprogramm oder Schüler-Workshops dem Leben jüdischer Familien zwischen dem 17. und 19. Jahrhundert nach und geht Begriffen wie *koscher, Holekrasch* oder *Schabbat* auf den Grund. Im Museumscafé werden Brownies nach altem jüdischen Rezept und Festgebäck zu entsprechenden jüdischen Feiertagen angeboten.

Dem Täter auf der Spur: Kriminalmuseum Fürth

Brandenburger Straße 1, 90762 Fürth. ✆ 0911/608346, www.kriminalmuseum-fuerth.de. **Lage:** Im Gewölbekeller des Fürther Rathauses. **Bahn/Bus:** U1 bis oder Bus 125, 173 – 175, 177 – 179 bis Fürth Rathaus. **Auto:** A73 bis Fürth-Poppenreuth, Richtung Zentrum über Ludwigsbrücke, B8 bis Brandenburger Straße. **Rad:** Regnitzradweg bis Karlsteg, über Bäumenstraße bis Rathaus. **Zeiten:** April – Sep So 13 – 18, Okt – März So 13 – 17 Uhr. **Preise:** 2,50 €; Kinder 1 €, Schüler 1,50 €; Familienkarte 5 €.

Erkundet das Kriminalmuseum im Rahmen einer Kinderrallye. Buchung über Tourist-Information, ✆ 0911/239587-0.

▶ Im Kriminalmuseum könnt ihr 200 Jahre Kriminal- und Polizeigeschichte der Stadt Fürth erleben. Dabei kommt ihr nicht nur vergangenen Tätern auf die Spur, sondern lernt auch einiges über den gegenwärtigen Stand der Kriminaltechnik. Ihr seht zum Beispiel, mit welchen technischen Hilfsmitteln die Polizei die Täter überführen kann. Außerdem erfahrt ihr, wie ihr euch selbst vor Kriminalität schützen könnt. Begebt euch an einen echten Tatort, lernt mehr über die Arbeit der Rechtsmedizin und lasst euch über die Folgen von Drogenkonsum, Waffenbesitz und Körperverletzung aufklären.

Indizien finden, Beweise sammeln: Besser als jeder Krimi ist's im Kriminalmuseum!

Stadtmuseum Fürth Ludwig Erhard

Ottostraße 2, 90762 Fürth. ✆ 0911/97922290, www.stadtmuseum-fuerth.de. **Bahn/Bus:** U1 bis Fürth-Rathaus, Bus 172 bis Mathildenstraße. **Auto:** B8, St2242 bis Ottostraße. **Rad:** Paneuropa-Radweg bis Fürth Richtung Innenstadt. **Zeiten:** Di – Do, So, Fei 10 – 16, Sa 13 – 17, 1. Do im Monat 10 – 22 Uhr. **Preise:** 3 €; Kinder ab 3 Jahre 2 €; Familienkarte 2 Erw, 3 Kinder 6 €. **Infos:** Gruppenangebote, Führungen, Museumspädagogisches Zusatzangebot.

▶ Geht auf eine Reise in die Vergangenheit, Gegenwart und Zukunft der Stadt. Die Ausstellung des Stadtmuseums, das in einem ehemaligen Schulgebäude untergebracht ist, ist aufgeteilt in zehn Bereiche. Schaut euch Maschinen aus den Anfängen der Industrialisierung an, lauscht der Entstehungsgeschichte der Eisenbahn und staunt über ein originalgetreues Model eines Dampfkarussells um die

@ Für alle Wissensdurstigen gibt es tolle Seiten im Internet:
www.blinde-kuh.de
www.fragfinn.de
www.kindersache.de
www.seitenstark.de
www.naturdetektive.de
www.hanisauland.de
www.kinder-ministerium.de.

Jahrhundertwende. An den Duftstationen dürft ihr sogar euren Geruchssinn einsetzen. Noch intensiver lernt ihr das Museum bei einer **Rallye** kennen, wenn ihr alle Quizfragen gelöst habt. Spezielle Angebote für Kindergruppen und Schulklassen runden das Programm im Stadtmuseum ab.

Am 19. Okt 1923 startete in Berlin der erste ***Rundfunksender*** *mit seinem Programm, im Aug 1924 zog Nürnberg nach.*

Happy Birthday!
Zum Beispiel *Der Heiße Draht* (Löten), 8 – 10 Jahre, 6 € pro Kind ab 8 Kinder oder *Hörspiel* selbst machen ab 11 Jahre, 10 € pro Kind.

Hallo Welt! Hier spricht …

Rundfunkmuseum der Stadt Fürth, Kurgartenstraße 37, 90762 Fürth. ✆ 0911/7568110, www.rundfunkmuseum.fuerth.de. **Bahn/Bus:** U1 bis Stadtgrenze, Bus 39, 175 bis Kurgartenstraße. **Auto:** ↗ Fürth, B8 bis Kurgartenstraße. **Rad:** Regnitzradweg bis Kurgartenbrücke. **Zeiten:** Di – Fr 12 – 17, Sa, So, Fei (außer Mo) 10 – 17, 1. Do im Monat 12 – 22 Uhr, 24., 25., 31. Dez, 1. Jan geschlossen. **Preise:** 4 €; Kinder 6 – 18 Jahre 3 €, Zusatzkosten für spezielle Programme; Familie 1 Erw, 2 Kinder 7 €, 2 Erw, 4 Kinder 9 €, Schulklassen 1 € pro Schüler. **Infos:** Führung zzgl. 1 € pro Person.

In der Soundwerkstatt: Hier werden Hörspiele mit Geräuschen unterlegt

© pmv, Sylvia Schaub

▶ Wie hat das eigentlich angefangen mit dem Radio? Und wann kam das Fernsehen dazu? Im Rundfunkmuseum erfahrt ihr alles über die Geschichte von Hörfunk und TV von den Anfängen bis in die Gegenwart. Auch Tonträgern wie Schallplatte und CD ist ein eigener Ausstellungsteil gewidmet. Damit es noch mehr Spaß macht, könnt ihr das Museum auch über eine Rallye erkunden. Im Museumscafé stehen Spiele zur Verfügung und auf die kleinen Besucher ab 4 Jahre wartet ein Mal- und Spielprogramm.

Stadtspaziergänge und Kinderrallyes durch Fürth

Tourist-Information Fürth, Bahnhofplatz 2, 90762 Fürth. ✆ 0911/2395870 (Tourist-Information), www.fuerth.de. **Lage:** Die meisten Treff- und Startpunkte befinden sich in der Innenstadt. **Bahn/Bus:** ➚ Fürth. **Auto:** ➚ Fürth. **Rad:** Paneuropa-Radweg bis Fürth, dann Richtung Innenstadt. **Preise:** 7 €; Kinder ab 13 Jahre 5,50 €.

▶ Kennt ihr die Stadt Fürth bereits? Oder möchtet ihr noch mehr erfahren über Felsengänge, Altstadt, Knoblauchsland und die Heilquellen in der Kleeblattstadt? Lauscht spannenden Weihnachts- oder Kirchweihgeschichten oder begebt euch auf Spurensuche in Schlössern und Museen. Speziell für euch werden Erlebnistouren und Kinderrallyes zum Beispiel im ➚ *Kriminalmuseum* oder zum Thema Eisenbahn angeboten.

Kunstagentur Ritter-Sturm, Maxstraße 24 HH, Fürth. ✆ 0911/48943644. www.kunstagentur-fuerth.de. Führungen für Kinder und Familien durch die Altstadt. 65 € bis ca. 20 Pers, einzelne Familien auf Anfrage.

Kunst & Bücher

Schule der Phantasie Fürth

Wasserstraße 5, 90762 Fürth. ✆ 0911/7593030, www.schulederphantasie-fuerth.de. **Bahn/Bus:** U1, Bus 125, 173 – 175, 177 – 179 bis Fürth Rathaus. **Auto:** A73 bis Fürth-Poppenreuth, Richtung Zentrum bis B8, Brandenburger Straße, Ludwig-Erhard-Straße bis Wasserstraße. **Rad:** Regnitzradweg. **Zeiten:** Infos Mo – Fr 12 – 18 Uhr, Samstagswerkstatt 11 – 13 Uhr, Kurse ➚ Internetseite. **Preise:** Samstagswerkstatt 6 €, Preise Kurse ➚ Internetseite; Samstagswerkstatt Mitglieder 5 €. **Infos:** www.atelier-delatron.de, Außenstelle in Obermichelbach.

▶ Wenn eure Eltern samstags lange Einkäufe in der Stadt tätigen, dann könnt ihr in der Kinderkunstschule eurer Phantasie freien Lauf lassen. Beim Werken, Malen oder Basteln vergeht die Zeit wie im Flug. In den Ferien gibt es tolle Workshops.

BÜHNE, LEINWAND & AKTIONEN

Happy Birthday!
Feiert mit euren Gästen beim Sockenpuppentheater oder kreiert duftende Seifen. Beliebt sind Mosaik-Werkstatt und Fotostudio-Party.

Kurse finden auch in Fürth, Schwabach und Langenzenn statt.

Jugendkunstschule Faber-Castell

Akademie Faber-Castell, Mühlstraße 2, 90547 Stein. ✆ 0911/99655152, 99655151. www.akademie-faber-castell.de. **Bahn/Bus:** U2 bis Nürnberg-Röthenbach, Bus 63, 64, 713 bis Stein Kirche. **Auto:** ↗ Stein, B14 bis Mühlstraße (direkt hinter der Rednitz). **Rad:** Rednitz-Radweg. **Zeiten:** Termine auf der Internetseite. **Preise:** Trimester 10 x 2 Unterrichtsstunden 180 € inkl. Material, Ferienkurs 5 Tage inkl. Material und Verpflegung 250 €; Vergünstigungen für Geschwisterkinder, limitiertes Kontingent für Stipendien.

FESTKALENDER FÜRTH – STEIN

März/April: Fürth: **Frühlingsmarkt** auf der Fürther Freiheit.

Oberasbach: **Stadt- und Bürgerfest** auf der Festwiese am Rathausplatz.

Zirndorf-Anwanden: Garten- und Kleintiermarkt **Frühjahrslust** auf dem Wolfgangshof.

Mai: Fürth, 4 Tage: **Gartenmarkt** und Sa **Stadtfest** in der Innenstadt.

Stein: Familienfreundliches **Stadtfest** mit umfangreichem Unterhaltungsprogramm.

Alle 2 Jahre, Nürnberg, Fürth, Erlangen und Schwabach: **Figurentheater-Festival.**

Juni: Fürth: Beliebter **Grafflmarkt** in der Altstadt.

Nach Pfingsten, Fürth: **Metropolmarathon,** Sa **Teens- & Kidsmarathon.**

Letzter Sa, Fürth: Picknick im Stadtpark beim Konzert der Sparda-Bank **Classic Night,** So **Familienprogramm** mit Musik, Spiel und Bewegung.

2 Wochen nach Pfingsten, Cadolzburg: Traditionelle **Cadolzburger Kärwa.**

Juli: Oberasbach: **Kärwa-Lauf,** Baumaufstellen und Vergnügungspark bei der **Kärwa Oberasbach.**

Alle 2 Jahre, Zirndorf: **Klassik Open Air** im Zimmermannspark.

2. Sa, So, Fürth: Musikspektakel **Fürth Festival.**

▶ *Malen, zeichnen, kreativ sein* – unter diesem Motto könnt ihr hier Kunst entdecken und erleben. Dreimal im Jahr beginnt ein neues Trimester (Zeitraum von 3 Monaten) und dann habt ihr die Möglichkeit, jede Woche mehr als zwei Stunden mit verschiedenen Materialien und Farben zu experimentieren. Zu einem bestimmten Thema, wie zum Beispiel *Figur trifft Kultur,* dürft ihr mit Bleistift, Pinsel oder Pappmaché tolle Kunstwerke kreieren. In den Sommerferien habt ihr sogar eine ganze Woche Zeit, euch künstlerisch auszutoben. Teilnahme ab 6 Jahre.

Juli, Fortsetzung:	3. Wochenende, Zirndorf: Traditionelle **Zirndorfer Kirchweih.**
	Ende, Stein: **Kirchweih Stein** mit großem Kärwa-Umzug und Feuerwerk.
September	Fürth: 2. Further **Grafflmarkt.**
	Fürth: **Stadtwaldfest** mit naturnahen Aktionen und musikalischer Unterhaltung.
	Anwanden: Markt **Grüne Lust** auf Gut Wolfgangshof, mit Musik und spannendem Kinderprogramm. www.gruenelust.de.
Oktober:	Ab Sa nach St. Michaels Tag, Fürth: **Michaelis-Kirchweih** mit Fahrgeschäften, Rahmenprogramm und Erntedankfestzug am 2. So, www.michaelis-kirchweih.de.
	Alle 2 Jahre: **Lange Nacht der Wissenschaften.**
November/Dezember:	Ab Do vor 1. Advent, Fürth: **Weihnachts- und Mittelaltermarkt** auf der Fürther Freiheit.
	Fr vor 2. Advent – 3. Advent, Fürth: **Altstadtweihnacht** auf dem historischen Waagplatz, 10 Tage.
	Anwanden: **Weihnachtsmarkt** auf Gut Wolfgangshof mit viel Kunsthandwerk vor historischer Kulisse, www.gut-wolfgangshof.de.
	1. und 2. Advent, Sa, So: **Weihnachtsmarkt** Zirndorf.
	1. Advent, Sa, So: **Weihnachtsmarkt** in Stein und Cadolzburg.
	2. Advent, Sa, So **Weihnachtsmarkt** in Oberasbach.

Bei der Märchenerzählerin

Zorica Otto, An der Leite 7, 90556 Seukendorf. ✆ 0911/7874005, www.zoricaotto.de. **Preise:** je nach Dauer und Aufwand nach individueller Absprache, bei Veranstaltungen gelten die jeweiligen Eintrittspreise.

▶ Taucht ihr gern ein in die Welt der Märchen und Geschichten? Dann lasst euch doch einmal von der ausgebildeten Märchenerzählerin *Zorica Otto* in das Zauberreich der Märchen entführen. Ihr findet sie auch bei vielen Veranstaltungen rund um Fürth, Nürnberg, Langenzenn und Cadolzburg, zum Beispiel bei Märchenwanderungen, ↗ *Märchen im Turm,* Walderlebnistagen und Märkten.

Volksbücherei Fürth

Hauptstelle, Fronmüllerstraße 22, 90763 Fürth. ✆ 0911/974-1733, www.fuerth.de. **Bahn/Bus:** Bus 173, 174 bis Ludwigstraße, Bus 179 bis Dr.-Frank-Straße. **Auto:** Südwesttangente bis Fürth Süd, über Schwabacher Straße bis Fronmüllerstraße, Parkplätze vorhanden. **Zeiten:** Mo, Di, Fr 10 – 18, Do 10 – 20 Uhr. **Preise:** Jahresgebühr 18 €; Jugendliche 16 – 18 Jahre 5 €; Schüler, Studenten, Fürth Pass 9 €.

▶ Sucht ihr etwas zum Schmökern für die Sommerferien oder ein Bastelbuch für die Weihnachtsdeko? Dann stattet doch der Volksbücherei Fürth mal einen Besuch ab. Hier findet ihr im Erdgeschoss Sachbücher und Erzählungen übersichtlich nach Altersgruppen sortiert. Außerdem gibt es fremdsprachige Kinderbücher in Englisch, Türkisch und Griechisch sowie Zeitschriften, Hörbücher und DVDs zum Ausleihen. Mitte Sep – Mitte Juli lädt die Bücherei Kinder bis 7 Jahre donnerstags zum **Bilderbuchkino** ein.

Kunst Galerie Fürth, Königsplatz 1, Fürth. ✆ 0911/9741690. www.fuerth.de. Mi – Sa 13 – 18, So, Fei (außer Mo, Di) 11 – 17 Uhr, Karfreitag, Weihnachten geschlossen. Ausstellung 3 €, ermäßigt 1 €, Führung zzgl. 1 €, Kunstpädagogische Veranstaltungen pro Kind 3 € inkl. Materialgeld, Familienführungen, Kinderprogramm.

NÜRNBERG: NATUR & SPORT

hwimmer

UM PEGNITZ UND REICHSWALD

Mitten durch Nürnberg zieht sich auf einer Länge von etwa 14 km die Pegnitz, deren Umgebung für Nürnberger Kinder ein Natur- und Entfaltungsparadies bildet. Während das westliche Pegnitztal mit Generationenspielplatz, Sport- und Grillmöglichkeiten lockt, könnt ihr im Pegnitztal-Ost einen spannenden Naturerlebnispfad erkunden.

Mittendrin vervollständigen der *Wöhrder See* mit neu angelegtem Sandstrand und die *Wöhrder Wiese,* vorrangig durch das ↗ *Erfahrungsfeld der Sinne,* die innerstädtische Wasser- und Erlebniswelt. Und noch zwei weitere attraktive Naherholungsgebiete hat die Stadt zu bieten: Rund um den ↗ *Dutzendteich* könnt ihr Boot fahren, inlineskaten und einen Naturlehrpfad besuchen. Im Norden im ↗ *Volkspark Marienberg* kommen sowohl Spiel- und Sportliebhaber als auch Naturfreunde auf ihre Kosten. Gesäumt wird die Metropolstadt vom ↗ *Nürnberger Reichswald,* in dem ihr wandern, radeln und alten, merkwürdigen Sagen auf den Grund gehen könnt. In der Stadt habt ihr die Qual der Wahl zwischen zahlreichen Abenteuerspielplätzen und Schwimmbädern. Einzigartig ist dagegen der weitläufige ↗ *Nürnberger Tiergarten,* wo ihr locker einen ganzen Tag verbringen könnt.

ADAC Stadtplan Nürnberg, Erlangen, Fürth mit Feucht, Schwabach und Schwaig, 1:20 000, ISBN 978-3-8264-0327-9, 7,99 €.

TIPPS FÜR WASSERRATTEN

Frei- & Hallenbäder

Freibad Bayern 07, das Pulverseebad

SB Bayern 07 e.V., Am Pulversee 1, 90402 Nürnberg. ✆ 0911/468098, www.bayern07.de. **Bahn/Bus:** S1 bis Nürnberg-Ostring, 10 Min Fußweg. **Auto:** A3 bis Nürnberg-Mögeldorf, über Laufamholz-, Ostend-, Teutonenstraße bis Am Pulversee. **Rad:** 5-Flüsse-Radweg, Wöhrder Wiesenweg. **Zeiten:** Mai – Anfang Sep 9 – 19.30 Uhr. **Preise:** 4 €, nach 17 Uhr 2,50 €; Kinder 6 – 16 Jahre 2 €; Schüler, Studenten, Azubis 2 €.

▶ Das direkt am *Wöhrder See* gelegene *Pulverseebad* bietet ein weitläufiges Freibadgelände. Ob ihr im

Endlich Sommer: Zeit zum Abtauchen!

Seid ihr bereits eingeschult und könnt schwimmen, dann könnt ihr bei den *NorisNixen* von Bayern 07 neben Synchronschwimmtechniken auch Tauchen und alle Schwimmstile erlernen und trainieren.

50-m-Schwimmerbecken eure Runden zieht oder lieber auf der Wasserrutsche ins große Nichtschwimmerbecken eintauchen wollt, hier kommen alle Wasserratten auf ihre Kosten. Das Planschbecken ist mit Sonnenschirmen geschützt und auch der Kinderspielplatz ist schattig zwischen Bäumen angelegt. An Land warten Tischtennisplatten und eine Beachvolleyball-Anlage. Gegen Hunger und Durst hilft ein Besuch im Gastronomiebereich.

Südstadtbad

Allersberger Straße 120, 90461 Nürnberg. ✆ 0911/ 231-14164, www.nuernbergbad.de. **Bahn/Bus:** U1 bis Maffeiplatz, Straba 6 bis Schweiggerstraße, Straba 8, 9 bis Wodanstraße. **Auto:** Über B8 und Frankenstraße bis Allersberger Straße. **Rad:** Burgenstraße-Radweg bis Schuckertplatz, dann Gudrunstraße bis Ecke Allersberger Straße. **Zeiten:** Mo, Mi, Do 10 – 22, Di 10 – 21, Fr 10 – 23, Sa 8 – 23, So 8 – 22 Uhr, Frühschwimmen Mo – Fr 6 – 8 Uhr. **Preise:** 90 Min 4,30 €, 3 Std 6,40 €, Tageskarte 8,40 €; 90 Min Kinder 6 – 17 Jahre 2,10 €, 3 Std 2,90 €, Tag 3,80 €, Seepferdchenkurs je nach Dauer, z.B. 11 Unterrichtseinheiten 102 €; Familienkarte 1 Erw, 3 Kinder 90 Min 6,10 €, 3 Std 8,90 €, Tag 11,40 €, 2 Erw, 3 Kinder 90 Min 9,50 €, 3 Std 13,70 €, Tageskarte 18,10 €.

Im Gänsemarsch durchs große Becken: Schwimmschule im Südstadtbad

© pmv, Sylvia Schaub

▶ Fantastischer Wasserspaß erwartet euch in Nürnbergs modernstem Hallenbad. Sa 13.30 – 17 Uhr dürft ihr von Sprungturm und Sprunganlage aus 1 – 7,50 m Höhe in das 25 m lange Schwimmerbecken eintauchen. Wer mutig ist, saust durch die 100-m-Röhrenrutsche mit Lichteffekten. Neben dem Nichtschwimmerbecken verfügt das Bad über drei Planschbecken, Spielecke und Rutsche für die Allerkleinsten. Ihr wollt lieber nach draußen? Das Außenbecken mit Sprudelliegen ist das ganze Jahr über beheizt, außerdem gibt es hier einen Kleinkinder-Spielbereich und eine schöne Gartenanlage. Wenn ihr noch nicht schwimmen könnt, dann macht doch hier in einem Schwimmkurs euer Seepferdchen.

Stadionbad

Hans-Kalb-Straße 42, 90471 Nürnberg. ✆ 0911/869287, www.nuernbergbad.de. **Bahn/Bus:** S2 bis Frankenstadion, Bus 44 bis Hans-Kalb-Straße, Bus 55 bis Max-Morlock-Platz. **Auto:** Ab Nürnberg-Fischbach B4 bis Hans-Kalb-Straße. **Rad:** Regensburger Straße bis Hans-Kalb-Straße. **Zeiten:** Mai – Anfang Sep 8 – 20 Uhr. **Preise:** 4,30 €; Kinder 6 – 17 Jahre 2,10 €; Familienkarte 1 Erw, 3 Kinder 6,10 €, 2 Erw, 3 Kinder 9,50 €, mit Nürnberg-Pass 2,90 €, Kinder 1,60 €.

▶ Besonders behindertenfreundlich zeigt sich das beheizte Stadionbad im Süden von Nürnberg. Es gibt Behindertendusche und -toiletten und einen behindertengerechten Einstieg in die 34 m lange Rutsche, die in das 50-m-Schwimmerbecken führt. Das Bad ist außerdem mit Nichtschwimmerbecken, Sprungbrettern und 5- bis 10-m-Sprungturm ausgestattet. Für zusätzlichen Spaß sorgt das Attraktionsbecken mit Strömungskanal und Sprudelliegen. Die Kleinsten toben sich in ihrem eigenen Bereich mit Bachlauf, Planschbecken und Wasserspielgeräten aus. Eine schattige Liegewiese, eine Ballspielwiese, ein Beachvolleyballfeld und ein Restaurant runden das Angebot ab.

Clubbad

1. FCN Schwimmen e.V., Valznerweiherstraße 200, 90481 Nürnberg. ✆ 0911/404500, www.fcn-schwimmen.de. **Bahn/Bus:** S2 bis Frankenstadion, Bus 44, 94 bis Sportanlage FCN. **Auto:** Ab Nürnberg-Fischbach

Happy Birthday!
Lust auf eine patschnasse Geburtstagsfeier? Ladet euch 4 – 9 Freunde ein und planscht 3 Std im Südstadtbad. Eintritt, Verpflegung und 1,5 Std Betreuung 9 € pro Kind. Infos unter ✆ 0911/231-14163.

@ Auf der Internetseite des Bades findet ihr die aktuellen Fahrpläne für den öffentlichen Nahverkehr.

Freibad West, Wiesentalstraße 41, Nürnberg. ✆ 0911/330262. www.nuernbergbad.de. Mitte April – Mitte Sep Mo, Mi, Sa, So 8 – 20, Di, Do, Fr 7 – 20 Uhr. 4,30 €, Kinder 6 – 17 Jahre 2,10 €.

Spielgolf – SV 1873 Nürnberg-Süd, Wacholderweg 25, Nürnberg. ✆ 0911/ 4184614. www.spielgolf-nuernberg.de. April – Okt Mo – Sa 15 – 21, So, Fei 11 – 21 Uhr, bei Regen geschlossen. Neue Trendsportart nach Minigolf-Regeln mit original Golfbällen und -schlägern. 5 €, Kinder 7 – 17 Jahre 4 €, Familie 15 €, Wiederholungsrunde 2,50 €.

Weitere Hallenbäder befinden sich in Katzwang und Langwasser. Adressen und Öffnungszeiten findet ihr im Internet.

über B4 bis Valznerweiherstraße. **Rad:** Über Regensburger Straße bis Valznerweiherstraße. **Zeiten:** Mai – Sep 8 – 20 Uhr. **Preise:** 4,20 €, ab 17 Uhr 2,50 €; Kinder und Jugendliche bis 18 Jahre 2 €; Familie (2 Erw, 2 Kinder) 9 €, jedes weitere Kind 1 €. **Infos:** Bei schlechtem Wetter können sich Öffnungszeiten kurzfristig ändern.

▶ Gleich neben dem Trainingsgelände der Fußballstars wartet der Schwimmverein des 1. FCN mit einem schönen Familienbad auf. Sportschwimmer und Familien mit kleineren Kindern lieben dieses Bad, weil es hier etwas ruhiger zugeht. Für Sportschwimmer steht ein beheiztes 50-m-Becken zur Verfügung. Ihr könnt euch im ebenfalls beheizten Nichtschwimmerbecken oder im Planschbereich mit kindgerechter Rutsche austoben. Für Abwechslung außerhalb des Wassers sorgen Kinderspielplatz und Beachvolleyballfeld. Liegewiese und Kiosk sind auch vorhanden. Der Schwimmverein des Clubs, der 2013 sein 100-jähriges Bestehen feierte, bietet außerdem Schwimmkurse und Wasserballtraining für Kinder ab 7 Jahre an.

Wildwasserspaß im Hallenbad Nordost

Elbinger Straße 85, 90491 Nürnberg. ✆ 0911/ 515025, www.nuernbergbad.de. **Bahn/Bus:** R21, U2, Bus 21, 45, 46 bis Nordostbhf. **Auto:** Über B2, Leipziger Platz bis Elbinger Straße. **Zeiten:** Mo – Mi, Fr, Sa 7 – 22, So 8 – 22 Uhr. **Preise:** 90 Min 4,30 €, 3 Std 6,40 €, Tageskarte 8,40 €; Kinder 6 – 17 Jahre 90 Min 2,10 €, 3 Std 2,90 €, Tageskarte 3,80 €; Familie 1 Erw, 3 Kinder 90 Min 6,10 €n, 3 Std 8,90 €, Tageskarte 11,40 €, 2 Erw, 3 Kinder 9,50 €, 13,70 € bzw. 18,10 €.

▶ Die Attraktion im Hallenbad Nordost ist die Wildwasserrutsche *Crazy Bob,* die aber voraussichtlich im Herbst 2015 einer rasanten Röhrenrutsche weichen wird. Das Bad bietet außerdem ein 25-m-Schwimmerbecken mit 1-m-Sprungbrett, einen Nichtschwimmerbereich und ein ganzjährig geöffnetes Außenbecken. Die kleinsten Wasserratten vergnügen sich im

Planschbecken mit Spielgeräten. Auch Schwimmkurse und Wassergymnastik werden angeboten.

Naturgartenbad

Schlegelstraße 20, 90491 Nürnberg. © 0911/ 592545, www.nuernbergbad.de. **Bahn/Bus:** R3, Straba 8, Bus 340 bis Erlenstegen. **Auto:** A3 bis Nürnberg-Behringersdorf, über B14, Eichendorffstraße bis Schlegelstraße. **Rad:** 5-Flüsse-Radweg bis Erlenstegen, über B14, Voßstraße bis Schlegelstraße. **Zeiten:** Anfang Mai – Mitte Sep 9 – 20 Uhr. **Preise:** 4,30 €; Kinder 6 – 17 Jahre 2,10 €; mit Nürnberg-Pass 2,90 €, Kinder 1,60 €, Familienkarte 1 Erw, 3 Kinder 6,10 €, 2 Erw, 3 Kinder 9,50 €.

▶ Wenn es draußen richtig heiß ist, lockt das Naturgartenbad im Nürnberger Osten ins kühle Nass – das Wasser wird nicht beheizt! Neue Edelstahlbecken stehen für Schwimmer (50-m-Bahnen) und Nichtschwimmer mit einer Breitwasserrutsche zur Verfügung. Die Jüngsten unter euch dürfen sich im Planschbecken mit Rutsche und Wasserspielplatz vergnügen. Die große Liegewiese bietet viel Schatten und ein Beachvolleyballfeld sorgt für sportliche Abwechslung. Hunger und Durst könnt ihr in der Gaststätte stillen.

Besucht die Open-Air-Sommer-Filmnächte im Naturgartenbad! Termine findet ihr im Internet.

FRISCHE LUFT & SPORT

Radeln & skaten

Auf Radwegen durch Nürnberg

90402 Nürnberg. www.tourismus.nuernberg.de.

▶ Erholsam und gleichzeitig erlebnisreich könnt ihr Nürnberg von Ost nach West (etwa 15,5 km) – oder umgekehrt – auf dem internationalen **Paneuropa-Radweg** durchqueren. Spannende Stationen für eine kleine Pause bieten sich entlang der *Pegnitz* oder am *Wöhrder See.* Ihr habt aber auch die Möglichkeit, an der Wöhrder Wiese abzuzweigen und dem **Fünf-Flüsse-Radweg** Richtung Süden bis zum Dutzendteich zu

Fahrradstadtplan Nürnberg 1:15.000, erhältlich für 4 € bei den Tourist-Infos.

@ Geocaching, statt Radeln? Schaut nach unter: www.opencaching.de, www.geocaching.de, www.geocaching-franken.de, www.geoclub.de.

Wenn ihr am **Flughafen** seid, fahrt mit dem Aufzug im höchsten Parkhaus (gegenüber der Ankunftshalle) ganz nach oben. Hier habt ihr einen schönen Blick auf die Nürnberger Burg und den Flughafen, bei guter Sicht könnt ihr im Westen bis Fürth und Cadolzburg, im Osten bis zum Moritzberg schauen.

folgen. Von Süd nach Nord radelt es sich bequem auf dem **Burgenstraße-Radweg,** der euch vom **Main-Donau-Kanal** mitten durch die Stadt bis in den *Reichswald* führt.

Radtour von Ziegelstein ins Knoblauchsland

90411 Nürnberg-Ziegelstein. www.nuernberg.de. **Start:** Ziegelstein, Bushaltestelle Loeschweg. **Strecke:** Ziegelstein – Buchenbühl – Kraftshof – Neunhof – Ziegelstein. **Länge:** etwa 17 km. **Bahn/Bus:** U2 bis Ziegelstein, Bus 21 bis Loeschweg. **Auto:** Über B2, Bierweg bis U-Bahn-Station Ziegelstein. **Rad:** Burgenstraße-Radweg.

▶ Gegenüber der Bushaltestelle in **Ziegelstein** radelt ihr in den Wald hinein. Hier könnt ihr euch auf Tafeln des *Waldlehrpfads Ziegelach* über Tiere und Pflanzen des Waldes informieren. An der Bahnstrecke trefft ihr auf den *Burgenstraße-Radweg,* dem ihr nach links die Gleise entlang Richtung **Buchenbühl** folgt. Nach der Steigung habt ihr einen tollen Blick auf das Flughafengelände. Am Felsenkeller wendet sich die Radstrecke nach links, ihr quert die Rathsbergstraße und radelt weiter durch den Wald. Vor der Autobahnbrücke verlasst ihr den *Burgenstraße-Radweg* und biegt ganz nach links ab. Ihr passiert den Golf-Club und könnt euch am Ortseingang von **Kraftshof** auf dem **Spielplatz** austoben. Wenn ihr nach dem Friedhof links abbiegt und an den Feldern entlang Richtung Neunhof radelt, habt ihr schon von Weitem einen fantastischen Blick auf das *Neunhofer Schloss.* Von hier könnt ihr auch einen Abstecher zum *Irrhain* machen. Ihr durchquert **Neunhof** über die Obere und Untere Dorfstraße bis weitläufige Salat-, Kohl- und Spargelfelder an euch vorbeiziehen. An der Erlanger Straße führt euch der Radweg nach links wieder Richtung Süden bis zum Zieglerweg. Unter der B4 hindurch radelt ihr dann unmittelbar neben der Start- und Landebahn Richtung Flughafen. Vielleicht hebt ja gerade eine Maschine ab. Wenn ihr hinter den Parkplätzen auf dem Schotterweg entlang fahrt, erfahrt ihr auf den Info-Tafeln etwas über die Renaturierung des *Bucher Landgrabens.* Am Kreisel geht es dann nach rechts in den Wald hinein und über den Loeschweg zurück zum Ausgangspunkt.

Inlineskaten in und um Nürnberg

90471 Nürnberg. Handy 0152/54050388. www.skaten-nuernberg.de.

▶ Wenn ihr gern inlineskatet, stehen euch in Nürnberg gleich mehrere schöne Strecken zur Verfügung. Der 200 m lange Abschnitt vor der Steintribüne am **Dutzendteich** eignet sich, wenn er nicht durch Veranstaltungen belegt ist, prima zum Üben. Auch um den Dutzendteich und um das Stadion herum findet ihr

Hunger & Durst

Zur Alten Tenne, Untere Dorfstraße 40, Nürnberg. ✆ 0911/305220. www.zuraltentenne.de. Mi – Fr 11 – 15, 17 – 22.30, Sa, So, Fei 11 – 22.30 Uhr. Fränkische Küche, Holzofen-Spezialitäten an bestimmten Terminen, Kinderkarte.

1. FCN Roll- und Eissport e.V., Valznerweiherstraße 200, Nürnberg, ✆ 0911/9885653. www.rollsport-nuernberg.de. Speedskating, Rollkunstlauf, Kinder- und Jugendgruppe, Gruppe für blinde und sehbehinderte Skater.

Jetzt mal mit Tempo: Das trainiert und macht Spaß

© pmv, Sylvia Schaub

geteerte Wege. Von der **Wöhrder Wiese** bis zum **Wöhrder See** sowie rund um den See (bis auf einen wenige 100 Meter langen Schotterweg) verläuft ein asphaltierter Fahrradweg, den ihr ebenfalls mit Inlinern nutzen könnt (etwa 8 km). Wenn ihr wollt, dann schafft ihr es entlang den **Pegnitzauen** sogar von Nürnberg (ab Großweidenmühlstraße) bis nach Fürth (etwa 4 km bis Stadtgrenze). Nicht zuletzt eignet sich auch die Radstrecke neben der B4 von **Nürnberg-Thon** bis nach **Erlangen-Tennenlohe** für die Fahrt auf den schnellen Rollen (etwa 8,5 km).

Wandern & spazieren

Erlebnisspaziergang um die Wöhrder Wiese

Wöhrder Wiesenweg, 90489 Nürnberg. www.nuernberg.de. **Lage:** Wöhrder Wiesenweg unterhalb der Franz-Josef-Strauß-Brücke. **Länge:** Kurzer Rundweg 1,8 km, Rundweg mit Wöhrder See ca. 8 km. **Bahn/Bus:** U2, 3, Straba 8 bis Wöhrder Wiese. **Auto:** Über B14, Rathenauplatz, Laufertorgraben bis Prinzregentenufer. **Rad:** 5-Flüsse-Radweg.

▶ Ihr wart in der Innenstadt zum Einkaufsbummel und wollt euch nun noch ein wenig austoben? Dann nichts wie hin zur **Wöhrder Wiese!** Lauft an der *Pegnitz* entlang in westliche Richtung, bis ihr unter der Franz-Josef-Strauß-Brücke hindurch vor einer riesigen Grünfläche landet. Hier begegnet ihr Radfahrern, Inlineskatern und Spaziergängern, die die grüne Oase auf dem Weg vom Nürnberger Osten in die Altstadt (oder umgekehrt) durchqueren. Rechts findet ihr den **Spielplatz Hardermühle** mit Schaukeln, Sandmühle, Rutsche und Balanciermöglichkeiten. Die große Wiese lädt zum Fußballspielen oder Frisbee-Werfen ein, zum Balancieren findet ihr eine Slackline-Anlage mit speziell abgesicherten Bäumen. Wenn ihr am Ende der Grünanlage durch eine der Unterführungen spa-

*Mitten auf der **Wöhrder Wiese** steht übrigens ein Denkmal, das an die erste deutsche Papiermühle erinnern soll, die hier 1390 von dem Fabrikanten Ulman Stromer in Betrieb genommen wurde.*

Hunger & Durst

Wies'n Biergarten, Johann-Soergel-Weg, Nürnberg. ✆ 0911/2406688. www.wiesn-biergarten.de. Mai – Mitte Sep So – Fr 10 – 22, Sa 13 – 22 Uhr. Brotzeiten und Leckeres vom Grill, Kuchen.

ziert, könnt ihr um den ↗ **Wöhrder See** wandern. Für einen kurzen Rundweg überquert ihr die Pegnitz auf dem Wöhrder Talübergang und genießt den Weg durch die **Platanenallee.** Sie ist rund 100 Jahre alt und wurde inzwischen zum Naturdenkmal erklärt. Hinter dem ↗ **Erfahrungsfeld zur Entfaltung der Sinne** führt eine Brücke wieder zur Wöhrder Wiese und auf dem Johann-Soergel-Weg gelangt ihr zurück zur Innenstadt. Allerdings nicht, bevor ihr den **Klettergarten** auf der rechten Seite ausprobiert habt!

Über Stock und Stein durch den Erlenstegener Forst

90491 Nürnberg-Erlenstegen. www.nuernberg.de. **Start:**Erlenstegen Straba-Endhaltestelle. **Länge:** 4,5 km als Rundweg, 3 km bis Bushaltestelle Martha-Maria-Krankenhaus. **Bahn/Bus:** Straba 8 bis Erlenstegen. **Auto:** A3 bis Nürnberg-Behringersdorf, B14 Richtung Stadtmitte bis Straba-Haltestelle Erlenstegen. **Rad:** Paneuropa-Radweg, 5-Flüsse-Radweg bis Erlenstegen.

▶ Einen kurzweiligen Spaziergang bietet euch der Erlenstegener Forst am Nürnberger Stadtrand. Lauft von der Straba-Haltestelle einige Meter stadtauswärts und dann gegenüber die Günthersbühler Straße hinauf. Das *Wölckernsche Schloss* vermittelt euch einen ersten Eindruck von dem vornehmen Stadtteil **Erlenstegen.** Er entwickelte sich im 20. Jahrhundert zu einem Villenvorort und gehört heute noch zu den begehrtesten Wohngebieten Nürnbergs. Über einen Fußweg links passiert ihr das *Naturgartenbad,* das vom *Tiefgraben* mit frischem Wasser versorgt wird. Hinter dem Bad wandert ihr rechts den Bach stromaufwärts, wobei es egal ist, ob ihr rechts oder links vom breiten Bachbett lauft. Kurz vor der Unterführung münden beide Routen wieder auf einen Weg. Folgt leicht rechts weiter dem Tiefgraben, der nun schmaler wird und sich seinen Weg durch den harten Burgsandstein erkämpfen muss. An der Weggabelung verläuft eure Route nach rechts Richtung **Waldschieß-**

Beerenland Nürnberg, Rothenburger-/Sigmundstraße, Nürnberg. ✆ 0911/8101666. www.beerenland.de. Anfang Juli – Mitte Aug 8.30 – 19 Uhr. Hier könnt ihr Heidelbeeren selbst pflücken!

Wenn ihr bei der Unterführung den Bahndamm hinaufsteigt und oben linker Hand den Tiefgraben überquert, trefft ihr auf eine Sanddünenlandschaft.

Hunger & Durst

Waldschießhaus, Günthersbühler Straße 145, Nürnberg. ✆ 0911/5972001. www.schiesshaus-nuernberg.de. Mo – Fr 11 – 14 und ab 17.30 Uhr, Sa, So Fei ab 11 Uhr durchgehend, im Winter Mo Ruhetag. Fränkische Spezialitäten. Spielplatz, **Minigolf:** Mo – Sa 14 – 22, So, Fei 10 – 22 Uhr, 3,50 €, Jugendliche bis 16 Jahre 2,50 €.

haus. Hier bietet sich neben einer Pause im Biergarten auch eine Runde **Minigolf** an. Vom Parkplatz aus führt euch nun ein Weg links bis zum Tierheim. Spaziert die Stadenstraße entlang bis zum Krankenhaus Martha-Maria. Ab hier fährt die Buslinie 46 bis zum Nordostbahnhof. Oder ihr geht weiter, vorbei am *Reitstall Tattersall,* dann links die Eichendorffstraße hinunter bis zur B14. Dann seid ihr wieder am Ausgangspunkt.

Hunger & Durst

Parks, Berliner Platz 9, Nürnberg. ✆ 0911/ 80196371. www.parks-nuernberg.de. 10 – 20 Uhr, bei schönem Wetter bis 22 Uhr. Café und Restaurant im Stadtpark. Jeden So 10 – 14 Uhr Brunch mit Kinderbetreuung.

Minigolfanlage Steiert, Kilianstraße 195, Nürnberg. ✆ 0172/1758702. www.minigolfanlagen-nuernberg.de. April – Okt Mo – Fr 14 – 22, Sa, So 11 – 22, Ferien, Fei 12 – 22 Uhr. 4 €, Kinder bis 12 Jahre 2,50, 12 – 17 Jahre 3,50 €.

Schöne Parks

Stadtpark Nürnberg

Am Stadtpark 94, 90409 Nürnberg. **Bahn/Bus:** U2 bis Rennweg, U3 bis Maxfeld, Bus 46, 47 bis Friedenstraße. **Auto:** Über B2 bis Stadtpark. **Rad:** Burgenstraße-Radweg.

▶ Mehr als 25 Fußballfelder groß ist die Fläche des Nürnberger Stadtparks, der mit zahlreichen Liegen und Bänken zum Erholen einlädt. Der imposante **Neptunbrunnen** hat eine wechselvolle Geschichte hinter sich. Die originale, frühbarocke Brunnenanlage wurde 1796 nach St. Petersburg verkauft und 1902 originalgetreu nachgegossen. Nach Standorten auf dem Hauptmarkt und dem ehemaligen Marienplatz, plätschert er nun seit über 50 Jahren im Zentrum des Stadtparks. Die Grünanlage bietet euch außerdem einen schönen **Spielplatz,** große Spielflächen, ein Streetball- und ein Fußballfeld sowie einen *Bewegungsparcours* für Jung und Alt. Im Norden des Stadtparks findet ihr die farbenfrohe ↗ *Straße der Kinderrechte,* die auf Initiative von Nürnberger Kindern geplant und gestaltet wurde.

Volkspark Marienberg

Marienbergstraße, 90411 Nürnberg. **Bahn/Bus:** U2 bis Ziegelstein, Bus 22 bis Tucherhof, Bus 46 bis Marienbuck. **Auto:** Über B4 bis Marienbergstraße oder B2 bis

Kilianstraße. **Rad:** Burgenstraße-Radweg.

▶ Das 1,2 qkm große, weitläufige Gelände in Ziegelstein ist die größte Parkanlage Nürnbergs. Sie wurde in den 1950er-Jahren nach englischem Vorbild angelegt, nachdem der hier erst 1929 gebaute Flughafen im Zweiten Weltkrieg zerstört worden war. Die Parklandschaft bietet viele Lebensräume für teils seltene Tiere und Pflanzen wie Knoblauchkröte oder Silbergras. Rund um den Weiher wurden verschieden **Gehölze** angepflanzt. Über Infotafeln lernt ihr Heimat und Besonderheiten von Sumpfeiche, Flügelnuss oder Papierbirke kennen. Neben einer ausgedehnten Grillwiese findet ihr hier **Spielplatz,** Basketballkörbe, Tischtennisplatten und viele Tore zum Fußballspielen. Auch einen Beachvolleyballplatz gibt es. Außerdem könnt ihr auf einem **Trimm-Dich-Parcours** eure Fitness testen oder eine der vier Laufstrecken ausprobieren. Im Winter wandelt sich der *Marienbuck* zum Rodelberg und der *Marienbergweiher,* wenn das Eis dick genug ist, zur Eislauffläche.

Trimm Dich: Beim Bockspringen habt ihr Spaß

© pmv, Sylvia Schaub

*Eine Sammlung von verschiedenen, oft auch exotischen **Gehölzen,** so, wie sie rund um den Teich im Marienbergpark angepflanzt sind, nennt man **Arboretum.** Arbor ist lateinisch und bedeutet Baum.*

Rosenaupark

Rosenaustraße, 90429 Nürnberg. **Bahn/Bus:** U1, U2, U3 bis Plärrer, Straba 8, Bus 36 bis Obere Turnstraße. **Auto:** Über Spittlertorgraben, Südliche Fürtherstraße oder Frauentorgraben und Plärrer.

▶ Früher war die **Rosenau** als kommerzieller Freizeitpark nur der gehobeneren Gesellschaft zugänglich. Auf dem *Bleichersweiher* konnte man sich Kähne mieten, im Winter diente er als Eislaufbahn. Nach dem Zweiten Weltkrieg wurde der Weiher leider zugeschüttet. Dennoch gilt der **3 ha** große Park auch heute als grüne Oase direkt hinter der Altstadt. Ein schöner **Spielplatz,** große Spiel- und Liegewiesen und der

*Mit **3 Hektar** oder auch 30.000 qm ist der Rosenaupark etwas größer als 4 Fußballfelder.*

Klasse: Ringe schmieden beim Sommerkiosk
© pmv, Sylvia Schaub

Minnesänger-Brunnen sorgen für Erholung. Im Sommer findet hier der **Sommerkiosk** (www.sommerkiosk.de) statt, ein Markt für nachhaltige Ideen. Musiker aus der Region erzeugen dann Festival-Atmosphäre. An den Ständen findet ihr selbst entworfene Kleidung, individuelle Wohnaccessoires und umweltfreundliche Kinderprodukte. Außerdem ist für internationales, gesundes Essen gesorgt und ihr könnt euch an zahlreichen Mitmach-Aktionen beteiligen.

Hunger & Durst

Café Kiosk, Bleichstraße 5, Nürnberg. ✆ 0911/269030. März – Okt bei schönem Wetter 10 – 23 Uhr. Frühstück, Baguettes, Salate, Tageskarte.

Der Luitpoldhain

Münchener Straße, Bayernstraße, Schultheißallee, 90478 Nürnberg. www.nuernberg.de. **Bahn/Bus:** Straba 9 bis Luitpoldhain, Straba 6, Bus 65 bis Doku-Zentrum, Bus 36, 55, 92, 93, 96 bis Meistersingerhalle. **Auto:** B8 bis Schultheißallee. **Rad:** 5-Flüsse-Radweg bis Münchener Straße.

▶ Ursprünglich wurde das Areal des Luitpoldhain für die Landesgewerbeausstellung 1906 angelegt. Einen bitteren Beigeschmack hinterließ die Nutzung der Nationalsozialisten auf dem Gelände. Gebäude und Tribünen aus dieser Zeit wurden im Zweiten Weltkrieg zerstört oder danach abgetragen, sodass heute nur noch Teile der Ehrenhalle an die Kriegs-Ära erinnern. Seit Ende der 1950er-Jahre wird der **Park** wieder als Freizeitort von Spaziergängern, Radfahrern und Inlineskatern genutzt. Ein **Spielplatz** und die **Minigolfanlage** im Südwesten locken besonders Familien an. Neben der Ehrenhalle wurde ein **Gingkobaum** gepflanzt, der einem der 30 Menschenrechte gewidmet ist. Für welches Menschenrecht dieser Baum steht, das könnt ihr, auch in Blindenschrift, auf dem daneben stehenden Granitblock lesen.

In der **Meistersingerhalle,** nördlich des Luitpoldhain, finden regelmäßig Kinderkonzerte oder Theater für Kinder statt. www.meistersingerhalle.nuernberg.de.

Grillplätze

Grillplatz Marienbergpark: Marienbergstraße, 90411 Nürnberg. Zwei ausgewiesene Grillbereiche mit riesigen Wiesenflächen, Sitzmöglichkeiten und fest installierten Grillherden.

Grillplatz Pegnitztal West: Süßheimweg, 90419 Nürnberg. Große, zum Grillen freigegebene Wiesenfläche direkt an der Pegnitz.

Grillplatz Rednitztal Ost: Ellwanger Straße, 90453 Nürnberg-Katzwang. Grillplatz in Katzwang, idyllisch an der Rednitz gelegen.

Grillplatz Dutzendteich: Alfred-Hensel-Weg, 90471 Nürnberg. Am Silbersee gelegen, Tische und Sitzplätze sind vorhanden, ebenso wie ein Abenteuerspielplatz und Fußballfeld.

Grillplatz Stadionbad: Hans-Kalb-Straße 42, 90471 Nürnberg. ✆ 0911/869287, www.nuernberg-bad.de. Preise auf Anfrage. Zwei Grillplätze im Stadionbad, am besten vorher reservieren!

Grillplatz Minigolfplatz Valznerweiher: Valznerweiherstraße 105, 90480 Nürnberg. ✆ 0911/403712, Handy 0179/9283683. www.valznerweiher-minigolf.de. Preise auf Anfrage. Der Grillplatz mit Grill und Kühlgeräten kann für Feiern gemietet werden. Mit Minigolfanlage und Kinderspielgeräten, ↗ *Spielen und mehr am Valzner Weiher.*

Achtung! Für alle Grillplätze gilt: Das Grillen ist nur in den ausgewiesenen Bereichen und nur 9 – 21 Uhr erlaubt! Infos unter www.nuernberg.de.

Minigolfanlage Steiert, Münchener Straße 95 – 97, Nürnberg. ✆ 0172/8204638. www.minigolfanlagen-nuernberg.de. April – Okt Mo – Fr 14 – 22, Sa, So 11 – 21, Ferien, Fei 12 – 21 Uhr. 4 €, Kinder bis 12 Jahre 2,50 €, bis 17 Jahre 3,50 €.

Reiten & spielen in der Natur

Reiten auf der Tiererlebnisfarm

Tinker- und Ponyhof Tiererlebnisfarm e.V., Ziegelsteinstraße 244, 90411 Nürnberg. Handy 0177/3375513. www.tinker-ponyhof.de. **Bahn/Bus:** U2, 21 bis Ziegelstein, Nürnberg-Nordostbhf Bus 21 bis Buchenbühler Weg. **Auto:** Über B2 bis Ziegelstein, bei U-Bahn rechts Rathsbergstraße bis Neuwieder Straße, hinter Bahnübergang scharf links. **Rad:** Burgenstraße-Radweg. **Zeiten:** Mo – So 8 – 20 Uhr, Ponyreiten März – Okt,

Happy Birthday! Sonntags könnt ihr auf dem Hof Geburtstag feiern. Je 2 Kinder putzen und reiten ein Pony oder Pferd. 1,5 Std 95 € bis 8 Kinder, weiteres Kind 10 €, weitere 30 Min 30 €.

Lieb und süß: Geduldig lässt das Pferdchen jede mal ran

© pmv, Sylvia Schaub

1. So im Monat 14 – 17 Uhr. **Preise:** Ponyreiten 15 Min 5 €, Einzelstunde/Longe 30 Min 20 €, Ferienkurse ↗ Internet.

▶ Eine Oase mit Tieren zum Anfassen und Staunen findet ihr auf dieser Tiererlebnisfarm. Die Pferde stehen hier klar im Vordergrund, egal ob ihr Ponyreiten möchtet oder ein Ferienlager bucht, bei dem ihr mit den Pferden vom Tinkerhof in die Fränkische Schweiz reist. Aber auch Kühe, Ziegen, Hasen, Schafe und Meerschweinchen freuen sich über euren Besuch und lassen sich gern streicheln.

Sport, Spiel und Natur im Pegnitztal West

Süßheimweg, 90419 Nürnberg. www.nuernberg.de. **Bahn/Bus:** Straba 6, Bus 35, 38, 39 bis Westfriedhof, Bus 34 bis Großweidenmühlstraße. **Auto:** Über Nordwestring, Johannisstraße, Kirschgartenstraße, Wiesentalstraße bis Parkplatz Freibad West. **Rad:** Regnitzradweg.

▶ An den *Pegnitzauen* westlich der Innenstadt ist immer etwas los. Sportler nutzen die – durch eine Brücke – überdachten Basketballkörbe oder die Fußballtore und Turngeräte auf der Wiese. Natürlich könnt ihr auf den asphaltierten Wegen entlang der *Pegnitz* auch prima Rad fahren oder skaten, sogar bis nach Fürth. Außerdem gibt es einen ausgewiesenen **Grillbereich.** Den Grill müsst ihr allerdings selbst mitbringen und später alles wieder aufräumen, ist ja klar! Wenn ihr Naturfreunde seid, bietet euch ein von mannshohen Schilfpflanzen umgebener **Weiher** ein faszinierendes Gelände für Entdeckungen und Beobachtungen. Ein altes Wasserschöpfrad pumpt unermüdlich Wasser von der Pegnitz in einen Bach, damit

Weitere **Bewegungsparks** gibt es in *Eibach, Erlenstegen, Langwasser, Reichelsdorf* und im *Stadtpark*, www.sportservice.nuernberg.de. Hier findet ihr auch die Bewegungsbroschüre *Kids aktiv* mit Sportangeboten für Kinder bis 10 Jahre.

wieder frisches Wasser in den Tümpel fließen kann. Und auch für die Spielbegeisterten ist gesorgt. In dem **Bewegungspark** für alle Generationen dürft ihr schaukeln, balancieren und trainieren – und zwar gerne zusammen mit Oma, Opa oder euren Eltern.

Abenteuerplatz Amsel

Kreisjugendwerk der AWO Nürnberg e.V., Amselstraße 5, 90439 Nürnberg. ✆ 0911/8104606, www.kjw-nuernberg.de. **Bahn/Bus:** S1, R2, U2, 3, Bus 113 bis Rothenburger Straße. **Auto:** A73 bis An den Rampen, über Schwabacher Straße bis Amselstraße. **Zeiten:** Mo – Fr 13 – 18, Ferien 11 – 18 Uhr. **Preise:** kostenfrei, Veranstaltungen und Ferienprogramm auf Anfrage.

▶ Für alle Kinder 6 – 12 Jahre bietet der pädagogisch betreute Spielplatz ein schönes Außengelände und ein Spielhaus. Hier könnt ihr basteln, werkeln, gärtnern, kochen, malen und noch vieles mehr. Neben einer Tobehalle stehen euch ein Kicker sowie viele Bücher und Gesellschaftsspiele zur Verfügung. Regelmäßig werden auch Ausflüge und Veranstaltungen angeboten und außerdem nimmt die Einrichtung der AWO am *Nürnberger Ferienprogramm* teil. Außerhalb der Öffnungszeiten können Spielhaus und Abenteuerplatz auch für Geburtstagsfeiern oder Ähnliches angemietet werden.

@ Auf der Internetseite des Jugendamtes, www.jugendamt.nuernberg.de, findet ihr weitere Aktiv- und Abenteuerspielplätze, sowie Informationen zu den abwechslungsreichen Ferienprogrammen in Nürnberg.

Naherholungsgebiet Dutzendteich

Beuthener Straße, 90478 Nürnberg. www.dutzendteich-nuernberg.de. **Bahn/Bus:** S2, Straba 6, Bus 55, 65 bis Dutzendteich, Straba 9 bis Doku-Zentrum. **Auto:** Über B4, Hans-Kalb-Straße, Zeppelinstraße oder A73 bis Nürnberg-Zollhaus oder über B8, Bayernstraße, Herzogstraße bis Beuthener Straße. **Rad:** 5-Flüsse-Radweg.

▶ Anziehungspunkt und beliebtes Ausflugsziel ist vor allem der große *Dutzendteich,* den ihr zu Fuß, per Rad oder auf Inlineskates umrunden könnt. Außerdem habt ihr die Möglichkeit, mit einem **Tret-** oder **Ruderboot** über den See zu schippern. Viele Veran-

Bootsverleih Dutzendteich, Bayernstraße 150. ✆ 0911/93992496. www.dutzendteich-bootsverleih.de. Ostern – Mitte Okt (sofern genug Wasser im Teich ist) Mo – Fr 11 Uhr – Sonnenuntergang, Sa, So, Fei 10 Uhr – Sonnenuntergang. Tret- und Ruderboote 2 Pers 30 Min 6 €, 1 Std 10 €, jede weitere Pers 2 €, Mi Familientag mit reduzierten Preisen.

Bootsverleih Am Wöhrder See, Kressengartenstraße, Nürnberg. ✆ 0175/4000422 (Handy). www.bootsverleih-nuernberg.de. Bei schönem Wetter täglich ab 10 Uhr bis Einbruch der Dunkelheit. Tret- und Ruderboote, Kanus. 2 Pers 30 Min 6 €, 1 Std 10 €, jede weitere Person 2 €, Wasserlaufbälle 5 Min 5 €, Stand-Up-Paddeling 1 Std 12 €

staltungen finden im Laufe des Jahres rund um den Dutzendteich statt, wie zum Beispiel das Frühjahrs- und das Herbstvolksfest. Der Weiher selbst dient auch als Wettkampfstätte für die örtlichen Ruder- und Kanuvereine. Für Naturfreunde ist der 5 km lange **Lehrpfad** besonders interessant. An den 15 Stationen, die vom großen Dutzendteich über den Silbersee und kleinen Dutzendteich bis an den Nummernweihern vorbei aufgestellt sind, erfahrt ihr Wissenswertes über Pflanzen und Tiere in diesem Gebiet. 2014 wurden einige Tafeln um Lernspiele, wie etwa ein Pflanzen-Memory, erweitert.

Wasserlandschaft Wöhrder See

Wasserwirtschaftsamt Nürnberg, Johann-Soergel-Weg/Wöhrder Wiesenweg, 90482 Nürnberg. ✆ 0911/23609-391, www.wasserweltwoehrdersee.de. **Bahn/Bus:** S1 bis Dürrenhof, U1, U3, Straba 8 bis Wöhrder Wiese. **Auto:** Über Bahnhofstraße und Dürrenhofstraße, Parken am Norikus oder Wöhrder Talübergang. **Rad:** Radweg Pegnitztal-Ost.

▶ Der Wöhrder See ist ein künstlich angelegter Stausee, der dem Hochwasserschutz dient und als Naherholungsgebiet genutzt wird. Durch die optimale Lage zur Innenstadt begegnet ihr hier Joggern, Radfahrern und Inlineskatern genauso wie Spaziergängern, die einfach nur entspannen wollen. In dem Landschaftsschutzgebiet habt ihr die Möglichkeit, zahlreiche Wasservögel wie Schwäne, Blässhühner, Graugänse oder Stockenten zu beobachten. Einen Teil der 40 ha großen Wasserfläche könnt ihr auch per **Tretboot** erkunden. Am Nordufer wurde ein langer Boulevardsteg errichtet, der unmittelbar am Wasser entlangführt. Seit 2013 sorgt außerdem ein **Sandstrand** von 130 m Länge für echte Urlaubsatmosphäre. Auf den hölzernen Liegedecks könnt ihr prima entspannen, nur das Baden ist aus hygienischen Gründen leider nicht erlaubt. Eine weitere Neugestaltung ist ein naturnaher Bachlauf am Südufer, der in Teilen auch für Kinder gefahrlos zugänglich ist. Dadurch entsteht für Fische und Kleintiere ein Zugang vom südlichen Pegnitzarm zum See. Um die Fließgeschwindigkeit des Gewässers zu erhöhen, sind Inseln im See geplant, die teilweise durch Holzstege verbunden werden. Rund um den See findet ihr viele Möglichkeiten zum Spielen, zum Beispiel Ballsportplätze, Basketballkörbe, Tischtennisplatten und **Spielplätze.**

Achtung! Um die Wasserqualität nicht zu verschlechtern und den Wasservögeln nicht zu schaden, füttert die Tiere bitte nicht und lasst keine Essensreste rumliegen!

Spielen und mehr am Valzner Weiher

Valznerweiherstraße, 90480 Nürnberg. www.nuernberg.de. **Bahn/Bus:** S2,3 bis Frankenstadion, Bus 44, 94 bis Valznerweiher. **Auto:** B4 bis Valznerweiherstraße. **Rad:** SandAchse-Radweg.

▶ Der kleine See liegt etwas verträumt am Rande des Lorenzer Reichswaldes. Von hier aus könnt ihr ausgedehnte Wanderungen oder Radtouren nach Fischbach und zum Tiergarten unternehmen. Wenn ihr aktiv im Wald unterwegs sein wollt, dann folgt doch der Fährte des **Walderlebnispfades.** Auf 1,8 km Länge entdeckt ihr das Dendrophon, den Baumartenweg, das Baumtelefon und noch einiges mehr. Direkt am Weiher findet ihr einen schönen **Spielplatz** und auch **Minigolf** könnt ihr spielen. Zur Stärkung bietet sich ein Besuch im **Inselrestaurant** (11.30 – 22 Uhr) an.

Minigolf Valznerweiher, Valznerweiherstraße 105, Nürnberg. ✆ 0911/403712. www.valznerweiher-minigolf.de. Mai – Sep Mi – Fr 14 – 21, Sa 13 – 21, So 11 – 21 Uhr. 3,80 €, Kinder 5 – 16 Jahre 2,80 €, außerdem Kinderspielgeräte (ab 0,50 €), Kiosk, Grillplatz.

Kein See in Sicht? Am Sehrohr auf dem Walderlebnispfad liegt es nicht

Klettern, spielen & eislaufen

Bouldern – oder wer will ganz hoch hinaus?

Café Kraft GmbH, Gebbertstraße 9, 90411 Nürnberg. ✆ 0911/3479394, www.cafekraft.de. **Bahn/Bus:** U2 bis Herrnhütte, Bus 22 bis Sieboldstraße. **Auto:** Über B2, Neumeyerstraße bis Gebbertstraße. **Zeiten:** Di, Do, Sa, So 9 – 23, Mo, Mi, Fr 11 – 23 Uhr, 1. Jan geschlossen. **Preise:** 9 €, Mo – Fr vor 15 Uhr (nicht Ferien, Fei) 8 €; Kinder bis 12 Jahre 5 €, ab 13 Jahre 8 €, Mo – Fr vor 15 Uhr (nicht Ferien, Fei) jeweils 1 € weniger, Kinderkurs Schulhalbjahr 90 Min pro Woche 220 €; Familie 2 Erw, 3 Kinder 22 €. **Infos:** Leihschuhe 3 €.

▶ Wenn euch die Berge zu weit entfernt sind und ihr trotzdem hoch hinaus möchtet, dann meldet euch hier zu einem Kletterkurs an. 1600 qm Kletterfläche locken in der Boulderhalle und ihr trefft auf wechselnde Parcours mit unterschiedlichen Schwierigkeitsgraden. Ihr könnt wöchentliche Kurseinheiten buchen oder in den Ferien eine geballte Ladung Klettertraining nehmen.

Happy Birthday!
Der Klettergeburtstag kostet 109 € für 6 Kinder inkl. Kuchen und Getränke.

Kickfabrik, Ferdinandstraße 21 – 23, Nürnberg. ✆ 0911/32239868. www.kickfabrik.com. Mo – Fr 12 – 24, Sa, So, Fei 10 – 24 Uhr. Fußballfelder, Hallen-Minigolf, Kindergeburtstage.

Sport Centrum Nürnberg

Schüblerstraße 15, 90482 Nürnberg. ✆ 0911/544911, Handy 0173/9970807. www.sportcentrum-nbg.de. **Bahn/Bus:** S1 bis Ostring, Straba 5 bis Marthastraße, Bus 43 bis Gleißhammerstraße. **Auto:** Stadtring bis Gleißhammerstraße, über Marthastraße rechts bis Schüblerstraße, Parkmöglichkeit Tiefgarage. **Rad:** Paneuropa-Radweg, 5-Flüsse-Radweg bis Wöhrder See/Marthastraße. **Preise:** Kinderkurse 2 Std pro Woche, Laufzeit 6 Monate 45 € pro Monat, Schnupperstunde nach Vereinbarung 15 €, Kinder-Feriencamp 5 – 14 Jahre 5 Tage 10 – 17 Uhr 160 €.

▶ Sport, Sport und nochmals Sport! Ihr habt Spaß am Klettern, wollt Techniken und Knotenbindungen lernen und wissen, was der Unterschied zum Bouldern ist? Ihr könnt regelmäßig trainieren oder ein Fe-

Happy Birthday!
Freut euch auf eine sportliche Geburtstagsfeier beim Klettern, Fußball oder Badminton! Zum Beispiel Spielfeld Fußball 50 € pro Std, Essen 4 € pro Gericht, Getränke 4 € pro Kind, auf Wunsch Trainerbetreuung 45 € pro Std.

riencamp besuchen. Und wer mehr will, als nur hoch hinaus, der kann Sportarten wie Tennis, Badminton, Fußball oder Basketball kennen lernen.

Bäriger Erlebnisspaß im Tucherland

Tucherland GmbH & Co. KG, Marienbergstraße 102, 90411 Nürnberg. ✆ 0911/2399999, www.tucherland.de. **Bahn/Bus:** U2 bis Ziegelstein, Bus 22 bis Tucherhof oder Ernst-Heinkel-Weg. **Auto:** Über B2, Bierweg bis Marienbergstraße. **Rad:** Burgenstraße-Radweg. **Zeiten:** Schultage 14 – 19, Sa, So, Fei, Ferientage 10 – 19 Uhr. **Preise:** 6,50 €, Schultage 5 €; Kinder ab 2 Jahre bis 99 cm Körpergröße 6,80 €, Schultage 4,50 €, ab 1 m 9,50 €, Schultage 6,50 €; ab 65 Jahre 3 €, Schultage 2 € (Heißgetränk gratis); Happy Hour ab 17 Uhr und außerhalb der Ferien Di den ganzen Tag 4,50 €, Schultage 3,50 €, Kinder 5,50 €, Schultage 4,50 €; außerdem 5er- und Saisonkarten.

▶ *Klettern, krabbeln, springen* – das ist das Motto der **Erlebniswelt Tucherland.** Auf riesigen Klettergerüsten, Trampolinen und Hüpfburgen könnt ihr den ganzen Tag in Bewegung bleiben. Zusätzlichen Spaß bieten Rutschbahnen, Ballarena, Tretautos und das neue virtuelle *Eyeplay.* Auch die Kleinsten kommen bei Karussell und Minieisenbahn nicht zu kurz. Für die Mutigen sorgen Kletterwand und ein Hochseilgarten in 5 m Höhe für Nervenkitzel. Bei schönem Wetter dürft ihr euch in den beiden Naturbadeseen abkühlen. Oder traut ihr euch, die 12,5 m hohe Seilrutsche hinunterzusausen? Ob Verkehrsübungsplatz, Niedrigseilgarten,

Happy Birthday!

Indoor-Geburtstag: Eintritt, Hauptmahlzeit, 2 Getränke Mo – Fr 12 €, Sa, So, Fei, Ferien 14,40 € pro Kind, Erw Eintritt 4,50 €, weitere Varianten möglich.

Hunger & Durst

Tatzenwirt, Kinderpizza Margherita 2,90 €, Maiskolben mit Butter 2,50 €, Wienerle 2,30 €, Kindergeburtstage sind direkt mit Menü buchbar.

Rechts überholen? Auf dem Verkehrsübungsplatz lernt ihr, wie es richtig ist

© pmv, Sylvia Schaub

Streichelzoo oder Minigolfanlage, ein Tag reicht kaum aus, um alle Attraktionen auszuprobieren.

Schnallt eure Schlittschuhe an!

Eislaufen in der Arena Nürnberger Versicherung, Kurt-Leucht-Weg 11, 90471 Nürnberg. ✆ 0911/988897-0, www.arena-nuernberg.de. **Bahn/Bus:** S2, Bus 55 bis Frankenstadion, Straba 6, Bus 65 bis Dutzendteich, Bus 44 bis Hans-Kalb-Straße. **Auto:** B4 bis Hans-Kalb-Straße. **Zeiten:** Hauptsaison Nov – Mitte Feb Mi, Fr 10 – 22, Do, So 10 – 18, Sa 15 – 18, 20 – 24 Uhr, Ferien auch Mo, Di 10 – 21 Uhr, Nebensaison Mitte Sep – Okt, Mitte Feb – März wie HS aber Do 10 – 16, Fr 10 – 21 Uhr, Sonderöffnungszeiten Fei und bei Veranstaltungen. **Preise:** 5 €, Eislaufkurs 4 x 1 Std 50 €; Kinder 4 – 12 Jahre 2,50 €, Schüler, Studenten 4 €, Eislaufkurs 40 €, Ausleihe Schlittschuhe Größe 26 – 50 4 € zzgl. Pfand, Lauflernhilfen 5 € zzgl. Pfand; Familienkarte 2 Erw, 4 Kinder unter 13 Jahre 12,50 € (nicht gültig für Eisdisco). **Infos:** Mi ab 18 Uhr kleine Fläche, 20 – 22 Uhr Eisdisco, Sa 15 – 18 Uhr Disco für Groß und Klein, 20 – 24 Uhr Saturday Night Disco.

▶ Wo sonst die *Ice Tigers* in der Eishockey-Bundesliga dem Puck nachjagen und die großen Konzerte stattfinden, dürft ihr im Winterhalbjahr auf Kufen durch die Halle flitzen. Es gibt die öffentlichen Eislaufzeiten und spezielle Termine in der Woche, die für die Eisdisco reserviert sind. Darüber hinaus werden Eislaufkurse (Anmeldung ✆ 98897-280) angeboten und die Eislauffläche kann zu freien Zeiten auch angemietet werden.

Besucht ein Spiel der *Ice Tigers!* Familienkarte 2 Erw, 1 Kind 33 – 118 €. Wollt ihr selbst Eishockeyspieler oder Schlittschuhläufer werden? Beim EHC 80 Nürnberg könnt ihr ab 4 Jahre ins Training gehen.

UMWELT ERFORSCHEN

Tiere erleben

Tiergarten Nürnberg

Am Tiergarten 30, 90480 Nürnberg. ✆ 0911/54546, www.tiergarten-nuernberg.de. **Bahn/Bus:** Straba 5, Bus 65 bis Tiergarten. **Auto:** Über B4, Valznerweiherstraße,

Zerzabelshofer Hauptstraße bis Am Tiergarten. **Zeiten:** Ende März – Anfang Okt 8 – 19.30, Anfang Okt – Ende März 9 – 17 Uhr, 1 Std vorher letzter Einlass. **Preise:** 13,50 €, mit VGN- oder DB-Ticket, ab 17 Uhr 11,50 €; Kinder 4 – 13 Jahre 6,50 €, mit VGN- oder DB-Ticket, ab 17 Uhr 4,80 Uhr; Familienkarte 1 Erw, eigene Kinder 18 €, 2 Erw, Kinder 31,50 €. **Infos:** Delfin- und Seelöwenpräsentation 11, 14, 16 Uhr.

Urtümlicher Drache: Ein Fidschi-Leguan

In dem einzigartigen Landschaftszoo könnt ihr mitten im *Reichswald* auf einer Fläche von 63 ha Tiere aus aller Welt kennen lernen und beobachten. Schaut bei den langen Giraffen und den putzigen Erdmännchen vorbei, späht Löwen, Geparden und Nashörner auf und staunt über die dicken Eisbären und die eleganten Flamingos. Attraktionen sind auch die Delfinlagune und das Manatihaus, in dem ihr euch wie im Regenwald fühlt. Schaut einmal zu, wie die fülligen Seekühe durch das Wasser treiben und genüsslich Salatblätter verspeisen. Zum Schluss könnt ihr euch auf einem riesigen Spielplatz austoben und mit der Bimmelbahn zum Ausgang fahren. Im Sommer gibt es die Möglichkeit, im Tiergarten zu übernachten.

Im Sommer findet jedes Jahr an einem Wochenende im Juli das Reichswaldfest am Schmausenbuck statt. Mit Baumklettern und tollen Kinderaktionen.

Hunger & Durst

Zabo-Linde, Zerzabelshofer Hauptstraße 28, Nürnberg. ✆ 0911/407078. www.zabolinde.com. Mo – Do 16–24, Fr 16 – 1, Sa 11 – 1, So 10 – 23 Uhr. Jeden So 10 – 14 Uhr großes Brunch-Buffet, 14,50, Kinder 6 – 12 Jahre 7 €.

Fledermäuse live in Nürnberg

Caroline Holch, Diplom Biologin, Wöhrder Wiese, 90489 Nürnberg. ✆ 0911/92785584, www.carolineholch.de. **Lage:** Treffpunkt am Bismarckdenkmal, Prinzregentenufer. Dauer: 1 Std. **Bahn/Bus:** U1 bis Wöhrder Wiese. **Auto:** Altstadtring bis Prinzregentenufer. **Rad:** 5-Flüsse-Radweg. **Zeiten:** April – Sep, abends Termine

Auch am ↗ **Dechsendorfer Weiher** werden Fledermausführungen angeboten. Oder habt ihr Lust auf einen Schnitzkurs? Auf der Internetseite von Caroline Holch findet ihr Termine zu Kursen in Baiersdorf.

Bio-Acker, Bund Naturschutz Kreisgruppe Nürnberg, Endterstraße 14, Nürnberg. ✆ 0911/ 457606. www.nuernberg-stadt.bund-naturschutz.de. April – Okt, 2 x im Monat 15 – 17 Uhr. 6 € pro Treffen. Im April könnt ihr in Schnepfenreuth säen und pflanzen und am Ende der Saison leckeres Gemüse ernten und vernaschen.

↗ Internetseite. **Preise:** 6 €; Kinder 3 €. **Infos:** Findet nur statt, wenn es abends nicht regnet.

▶ Habt ihr schon mal eine echte Fledermaus gesehen? Wisst ihr, was sie gern frisst und wo sie sich versteckt? Bei dieser Führung könnt ihr die faszinierenden Flattertiere zu Gesicht bekommen und einen Einblick in ihre geheimnisvolle Welt gewinnen. Mithilfe eines Fledermausdetektors ist es sogar möglich, die Stimmen der nächtlichen Flugkünstler zu hören. Normalerweise sind die Ultraschalllaute, die die Tiere ausstoßen, nämlich für das menschliche Gehör nicht wahrnehmbar. Der Detektor wandelt die Laute in für uns hörbare Töne um, spannend oder?

Der Natur auf der Spur

Schlauen Füchse und flinke Eichhörnchen

Bund Naturschutz Kreisgruppe Nürnberg, Geschäftsstelle, Endterstraße 14, 90459 Nürnberg. ✆ 0911/ 457606, www.nuernberg-stadt.bund-naturschutz.de. **Treffpunkt:** Langwasser: U-Bahn-Haltestelle Langwasser Süd oder Gemeinschaftshaus Langwasser, Zabo: Spielplatz am Valznerweiher, Marienberg: *Spechte* im Norden des Marienbergparks, *Flinke Eichhörnchen* im Feuchtbiotop am Labyrinth, *Flinke Igel* und *Marienbergforscher* Ende der Braillestraße. **Zeiten:** 1 x im Monat, je nach Gruppe Mo, Mi oder Fr. **Preise:** 6 € pro Treffen, Langwasser 15 € pro Halbjahr.

▶ Einmal im Monat sind naturbegeisterte Kinder in Nürnbergs Parks und Biotopen unterwegs. Hier könnt ihr in Tümpeln keschern, Insekten in der Becherlupe untersuchen, Lager bauen, schnitzen, Kräuter verarbeiten, Schnecken oder Regenwürmer beobachten und tolle Experimente machen. Mit dem Lauf der Jahreszeiten lernt ihr Tiere, Pflanzen und Lebensräume kennen, setzt eure Sinne und euer handwerkliches Geschick ein und erlebt eine tolle Gemeinschaft unter freiem Himmel. Viermal im Jahr treffen sich alle

Kindergruppen zu einem Entdeckertag und forschen gemeinsam in der Umwelt. Derzeit gibt es Kindergruppen in **Langwasser** (6 – 11 Jahre), in **Zabo** (5 – 7, 8 – 12 Jahre) und am **Marienbergpark** (*Spechte* 10 – 13 Jahre, *Flinke Eichhörnchen* 7 – 11 Jahre, *Flinke Igel* 5 – 7 Jahre und *Marienbergforscher* 8 – 13 Jahre). Die jeweiligen Ansprechpartner findet ihr im Internet.

Erfahrungsfeld zur Entfaltung der Sinne

KUF – Abteilung kulturelle & politische Bildung, Untere Talgasse 8, 90403 Nürnberg. ✆ 0911/231-5445, www.erfahrungsfeld.nuernberg.de. **Lage:** Wöhrder Wiese. **Bahn/Bus:** U2, 3 bis Wöhrder Wiese. **Auto:** Altstadtring, Marientorgraben oder Laufertorgraben bis Prinzregentenufer. **Zeiten:** Mai – Mitte Sep Mo – Fr 9 – 18, Sa 13 – 18, So 10 – 18, Ferien So – Fr 10 – 18, Sa 13 – 18 Uhr. **Preise:** 8 €; Kinder ab 3 Jahre 4,30 €, Schulkinder 6,50 €; Familie Erw 6,60 €, Kinder ab 3 Jahre 4,30 €, Schulkinder 5 €, Fr ab 13 Uhr Familie Erw 4 €, Kinder ab 3 Jahre 2,50 €, Schulkinder 3,20 €, Ermäßigungen für Studenten, Arbeitslose, Freiwilligendienste, Behinderte, Nürnberg-Pass, ZAC-Karte.

▶ Mai – September fasziniert das Erfahrungsfeld zur Entfaltung der Sinne an der ↗ **Wöhrder Wiese** mit rund 100 spannenden Erlebnisstationen. Mit Experimenten, Übungen und Spielen könnt ihr das Zusammenspiel der eigenen Sinne erleben, erstaunliche physikalische Beobachtungen machen und Naturgesetze erforschen. An der beliebten *Backstation* müsst ihr zum Beispiel die Körner mit Steinen erst einmal

Besucht einmal das **Dunkelcafé** im Hirsvogelbunker! Begleitet werdet ihr in das stockfinstere Café von blinden oder stark sehbehinderten Mitarbeitern, die nun die *Sehenden* sind und euch ganz nebenbei noch das gewünschte Getränk servieren. Der Eintritt ist im Eintrittspreis für das Erfahrungsfeld enthalten, Getränke und Speisen bezahlt ihr im Dunkelcafé.

Wie entsteht Klang? Reibt an der Klangsäule!

Stadt Land Fluss in Franken, Ohmstraße, Nürnberg. ✆ 0911/43122-210. www.franken-naturerlebnis.de. Naturerlebnisführungen und Naturgeburtstage.

Hunger & Durst

Biergarten Steinbrüchlein, Am Steinbrüchlein 20, Nürnberg. ✆ 0911/48094000. www.steinbruechlein-biergarten.de. März – Okt Di – So ab 10, Juni – Aug täglich ab 10 Uhr.

*Früher wurde hier **Sandstein** abgebaut für Mühlen, aber auch für den Bau der Nürnberger Burg oder berühmte Kirchen und Denkmäler.*

Weitere Landschaftspfade führen von Falkenheim nach Kornburg (12 Stationen, 8,6 km), von Koppenhof nach Katzwang (7 Stationen, 7,3 km) und der Rundweg von Reutles über Neunhof (6 Stationen, 5 km).

zu Mehl verarbeiten, bevor ihr den Teig auf offenem Feuer backen könnt. Das *verrückte Haus* bringt euch garantiert aus dem Gleichgewicht und auf dem **Barfußpfad** solltet ihr mit geschlossenen Augen nur eurem Tastsinn vertrauen. Jedes Jahr beeindruckt das Erfahrungsfeld mit neuen Stationen und zahlreichen Veranstaltungen und Kreativangeboten. 350 verschiedene Stationen wurden mittlerweile während des 20-jährigen Bestehens entwickelt und ausgestellt.

Steinbrüchlein Waldspielplatz und Naturlehrpfad

Waldspielplatz Steinbrüchlein e.V. Nürnberg, Am Steinbrüchlein, 90455 Nürnberg-Worzeldorf. ✆ 0911/863038, Handy 0176/20461147. www.waldspielplatz-steinbruechlein.de. **Bahn/Bus:** U1 bis Langwasser-Mitte, dann Bus 52 bis Steinbrüchlein. **Auto:** ↗ Nürnberg-Zollhaus, über Schwanstetter Straße bis Am Steinbrüchlein. **Rad:** 5-Flüsse-Radweg.

▶ Dem Engagement von *Jutta Bär* und *Werner Gruber* ist es zu verdanken, dass die Anlage am **Steinbrüchlein** heute ein außergewöhnliches Freizeitareal vor allem für Familien bietet. Neben einem herrlichen Spielplatz mitten im Wald mit Kletterturm, Balance-Steg, Rutsche und Vogelnest-Schaukel, hat der Verein für einen **Naturlehrpfad** und ein Insektenhotel gesorgt. Seit neustem könnt ihr an einer Tafel per Knopfdruck Vogelstimmen abrufen und Quizfragen beantworten. Mit einer Fördermitgliedschaft könnt ihr dabei helfen, weitere Ideen am Steinbrüchlein umzusetzen.

Naturerlebnispfad Sandband

Landschaftspflegeverband Nürnberg e.V., Kornburger Straße, 90469 Nürnberg. ✆ 0911/231-7007, www.lpv.nuernberg.de. **Start:** Kornburger Straße (Höhe Stromleitungstrasse). **Länge:** 4 km. **Bahn/ Bus:** Bus 68 bis Kornburger Straße oder Bus 51, 651 bis Falkenheim (dann steigt ihr zwischen Station 10 und 11 in den Lehrpfad ein). **Auto:** ↗ Nürnberg-Zollhaus, über Münchener und Trierer Straße. **Rad:** 5-Flüsse-Radweg, Burgenstraße-Radweg.

▶ Wusstet ihr, dass die fränkische Landschaft lange geprägt war von mageren Wiesen auf Sandböden? Dort können nur Tiere und Pflanzen überleben, die an den heißen, nährstoffarmen und trockenen Boden angepasst sind. Dazu gehören zum Beispiel der Sandlaufkäfer, die Blauflügelige Ödlandschrecke und die Sandgrasnelke. Da der Sandlebensraum dieser Tiere und Pflanzen heute fast verschwunden ist, ist es wichtig, ihn zu schützen und zu erhalten. Auf dem **Lehrpfad** könnt ihr euch an 18 Stationen genauer über den Sandmagerrasen und seine Bewohner informieren. Außerdem findet ihr Wissenswertes zum *Ludwigskanal* und zum *Brünnelgraben.* Neben Schautafeln gibt es Stationen, an denen ihr aktiv werden könnt, zum Beispiel beim Barfußpfad, einem Baumtelefon und dem **Dendrophon.**

Das soll ein Telefon sein? Probiert es aus!

© pmv, Sylvia Schaub

*Ein **Dendrophon** ist eine Art Baumstamm-Xylophon. Die freihängenden Hölzer ergeben beim Anschlagen unterschiedliche Klänge, je nach Länge, Durchmesser und Holzart.*

Naturerlebnispfad Pegnitztal Ost

Stadt Nürnberg – Umweltamt, Lina-Ammon-Straße 28, 90471 Nürnberg. ✆ 0911/231-5856, 231-3173. www.umwelt.nuernberg.de. **Lage:** 90482 Mögeldorf, Satzinger Mühle. **Länge:** 3,5 km. **Bahn/Bus:** S1, Straba 5 bis Mögeldorf, Bus 40, 45 bis Ziegenstraße, Bus 65 bis Mögeldorfer Hauptstraße. **Auto:** A3 Ausfahrt Laufamholz, über Laufamholzstraße, Flußstraße bis Kirchenberg. **Rad:** 5-Flüsse-Radweg.

▶ Ein ausgedehntes Naturerholungsgebiet findet ihr im östlichen Pegnitztal. Auf einer Strecke von

Hunger & Durst

Satzinger Mühle, Kirchenberg 1, Nürnberg. ✆ 0911/5434600. www.satzinger-muehle.de. Täglich ab 10 Uhr. Café-Restaurant, Terrasse direkt an der Pegnitz, Pasta, Salate, Wok- und Grillgerichte, hausgemachte Kuchen.

3,5 km, von Mögeldorf bis Laufamholz, könnt ihr auf einem Naturerlebnispfad mit 25 Stationen Wissenswertes über den Lebensraum *Pegnitz-Aue* entdecken. Dabei dürft ihr alle eure Sinne einsetzen, zum Beispiel den Gleichgewichtssinn beim Balancieren auf einer hölzernen Ringelnatter oder den Tastsinn, wenn ihr mit geschlossenen Augen den **Barfußpfad** entlang lauft. Ebenso könnt ihr den Klängen des Dendrophons lauschen oder auf einer Liege einfach mal die Beobachtungen im Naturkino genießen. Außerdem weisen euch die Gewässer-Stationen auf das umliegende Wasserschutzgebiet hin. Dabei erfahrt ihr auch, wo der ganze Sand herkommt und warum er für unser Trinkwasser so wichtig ist.

Die Welt der Sterne

@ Infos zum Astronomieweg, der durch Nürnberg führt: www.astronomieweg-nuernberg.de.

Start frei zur Weltraumexpedition

Nicolaus-Copernicum-Planetarium der Stadt Nürnberg, Am Plärrer 41, 90429 Nürnberg. ✆ 0911/9296553, www.naa.net. **Bahn/Bus:** U1, U2, Straba 4, 6, Bus 34, 36 bis Plärrer. **Auto:** Frankenschnellweg bis Schwabacher Straße, über Kohlenhofstraße, Steinbühlerstraße. **Rad:** Altstadtring bis Plärrer. **Zeiten:** Mi 15 – 19, Do 17 – 20, Sa, So 14 – 16.30 Uhr, in Ferien abweichende Zeiten, Dauer der Vorführungen ca. 50 – 60 Min. **Preise:** 6 – 8 €; Kinder 4 – 18 Jahre 3,50 – 5 €; Familienkarte 1 Erw, 3 Kinder 9 – 13 €, 2 Erw 3 Kinder 13,50 – 18 €. **Infos:** Keine Kartenzahlung möglich.

▶ Wollt ihr aufregende Abenteuer im All erleben oder euch mit superschnellen Raumkreuzern auf eine große Planetentour begeben? Dann nichts wie ab ins Planetarium! Vorführungen zum Sternenhimmel und rasante Themenshows durch die Galaxis lassen euch in unser Sonnensystem und die unendlichen Weiten des Kosmos eintauchen. Betätigt euch mit *Professor Photon* als Weltraumforscher oder rettet mit *Plani* und *Wuschel* die Sterne.

Regiomontanus Sternwarte, Regiomontanusweg 1, Nürnberg. ✆ 0911/9593538. www.sternwarte-nuernberg.de. Bei klarem Wetter Fr, Sa, Nov – Feb 19 – 20, März, Okt 20 – 21, April, Sep 21 – 22, Mai – Aug 22 – 23 Uhr. Kostenlos.

NÜRNBERG: WISSEN & KULTUR

BEACHFRONT
OPEN 12-8
TUESDAY-SATURDAY

Hoch über der Altstadt thront das Wahrzeichen der 500.000-Einwohner-Metropole, die Kaiserburg. Geprägt wurde die Stadt aber besonders durch die Blütezeit der Patrizier, deren Bauwerke, wie Tucherschloss oder Zeltnerschloss, heute Museen oder Kultureinrichtungen beherbergen.

Dass Nürnberg einst auch Zentrum der Spielwarenherstellung war, zeigt sich allen voran im ↗ *Spielzeug- und Kindermuseum.* Überhaupt sind alle großen Museen der Stadt auf Kinder ausgerichtet und punkten mit Ausstellungen und Angeboten zum Anfassen und Mitmachen. Nürnberg ist aber ebenso Stadt der Menschenrechte und dabei kommen auch die Kinder nicht zu kurz. Die Nürnberger Kinderkommission setzt sich für die Stärkung der Rechte von Kindern in der Stadt ein, führt Kinderversammlungen durch und hat im Stadtpark die ↗ *Straße der Kinderrechte* ins Leben gerufen. Nicht zuletzt ist Nürnbergs himmlischstes Aushängeschild natürlich das Christkind, nebst ↗ *Christkindlesmarkt,* Kinderweihnacht und Lebkuchenduft. Aber lasst euch auch von den vielen anderen einzigartigen Veranstaltungen, wie der ↗ *Blauen Nacht* oder der ↗ *Langen Nacht der Wissenschaften,* in den Bann ziehen!

STADT, NICHT NUR AUS HOLZ UND TUCH

Der Christkindlesmarkt wird auch ***Stadt aus Holz und Tuch genannt.*** *Die vielen Holzbuden dort werden traditionell mit rot-weißem Stoff geschmückt.*

HANDWERK UND GESCHICHTE

Bahnen & Betriebe

Historisches Straßenbahndepot St. Peter

Freunde der Nürnberg-Fürther Straßenbahn e.V., Schlossstraße 1, 90478 Nürnberg. ✆ 0911/283-4654, www.vag.de. **Bahn/Bus:** Straba 6, Bus 36 bis Peterskirche. **Auto:** Ab Nürnberg-Fischbach oder Stadtring über Regensburger Straße bis Schlossstraße. **Rad:** 5-Flüsse-Radweg bis Regensburger Straße. **Zeiten:** 1. Wochenende im Monat (außer Jan) 10 – 17.30 Uhr, Fahrplan Historische Burglinie 15 auf Webseite. **Preise:** 5 €, inkl. Rundfahrt 7,50 €; Kinder bis 14 Jahre 2,50 €, inkl. Rundfahrt 4,50 €; Familie (2 Erw, 4 Kinder) 17 €.

Hier beginnt die Kunst: Kinder malen beim Projekt arttostart Kunstraum

Erforscht die Region mit dem **Entdecker-Pass!** Ein Jahr lang freier oder ermäßigter Eintritt bei zahlreichen Freizeit- und Kultureinrichtungen. Pro Kalenderjahr 29,50 €, Kinder 6 – 15 Jahre 14,50 €, www.entdeckerpass.com.

1888 wurden die Bahnwagen noch von Pferden aus dem Depot in St. Peter gezogen. Mittlerweile könnt ihr in den **Museumshallen** nicht nur den ersten elektrischen Straßenbahnwagen Nürnbergs bestaunen, sondern eine der umfangreichsten Ausstellungen alter Nahverkehrsfahrzeuge in Deutschland besichtigen. Viele der Fahrzeuge, ob auf Schiene oder Straße, sind immer noch für Rundfahrten in Nürnberg unterwegs. Busse und Bahnen lassen sich übrigens auch im Miniatur-Format auf den Modellbahnanlagen beobachten. Während der Öffnungszeiten des Museums könnt ihr stündlich ab Hauptbahnhof eine Stadtrundfahrt mit der **Historischen Burgringlinie 15** bis zum Straßenbahndepot unternehmen.

Hunger & Durst

Straßaboh-Café, Schlossstraße 1, Nürnberg. ✆ 0179/6776-007. Geöffnet wie Museum. Kuchen, Snacks, Café kann auch gemietet werden.

Backe, backe Kuchen ...

Backhaus Uwe Walzel, Pirckheimerstraße 98, 90409 Nürnberg. ✆ 0911/556097, www.backhaus-walzel.de. **Bahn/Bus:** U2 bis Rennweg, U3 bis Maxfeld, Bus 46, 47 bis Maxfeldstraße. **Auto:** B2 Richtung Innenstadt (nach Stadtpark) oder Bayreuther Straße bis Pirckheimerstraße. **Rad:** Burgenstraße-Radweg. **Zeiten:** Bäckerei Mo – Fr 5.30 – 18, Sa 5.30 – 14, So, Fei 7.30 – 16.30 Uhr, Backstubenführung nach Anmeldung. **Preise:** Führung max. 8 Pers, 5 € pro Gruppe.

Habt ihr Lust, mal hinter die Kulissen einer Bäckerei zu schauen? Dann lasst euch bei der Backstubenführung zum Beispiel die Produktion zeigen und die Maschinen erklären. Vielleicht möchtet ihr auch lieber etwas über Körner und Saaten wissen oder ihr backt selbst Zöpfe und weitere Hefeteig-Kreationen, die ihr dann stolz mit nach Hause nehmen könnt. Auf

Happy Birthday!

Backt mit euren Gästen leckere Sachen aus Hefeteig, 8 € pro Kind, Kuchen und Getränke können mitgebracht oder unter Berechnung gestellt werden.

die ein oder andere Anekdote des Bäckermeisters dürft ihr euch auch freuen.

Die Lange Nacht der Wissenschaften

kulturidee GmbH, Singerstraße 26, 90443 Nürnberg. ✆ 0911/81026-0, www.nacht-der-wissenschaften.de. **Bahn/Bus:** Fahrpläne unter www.vgn.de. **Zeiten:** alle 2 Jahre im Okt, Sa 18 – 1, Kinderprogramm 14 – 17 Uhr. Preise: 12 €; Kinder bis 12 Jahre frei, ab 13 Jahre 8 €. **Infos:** Preise inkl. VGN-Fahrkarte für alle Öffis 12 – 8 Uhr; 1 Erw kann 2 Kinder bis 12 Jahre mitnehmen.

▶ Wie wird Strom gemacht? Warum kann der Gecko an der Decke laufen? Wie sehen eigentlich Viren aus? Diesen und vielen anderen Fragen könnt ihr auf den Grund gehen, wenn im Städtedreieck Nürnberg, Fürth, Erlangen wieder die **Lange Nacht der Wissenschaften** stattfindet. Universitäten, Kliniken, Museen und Schulen, aber auch Firmen wie *Areva* oder der *TÜV* laden euch zum Experimentieren und Forschen ein. Nachmittags findet ein spezielles Kinderprogramm statt, bei dem ihr zum Beispiel ein Musikinstrument bauen, physikalische Phänomene ergründen oder euren Arm eingipsen lassen könnt!

VDIni-Club – Verein Deutscher Ingenieure e.V., ✆ 0911/554030. www.vdini-club.de. Geschäftsstelle BV Bayern-Nord, Frau Loch Mo – Fr 8 – 12 Uhr. Könnt ihr euch für Technik begeistern? Forscher 4 – 12 sind gefragt, wenn der Club zu spannenden Experimenten und interessanten Ausflügen einlädt. Auf der Webseite findet ihr viele Spiele!

Live-Tour durchs Stadion des 1. FCN

1. FCN Fan-Shop GmbH, Max-Morlock-Platz 1, 90471 Nürnberg. ✆ 0911/2173-333, www.fcn.de. **Bahn/Bus:** S2 bis Frankenstadion, Bus 44 bis Sportanlage FCN. **Auto:** ↗ Nürnberg-Fischbach, dann dynamischem Verkehrsleitsystem folgen. **Rad:** Regensburger Straße bis Hans-Kalb-Straße. **Zeiten:** 3 Std vor jedem Heimspiel, 75 – 90 Min. **Preise:** 8 €; Kinder 6 – 15 Jahre 4 €. **Infos:** Die Live-Tour kann erst gebucht werden, wenn sich Karten für das entsprechende Heimspiel im Verkauf befinden.

▶ Wolltet ihr schon immer mal in die Rolle eines Bundesligaspielers oder -trainers schlüpfen? Bei der Führung durchs *Grundig Stadion* könnt ihr einen Blick hinter die Kulissen eines professionellen Fußballver-

Wollt ihr nicht nur gucken, sondern kicken? Meldet euch an zum Fußball-Erlebnistag: Etwa 3 Std, 75 € mit Training, Turnier, Mittagessen und Ticket für das jeweilige Heimspiel. Termine auf der Internetseite.

eins werfen. Fangt die Stimmung im Presse- oder VIP-Bereich ein und erlebt hautnah, wie ein Heimspiel vorbereitet wird. Natürlich erfahrt ihr auch viel Wissenswertes über das Stadion und den 1. FC Nürnberg. Zum Schluss gibt es noch ein Gruppenfoto zur Erinnerung.

Burgen, Schlösser & Kirchen

Kaiserburg und Kaiserburg-Museum

Burgverwaltung Nürnberg, Auf der Burg 13, 90403 Nürnberg. ✆ 0911/2446590, www.kaiserburg-nuernberg.de. **Bahn/Bus:** Straba 4 bis Tiergärtnertor, Bus 36 bis Burgstraße. **Auto:** Altstadtring bis Rathenauplatz, über Maxtorgraben bis Vestnertorgraben, Parkmöglichkeiten Nähe Hauptmarkt. **Zeiten:** April – Sep 9 – 18, Okt – März 10 – 16 Uhr, 1. Jan, Faschingsdienstag, 24., 25., 31. Dez geschlossen. **Preise:** Palas mit Doppelkapelle, Kaiserburg-Museum 5,50 €, Tiefer Brunnen, Sinwellturm 3,50 €, Gesamtkarte 7 €; Kinder und Jugendliche bis 18 Jahre frei; Palas mit Doppelkapelle, Kaiserburg-Museum 4,50 €, Tiefer Brunnen, Sinwellturm 2,50 €, Gesamtkarte 6 €. **Infos:** Für Ausstellungen im Palas: Audioguide in 6 Sprachen und eine Version für Kinder, 2 €.

Maria-Sibylla-Merian-Garten, Auf der Burg 13, Nürnberg. ✆ 0911/2446590. www.kaiserburg-nuernberg.de. April – Okt So, Mo 14 – 18 Uhr frei zugänglich. Zwischen Heidenturm und Himmelsstallung findet ihr Pflanzen und Kräuter aus den Studien der Nürnberger Naturforscherin *Maria Sibylla Merian* (1647 – 1717).

▶ Die Kaiserburg ist das Wahrzeichen Nürnbergs. Die mächtige Burganlage zeugt von Einfluss und Bedeutung der Reichsstadt, die Nürnberg auch dank seiner Lage an bedeutenden Fernstraßen bereits seit dem Mittelalter besaß. Erfahrt im **Museum der Kaiserburg** mehr über die Geschichte der Burg und staunt über gewaltige Ritterrüstungen sowie historische Schilde und Waffen. Macht euch bei einem Rundgang durch den **Palas** auch ein Bild vom Rittersaal und den ehemaligen Kammern des Kaisers. Außerdem solltet ihr euch auf keinen Fall einen Blick in den *Tiefen Brunnen* entgehen lassen und die überwältigende Aussicht vom **Sinwellturm** genießen.

*Als **Palas** werden die Saalbauten in mittelalterlichen Pfalzen oder Burgen bezeichnet.*

Typisch Nürnberg: Die Nürnberger Burg mit dem Sinwellturm

Zum Schluss bietet sich ein Spaziergang durch den Burggarten und den etwas versteckten **Bürgermeistergarten** an.

Älteste Pfarrkirche Nürnbergs: Die Sebalduskirche

Ev. Kirchengemeinde St. Sebald, Albrecht-Dürer-Platz 1/Winklerstraße 26, 90403 Nürnberg. ✆ 0911/2142500, 2142508 (Führungen). www.sebalduskirche.de. **Bahn/Bus:** S4, 6 bis Hallertor, U1, 11 bis Lorenzkirche, Bus 36 bis Burgstraße oder Hauptmarkt. **Auto:** Altstadtring bis Hallertor, über Augustinerstraße bis Winklerstraße, Parkmöglichkeit am Hauptmarkt. **Zeiten:** Büro Mo – Fr 9 – 17 Uhr, Kirche (außer während Gottesdienst) Jan – April 9.30 – 16, Mai – Dez 9.30 – 18, allgemeine Kirchenführung Mi, Sa 15 Uhr. **Preise:** allgemeine Führung frei, Turmführung 5 €, individuelle Kirchenführung 3,50 €; Kinder bis 14 Jahre Kirchenführung 2 €, Turmführung 3 €.

▶ Wann genau mit dem Bau der **Sebalduskirche** begonnen und wann sie fertiggestellt wurde, kann man heute nicht mehr ganz genau sagen. Die erste urkundliche Erwähnung des spätromanischen Bauwerks stammt jedenfalls vom 20. Juli 1255. Schaut euch die Pfarrkirche von innen an und lasst euch die einzigartigen Kunstwerke bei einer **Führung** erklären. Oder steigt bei einer Turmführung die rund 240 Stu-

*Bis 1945 war die bekannte **Traxdorf-Orgel** in der Sebalduskirche im Einsatz, bevor sie im Zweiten Weltkrieg zerstört wurde. Sie war 1440 vom Mainzer Orgelbauer **Heinrich Traxdorf** erbaut worden.*

fen bis zur Empore hinauf und staunt über die riesigen Kirchenglocken und die herrliche Aussicht auf die Stadt. Regelmäßig über das Jahr lädt *St. Sebald* außerdem zu beeindruckenden Konzerten ein und viermal jährlich findet ein spezieller Familiengottesdienst statt.

Das unterirdische Felsenlabyrinth entdecken

Historische Felsengänge Nürnberg, Bergstraße 19/21, 90403 Nürnberg. ✆ 0911/23602731, www.historische-felsengaenge.de. **Lage:** Treffpunkt beim Brauereiladen der Hausbrauerei Altstadthof. Dauer: 75 Min. **Bahn/Bus:** U1 bis Lorenzkirche, Straba 4 bis Tiergärtnertor, Bus 36 bis Hauptmarkt. **Auto:** Altstadtring bis Hallertor, über Winklerstraße, Sebalder Platz bis Bergstraße, Parkmöglichkeiten Nähe Hauptmarkt. **Zeiten:** Führungen Mo – Fr, So 11 – 18, Sa 11 – 19.30 Uhr. **Preise:** 6 €; Kinder ab 7 Jahre 5 €, bis 6 Jahre frei in Begleitung eines Erziehungsberechtigten; Familienkarte (nur So) 1 Erw, 2 Kinde bis 16 Jahre 6 €, 2 Erw, 4 Kinder bis 16 Jahre 12 €. **Infos:** Kinderführungen, z.B. als historische Erlebnisführung oder Schatzsuche.

▶ Wart ihr schon einmal in der Nürnberger Unterwelt? Ihr könnt das spannende Labyrinth aus Gewölben und Kellern bei einer Führung erkunden. Dabei erfahrt ihr zum Beispiel, dass die Felsengänge jahrhundertelang als Lagerräume für Bier genutzt wurden und im Zweiten Weltkrieg den Nürnbergern auch als Schutzbunker dienten. Lasst euch außerdem von den Farben des Buntsandsteins unter der Stadt faszinieren und ganz wichtig: Zieht euch warm an, denn die Temperaturen unter Tage liegen bei 8 – 10 Grad.

Happy Birthday!
Geburtstag mit Schatzsuche durchs Kellerlabyrinth, 80 € ca. 75 Min.

Förderverein Nürnberger Felsengänge e.V., Bergstraße 19, Nürnberg. ✆ 0911/23602731. www.felsengaenge-nuernberg.de. April – Okt täglich 15.15, Sa, So, Fei auch 16.15 Uhr. Führung Kasematten und Lochwasserleitung 7 €, Kinder ab 3 Jahre 6 €.

Museum Tucherschloss

Hirschelgasse 9 – 11, 90403 Nürnberg. ✆ 0911/231-5421, www.museen.nuernberg.de/tucherschloss. **Bahn/Bus:** U2, U3, Straba 8 bis Rathenauplatz, Bus 36 bis Innerer Laufer Platz. **Auto:** Parkhaus Sebalder

Höfe, Äußere Laufer Gasse. **Zeiten:** Mo 10 – 15, Do 13 – 17, So 10 – 17 Uhr, Fei ↗ Internetseite, So 14 Uhr Führung mit Katharina Tucher. **Preise:** 5 €, Führung zzgl. 2 – 2,50 €; Kinder ab 4 Jahre 3 €, Führung zzgl. 1 – 2,50 €; Familienkarte 1 Erw, 3 Kinder 5,50 €, 2 Erw, 3 Kinder 10,50 €, mit Nürnberg Pass Erw 3 €, Kinder ab 4 Jahre 1,50 €. **Infos:** Außerdem Erlebnisführung für Familien mit Kindern ab 7 Jahre (✆ 1331-238) und Führung für Blinde und Menschen mit Sehbehinderung (✆ 1331-241).

Die »Tucherin« bzw. ihr Double: Bevor die Witwe Katharina Tucher nach einem unglücklichen Sturz 1638 starb, vermachte sie ihr großes Vermögen ihren weiblichen Verwandten, treuen Bediensteten und Nürnberger Armen

▶ Das zwischen 1533 und 1544 errichtete Tucherschloss ist heute ein Museum. Viele Ausstellungsstücke, wie Möbel, Gemälde oder Tafelservice, stammen aus dem Originalbestand der Patrizierfamilie Tucher. Sonntags könnt ihr euch von der verkleideten *Katharina Tucher* durch das Gebäude führen lassen. Auf dem Weg durch Speisesaal oder Repräsentationsräume erzählt die Hausherrin euch einiges über das Leben im damaligen Nürnberg und auch, welchen Einfluss die Tucherfamilie durch ihre internationalen Handelsbeziehungen hatte. Bei den Familien-Erlebnisführungen dürft ihr sogar einiges aus dem Alltag der *Pfeffersäcke,* wie die Nürnberger Händlerfamilien auch genannt wurden, selbst ausprobieren. Über den Schlossgarten erreicht ihr den *Hirsvogelsaal* mit einem der schönsten Renaissance-Innenräume Deutschlands. Die prachtvolle Wandverkleidung stammt von dem Künstler *Peter Flötner,* das berühmte Deckengemälde schuf Dürer-Schüler *Georg Pencz.* Einmal im Jahr findet auf dem Gelände des Museums ein internationales **Sommerfest** statt, bei dem Nürnbergs Partnerstädte vorgestellt werden. Sonntags dürft ihr im Garten auch picknicken oder euch ein Boule-Spiel ausleihen.

Im Ortsteil *Gleißhammer* findet ihr den ehemaligen Herrensitz einer Patrizierfamilie, das *Zeltnerschloss.*

Museen & Stadtführungen

Puppenklinik, Unschlittplatz 12, Nürnberg. ✆ 0911/ 5902377. www.puppenklinik-peter.de. Mo – Fr 10 – 18, Sa 10 – 13 Uhr. Der Puppendoktor kümmert sich um kranke Puppen und verletzte Teddybären. Er repariert Puppenstuben, Kaufläden, Holzspielzeug und verkauft Spielzeug- sowie Puppenzubehör.

Die Welt des Spielzeugs

Spielzeugmuseum, Karlstraße 13 – 15, 90403 Nürnberg. ✆ 0911/231-3164, www.museen.nuernberg.de/spielzeugmuseum. **Bahn/Bus:** U1 bis Lorenzkirche, Straba 4 bis Hallertor, Bus 36 bis Weintraubengasse. **Auto:** Altstadtring bis Hallertor, über Weintraubengasse bis Karlstraße. **Rad:** Regnitzradweg bis Hallertor, weiter wie mit Auto. **Zeiten:** Di – Fr 10 – 17, Sa, So, Fei 10 – 18 Uhr, während Christkindlesmarkt auch Mo 10 – 17 Uhr, während Spielzeugmesse Mo – So 10 – 20 Uhr. **Preise:** 5 €; Kinder ab 4 Jahre 3 €; Familie 1 Erw, 3 Kinder 5,50 €, 2 Erw, 3 Kinder 10,50 €, Nürnberg Pass Erw 3 €, Kinder ab 4 Jahre 1,50 €.

▶ Puppenmacher, Zinnfigurenhersteller oder Blechspielzeugfabrikanten, sie alle hinterließen in den letzten Jahrhunderten ihre Spuren in der Spielzeugstadt Nürnberg. Dementsprechend zahlreich und vielseitig sind die Ausstellungsstücke, die ihr im Spielzeugmuseum begutachten könnt. Ob traditionelles Holzspielzeug, Biedermeier-Puppenstuben, erste Blechautos oder die Anfänge der Lego-Steine, ihr werdet staunen, mit welchen Spielwaren sich die Kinder lange vor euch die Zeit vertrieben. Natürlich könnt ihr auch selbst aktiv werden – mit Spielen aus Urgroßmutters Zeiten, Erkundungen im großen Außenbereich oder spannenden Mitmachaktionen.

Modelleisenbahn im Spielzeugmuseum: Noch mehr Eisenbahn gibt es nur im DB Museum!

© pmv, Sylvia Schaub

Kinder- und Jugendmuseum im Kachelbau

Michael-Ende-Straße 17, 90439 Nürnberg. ✆ 0911/60004-0, www.kindermuseum-nuernberg.de. **Bahn/Bus:** S1, U1, 2 bis Rothenburger Straße (Ausgang Schlachthofstraße). **Auto:** A73 bis Rothenburger Straße, wenige Parkmöglichkeiten in den umliegenden Straßen, am besten mit ÖV anreisen. **Zeiten:** Okt – Juni Sa 14 – 17.30, So, Fei 10 – 17.30 Uhr, 1. Jan, Rosenmontag, Faschingsdienstag, 24. – 26. Dez geschlossen. **Preise:** 7 €; Familienkarte 3 Pers 19 €, jedes weitere Kind ab 3 Jahre 2,50 €. **Infos:** Mit Eintrittskarte vom Museum ermäßigter Eintritt im Theater Mummpitz.

▶ Mitmachen und Anfassen ist im Kindermuseum ausdrücklich erlaubt! Lasst euch von Themen aus Geschichte, Natur, Technik und Kulturen anderer Länder begeistern und überraschen. Taucht ein in das Leben eurer Urgroßeltern mit Kolonialwarenladen und kleinem Postamt. Oder erforscht Tiere und Pflanzen im Labor oder Gewächshaus. Da monatlich wechselnde Aktivitäten angeboten werden, wird es im Kindermuseum nie langweilig.

Turm der Sinne

turmdersinne gGmbH, Spittlertorgraben 45 (Büro), 90429 Nürnberg. ✆ 0911/94432-81, www.turmdersinne.de. **Bahn/Bus:** U1 bis Weißer Turm, Straba 4, 6, Bus 36 bis Obere Turnstraße. **Auto:** Altstadtring bis Spittlertorgraben. **Zeiten:** Di – Fr 13 – 17, Sa, So, Fei 11 – 17, Schulferien Mo – So 11 – 17 Uhr. **Preise:** 7 €; Kinder ab 7 Jahre, Schüler, Studenten, Menschen mit Behinderung, Nürnberg-Pass 5 €; Familie (2 Erw, Kinder) 17 €, weitere Vergünstigungen für Familien auf der Internetseite.

▶ *Erleben, Staunen, Be-greifen* heißt das Motto im kleinsten *Science Center* der Welt. In dem historischen Stadtmauerturm könnt ihr euch auf fünf Stockwerken überraschenden Illusionen hingeben und eindrucksvolle Leistungen unserer Wahrnehmung erfahren. Die Ausstellung dreht sich um Täuschungen, um das Gleichgewicht, um Riechen und Schmecken. Maskottchen *Heiner* klärt euch außerdem über den Zusammenhang von Gehirn und Tastempfinden auf.

Happy Birthday!
Wählt unter Themen wie *Forscherreise* oder *Chemische Experimente*. Max. 15 Pers ab 6 Jahre 150 €, 14 Tage im Voraus anmelden.

Theater Mummpitz im Kachelbau, Michael-Ende-Straße 17, Nürnberg. ✆ 0911/600050. www.theater-mummpitz.de. 10,50 €, Kinder bis 13 Jahre 6,50 €, ab 14 Jahre 8,50 €.

Kulturladen Schloss Almoshof, Almoshofer Hauptstraße 49 – 53, Nürnberg. ✆ 0911/93449470. www.kuf-kultur.de. Büro Mo, Do, Fr 9 – 12, Di 14 – 16.30 Uhr, Ausstellung Mo – Fr 10 – 12, 14 – 16.30, So 14 – 18 Uhr mit Kunstcafé. Theater-, Bastel- und Spielaktionen, Ferienaktivitäten, kunstvoller Weihnachtsmarkt.

Germanisches Nationalmuseum (GNM)

Kartäusergasse 1, 90402 Nürnberg. ✆ 0911/1331-0, www.gnm.de. **Bahn/Bus:** R-, S-Bahn, U3 bis Nürnberg Hbf, U1 bis Lorenzkirche, U2 bis Opernhaus. **Auto:** Altstadtring bis Frauentorgraben, über Königstraße, Klaragasse bis Kornmarkt, Parkhäuser in der Umgebung. **Zeiten:** Di, Do – So 10 – 18, Mi 10 – 21 Uhr. **Preise:** 8 €, Führung zzgl. 2 €; Schüler 5 €, Führung zzgl. 2 €; Familie 2 Erw, 4 Kinder 10 €, Mi ab 18 Uhr freier Eintritt ausgenommen Sonderausstellung.

▶ Das größte kulturhistorische Museum des deutschen Sprachraums sitzt in Nürnberg. Dementsprechend viel könnt ihr hier entdecken. Ob es um medizinische Geräte geht oder um Kleiderstile seit 1700, um historisches Spielzeug oder die Entwicklung der Musikinstrumente – es gibt hier bestimmt einen Bereich, der auch euch interessiert. Besonders spannend ist auch die Ausstellung der wissenschaftlichen Instrumente gleich im Foyer, wo ihr Taschen- und Sonnenuhren, optische Geräte und Globen bestaunen könnt. Außerdem seht ihr hier die berühmte *Henlein-Uhr.* Bis heute wird in der Fachwelt darüber spekuliert, ob die Uhr wirklich von dem Nürnberger *Peter Henlein* (1479 – 1542) gefertigt wurde und ob sie die älteste erhaltene Taschenuhr der Welt ist. Über das **KPZ** werden spannende Führungen für Kinder und Familien angeboten. Jeden So könnt ihr 10.45 – 12.15 Uhr an einer Kindermalstunde teilnehmen (nicht in den Sommerschulferien, ab 4 Jahre, 2 €).

Happy Birthday! Kinderthemengeburtstage, zum Beispiel mit Rittern oder Zauberern, ab 5 Jahre, 90 € zzgl. Materialgeld, ✆ 1331-286.

KPZ, Kunst- und Kulturpädagogisches Zentrum der Museen in Nürnberg, Kartäusergasse 1, Nürnberg. ✆ 0911/1331-238. www.kpz-nuernberg.de. Mo – Do 9 – 15, Fr 9 – 13 Uhr.

Neues Museum Nürnberg (nmn)

Staatliches Museum für Kunst und Design in Nürnberg, Luitpoldstraße 5 (Eingang Klarissenplatz), 90402 Nürnberg. ✆ 0911/2402069, www.nmn.de. **Bahn/Bus:** U1, 2, 3, Straba 8 bis Nürnberg Hbf. **Auto:** Altstadtring bis Bhf, über Königstraße bis Luitpoldstraße, Parkmöglichkeiten im Umkreis. **Zeiten:** Di – So, Fei 10 – 18, Do 10 – 20 Uhr, Rosenmontag, Karfreitag, 24., 25, 31. Dez geschlossen, Kinderführung 1. und 3.

So im Monat etwa 1,5 Std. **Preise:** Sammlung 4 €, So 1 €, Ausstellung (inkl. Sammlung) 6 €; Kinder unter 18 Jahren frei, Kinderführung 3 €; ermäßigt (Studenten, Behinderte, Rentner) Sammlung 3 €, Ausstellung (inkl. Sammlung) 5 €.

Das Neue Museum aus ungewohntem Blickwinkel: Was Kunst ist, liegt im Auge des Betrachters

Foto © Neues Museum, Claudia Marquardt

▶ Lasst euch beeindrucken von Malerei, Skulpturen, Fotografie, Videokunst und noch viel mehr. Das Neue Museum zeigt euch auf einer riesigen Ausstellungsfläche Kunst- und Design-Präsentationen von den 50er-Jahren bis in die heutige Zeit. Ihr könnt die Sammlungen zum Beispiel auch über eine der Kinderführungen (ab 6 Jahre) erkunden, die jeden Monat zu einem anderen Thema angeboten werden. Dabei seht ihr euch erst gemeinsam die Kunstwerke an, sprecht über sie und werdet anschließend in den Werkräumen selbst künstlerisch aktiv. Außerdem werden interessante Ferienworkshops angeboten.

Zwischen Handwerkerhof und Neuem Museum befindet sich ein *Skulpturengarten*, der tagsüber frei zugänglich ist. Das Neue Museum bietet hier 1 x im Monat eine Führung an (2 €).

Töne, Bilder, Zeichen: Museum für Kommunikation Nürnberg

Lessingstraße 6 (im DB Museum), 90443 Nürnberg. ✆ 0911/230880, www.mfk-nuernberg.de. **Bahn/Bus:** U2, 3 bis Opernhaus, S1, 2, 4 bis Nbg-Steinbühl oder Bahn bis Hbf und 10 Min Fußweg. **Auto:** Über Altstadtring bis Lessingstraße. **Zeiten:** Di – Fr 9 – 17, Sa, So, Fei 10 – 18 Uhr, 1., 6., 7. Jan, Karfreitag, 1. Mai, 24., 25, 31. Dez geschlossen. **Preise:** 5 €; Kinder 6 – 17 Jahre 2,50 €; Familie (2 Erw, 4 Kinder) 10 €, ermäßigt (z.B. Senioren, Schwerbehinderte) 4 €. Preise gelten für Kommunikation und DB Museum. **Infos:** Sonntags-Werkstatt jeden So 14 – 16 Uhr ohne Anmeldung.

Happy Birthday! Schlüpft in die Rolle von Agenten oder bastelt und experimentiert an euren eigenen Porträts! 80 € für 9 Geburtstagsgäste, 2 Std.

▶ Ohne Kontakt zu anderen Menschen wäre das Leben ziemlich einsam und langweilig. Deshalb wird jeden Tag kommuniziert, mit Worten, mit Gesten oder auch schriftlich. Im Museum für Kommunikation entdeckt und erlebt ihr interessante Dinge rund um Sprache, Töne, Bilder, Buchstaben, Schriftzeichen und das Internet. An den Mitmach-Stationen, wie Schreibwerkstatt, Rohrpost oder als Moderator im TV-Studio, könnt ihr sogar selbst aktiv werden. Außerdem lockt das Museum regelmäßig mit der spannenden Sonntags-Werkstatt. Seid dabei, wenn die Hieroglyphen der alten Ägypter entziffert werden oder verschlüsselt selbst einmal eine geheime Botschaft!

@ Auf der Seite des Bundesministeriums für Familie, Senioren, Frauen und Jugend, www.bmfsfj.de, könnt ihr euch eine Broschüre bestellen, in der die UN-Kinderkonvention kindgerecht erklärt wird.

Straße der Kinderrechte

Amt für Kinder, Jugendliche und Familien – Jugendamt/Kinderkommission, Dietzstraße 4, 90443 Nürnberg. ✆ 0911/231-3870, www.jugendamt.de, kinderkommission@stadt.nuernberg.de. **Lage:** Im Stadtpark, Zugang über Bayreuther Straße. **Bahn/Bus:** U2 bis Rennweg, Bus 46, 47 bis Friedenstraße. **Auto:** Über B2, Bayreuther Straße. **Zeiten:** frei zugänglich.

▶ Wisst ihr, welche Rechte alle Kinder auf der Welt haben? Fast alle Staaten der Erde haben 1989 einen Vertrag über Kinderrechte, die sogenannte *UN-Kinderrechtskonvention* abgeschlossen. So hat jedes Kind ein Recht auf Gesundheit, auf Bildung, auf Schutz vor Gewaltanwendung, aber auch ein Recht auf Spiel und Freizeit. Im Nürnberger *Stadtpark* wurde 2007 eine **Straße der Kinderrechte** eröffnet, die Kinder mithilfe von Künstlern gestaltet haben. An acht Stationen könnt ihr euch über Grundrechte aus der UN-Kinderrechtskonvention informieren und auch selbst aktiv werden. Beim Buchstabenbaum müsst ihr zum Beispiel einen versteckten Satz erraten, eine Schildkröte versorgt euch im Sommer mit frischem Trinkwasser und an Station 4 könnt ihr den Gleichheitsfiguren euer Gesicht leihen.

Nicht für alle Kinder lacht die Sonne: Die Straße der Kinderrechte klärt über eure Rechte auf

© pmv, Sylvia Schaub

Das DB-Museum: Alles rund um die Eisenbahn

Im Kinderbahnland könnt ihr selbst aktiv werden

© pmv, Sylvia Schaub

Deutsche Bahn Stiftung gGmbH, Lessingstraße 6, 90443 Nürnberg. ✆ 0800/32687386, www.dbmuseum.de. **Bahn/Bus:** U2, 3 bis Opernhaus, S1, 2, 4 bis Nbg-Steinbühl oder Bahn bis Hbf und 10 Min Fußweg. **Auto:** Über Altstadtring Richtung Hbf bis Lessingstraße. **Zeiten:** Di – Fr 9 – 17, Sa, So, Fei 10 – 18 Uhr, Freigelände Nov – März bis 16 Uhr, Karfreitag, 1. Mai, 24., 25., 31. Dez geschlossen. **Preise:** 5 €; Kinder 6 – 17 Jahre 2,50 €; Familie (3 Erw, 4 Kinder) 10 €, ermäßigt (z.B. Senioren, Schwerbehinderte) 4 €. **Infos:** Eintritt zur Bibliothek und Dokumentationsstelle frei.

▶ Wart Ihr schon einmal im ältesten Eisenbahnmuseum Deutschlands? Hier könnt ihr die erste Dampflok, den *Adler,* oder einen ICE bestaunen. Bei den Modelleisenbahnen bekommt ihr dann einen Überblick über ein komplettes Schienennetz. Warum fahren Züge überhaupt auf Gleisen und wie kamen die Waggons voran, als es noch keine Dampflok gab? Diesen und anderen Fragen könnt ihr auf den Grund gehen. Auf dem Freigelände dürft ihr selbst Signale stellen oder auf dem *Zeitgleis* eine kleine Zeitreise machen. *Anfassen, spielen und mitmachen* lautet das Motto dann im Kinderbahnland, einer eigenen Abteilung speziell für euch!

@ Schaut immer mal wieder auf den Veranstaltungskalender im Internet. Das DB Museum bietet im Laufe des Jahres spannende Ausstellungen und Mitmach-Aktionen an.

Dokumentationszentrum Reichsparteitagsgelände

Bayernstraße 110, 90478 Nürnberg. ✆ 0911/231-7538, www.museen.nuernberg.de/dokuzentrum. **Bahn/Bus:** S2 bis Dutzendteich Bhf, Straba 9, Bus 36,

55, 65 bis Doku-Zentrum. **Auto:** B4 bis Bayernstraße. **Zeiten:** Mo – Fr 9 – 18, Sa, So, Fei 10 – 18 Uhr. **Preise:** 5 €; Kinder ab 4 Jahre 3 €; Familie 1 Erw, 3 Kinder 5,50 €, 2 Erw, 3 Kinder 10,50 €, Nürnberg Pass Erw 3 €, Kinder ab 4 Jahre 1,50 €. **Infos:** Audioguide in 7 Sprachen und spezielle Beiträge für Jugendliche, Gruppen mit Voranmeldung unter 231-5666.

▶ Habt ihr mit euren Eltern oder in der Schule schon über das Thema Nationalsozialismus gesprochen? Dann könnt ihr diesem finsteren Kapitel deutscher Geschichte an Originalschauplätzen ganz nahe kommen. 1933 – 1938 hielt die NSDAP auf diesem Gelände ihre Reichsparteitage ab. Heute informiert die Dauerausstellung ausführlich über die Zusammenhänge und Hintergründe im Dritten Reich, wobei die Stellung Nürnbergs besonders hervorgehoben wird. Ton- und Filmaufnahmen, Computeranimationen sowie eindrucksvolle Bilder veranschaulichen die geschichtlichen Fakten und ein Blick auf das riesige, nicht fertig gestellte Kongresszentrum hinterlässt einen bleibenden Eindruck.

Museum Industriekultur

Äußere Sulzbacher Straße 62, 90491 Nürnberg. ✆ 0911/231-3875, www.museen.nuernberg.de /museum-industriekultur. **Bahn/Bus:** Straba 8 bis Tafelhalle. **Auto:** A3 bis Nürnberg-Behringersdorf, über B14 bis Äußere Sulzbacher Straße. **Zeiten:** Di – Fr 9 – 17, Sa, So, Fei 10 – 18 Uhr. **Preise:** 5 €; Kinder ab 4 Jahre 3 €; Familie 1 Erw, 3 Kinder 5,50 €, 2 Erw, 3 Kinder 10,50 €, Nürnberg Pass Erw 3 €, Kinder ab 4 Jahre 1,50 €.

▶ Das Alltagsleben der Menschen im industriellen Zeitalter, quer durch alle Gesellschaftsschichten, bis in die heutige Zeit steht im Mittelpunkt der Ausstellung. Besucht das erste Nürnberger Kino und ein original Klassenzimmer von 1910. Oder lasst euch von einer Bleisatz-Druckerei der 1930er-Jahre beeindrucken und staunt über die Entwicklung vom Fahrrad zum **Motorrad.** Im Lern- und Spaßlabor dürft ihr dann

Schwurgerichtssaal – Memorium Nürnberger Prozesse, Bärenschanzstraße 72, Nürnberg. ✆ 0911/321-79372. wwwmemorium-nuernberg.de. Mi – Mo 10 – 18 Uhr, Führung Sa, So 14 Uhr. 5 €, Führung zzgl. 3 €, Kinder 4 – 17 Jahre 3 €, Führung zzgl. 2 €, Familie 1 Erw, 3 Kinder 5,50 €, 2 Erw, 3 Kinder 10,50 €.

Schulmuseum, Einrichtung der Universität Erlangen-Nürnberg, Lehrstuhl Pädagogik I, Äußere Sulzbacher Straße 62, Nürnberg. ✆ 0911/5302-574. www.museen.nuernberg.de/schulmuseum. Seit 2008 ins Museum Industriekultur integriert.

1922 brachten die Nürnberger Zündapp-Werke das erste ***Motorrad für Jedermann*** *heraus.*

an 20 Versuchsstationen selbst experimentieren und technische Vorgänge begreifen.

Wie auf der Kirmes: Ein Spiegel im Industriemuseum stellt alles auf den Kopf

© pmv, Sylvia Schaub

Albrecht-Dürer-Haus

Albrecht-Dürer-Straße 39, 90403 Nürnberg. ✆ 0911/231-2568, www.museen.nuernberg.de/duererhaus. **Bahn/Bus:** U1 bis Lorenzkirche, Straba 4 bis Tiergärtnertor, Bus 36 bis Burgstraße. **Auto:** Altstadtring bis Hallertor, über Weintraubengasse, Augustinerstraße, Winklerstraße, Sebalder Platz, Füll bis Albrecht-Dürer-Straße, Parken am Hauptmarkt, Augustinerstraße. **Zeiten:** Di, Mi, Fr 10 – 17, Do 10 – 20, Sa, So, Fei 10 – 18 Uhr, während Christkindlesmarkt auch Mo 10 – 17 Uhr. **Preise:** 5 €, Führung 2,50 €; Kinder ab 4 Jahre 3 €, Führung 1 €; Familie 1 Erw, 3 Kinder 5,50 €, 2 Erw, 3 Kinder 10,50 €, Nürnberg Pass Erw 3 €, Kinder 1,50 €. **Infos:** Audioführungen in 7 Sprachen, Kinder-Audioführung deutsch.

▶ Erkundet das alte Fachwerkhaus, in dem Nürnbergs berühmtester Künstler **Albrecht Dürer** (1471 – 1528) 1509 – 1528 wohnte und arbeitete. Es entging der Zerstörung im Zweiten Weltkrieg und ist das einzige erhaltene Künstlerhaus des Spätmittelalters in Nordeuropa. Regelmäßige Vorführungen in der *lebenden Werkstatt* bringen euch Dürers Mal- und Drucktechniken näher. Außerdem bekommt ihr in den Wohnräumen eine Vorstellung vom Leben wohlhabender Bürger zu jener Zeit. Da Albrecht Dürers Originalwerke in der ganzen Welt ausgestellt werden, könnt ihr seine Zeichnungen und Gemälde über eine interaktive Medienstation bewundern. Lasst euch von Hausherrin *Agnes Dürer* auch mal persönlich durch das Haus führen und lauscht ihren spannenden Erzählungen. Die Termine findet ihr auf der Internetseite. Karten möglichst vorbestellen!

Albrecht Dürer *machte zunächst eine Ausbildung als Goldschmied, bevor er bei dem Nürnberger Maler Michael Wolgemut in die Lehre ging. Dürer zeichnete einige seiner Bilder ausschließlich nach Beschreibungen und Skizzen – zum Beispiel das bekannte Rhinoceros. Er selbst hatte dieses Tier nie gesehen!*

Oskar und das Geheimnis der verschwundenen Kinder, ISBN 978-3-86272-300-3, eBook 5,99 €.

Oskar Stadtführungen, Nürnberg. ✆ 0176/24215-863. www.oskar-fuehrungen-nuernberg.de. Treffpunkt und Termine im Internet. Rundgänge nach den beliebten Kinderbüchern von *Claudia Frieser.* 9 €, Kinder 5 €, Familie 2 Erw, 3 Kinder 20 €.

Die mittelalterliche Stadt entdecken

Verein der Gästeführer Nürnbergs Die Stadtführer e.V., Spitalgasse 22, 90403 Nürnberg. ✆ 0911/35064631, www.nuernberg-tours.de. **Start** Meist in der Innenstadt, Treffpunkte ↗ Internetseite. **Bahn/Bus:** Bahn oder Straba 5, 8, 9, U1, 2, 3 bis Hbf, U1 bis Lorenzkirche. **Auto:** ↗ Nürnberg. **Rad:** Paneuropa- oder Burgenstraße-Radweg bis Altstadt. **Zeiten:** Termine im Internet. **Preise:** 9 €; Kinder 5 €; Familie 2 Erw, 3 Kinder 20 €. **Infos:** Regelmäßige Altstadtführungen in verschiedenen Sprachen, auch in Gebärdensprache.

▶ Wer Nürnberg nicht auf eigene Faust erkunden möchte, kann sich führen lassen. Ihr habt die Möglichkeit, euch für die täglich stattfindende Altstadtführung zu entscheiden, eine Themenführung zu buchen oder mit Erzählern in historischen Gewändern auf Entdeckungstour zu gehen. Oder ihr wählt eine der spannenden Kindertouren aus, wie zum Beispiel *Im Dunkeln durch die Stadt* oder *Knacke den Code! Die etwas andere Stadtrallye.* Eine spezielle Führung rund ums Christkind gibt es natürlich auch.

BÜHNE, LEINWAND & AKTIONEN

Kunst & Kindertheater

Kunstvilla im KunstKulturQuartier

Blumenstraße 17, 90402 Nürnberg. ✆ 0911/231-14015, www.kunstvilla.org. **Bahn/Bus:** ↗ Nürnberg Hbf, U2 bis Wöhrder Wiese, Straba 8 bis Marientor. **Auto:** Altstadtring bis Marienstraße, über Gleißbühlstraße bis Blumenstraße. **Zeiten:** Di, Do – So, Fei 10 – 18, Mi 10 – 20 Uhr, KinderKunstwerkstatt So 14.30 – 16.30 Uhr (nicht in den Sommerferien). **Preise:** 5 €, Führung 2 €; Kinder bis 18 Jahre frei, Kunstwerkstatt 3 €; Schüler und Studenten ab 18 Jahre sowie Nürnberg-Pass-Inhaber 2,50 €, Gruppen ab 15 Pers 3 € pro Person. **Infos:** Mi ab 18 Uhr freier Eintritt.

▶ Ihr denkt, Kunst sei langweilig? Dann begebt euch doch einmal in die Kunstvilla und besucht die offene

KinderKunstwerkstatt. Hier wird nach einer Bildbetrachtung selbst fleißig gewerkelt, gemalt, geschnipselt oder geklebt. Seit Mai 2014 gibt es in Nürnberg dieses neue Zentrum für regionale Kunstgeschichte von 1900 bis in die Gegenwart. Auf 600 qm Fläche finden außerdem zwei Sonderausstellungen pro Jahr und zahlreiche Führungen, Veranstaltungen und Workshops statt.

arttostart Kunstraum, Lorenzer Straße 31, Galerienhaus N° 31, 3. Stock, Nürnberg. ✆ 0162/2672775. www.arttostart.de. Sa 11 – 16 Uhr Offenes Kinderatelier 10 €/Std, Geschwisterkind zur selben Zeit 8 €/Std inkl. Zeichenmaterial, Getränk und Snack, außerdem Trimester- und Ferienkurse.

Marionetten-Theater im Cramer-Klett-Park

Äußere Cramer-Klett-Straße, 90489 Nürnberg. ✆ 0911/98333962, Handy 0173/4315586 (Karten Mo – Fr 18 – 20 Uhr). www.nuernberger-marionetten-theater.de. **Bahn/Bus:** U2, U3, Straba 8 bis Rathenauplatz, Bus 36 bis Harmonistraße. **Auto:** Aus Richtung Norden über Äußere Bayreuther Straße, Bayreuther Straße, Rathenauplatz. Aus Richtung Süden über Frauentorgraben, Gleißbühlstraße, Laufertorgraben. **Zeiten:** März – Okt So 15 Uhr. **Preise:** 6 €; Kinder 5 €.

▶ Der öffentliche **Cramer-Klett-Park** war Anfang des 19. Jahrhunderts Privatgelände der Fabrikantenfamilie Cramer-Klett. 1823 wurde in dem Garten rund um die Villa der **Apollotempel** als klassizistischer Gartenpavillon errichtet. Die Frauenfigur auf der Kuppel wurde allerdings erst 1934 ergänzt. In dem Tempel ist heute das zauberhafte Marionetten-Theater zuhause, das von den Enkelkindern des Puppenschnitzers *Kurt Tomaschek* geführt wird. In dem kleinen Familientheater werden bekannte Märchen wie *Schneewittchen* oder *Rumpelstilzchen* aufgeführt. Die Texte zu den Stücken, die teilweise noch vom Gründerpaar Tomaschek gesprochen wurden, werden vom Band abgespielt. Pro Stück gibt es fünf bis

Das tapfere Schneiderlein: Mit der Zunge noch geschickter als mit Nadel und Faden

sechs Bühnenbilder, die nach einer Szene möglichst schnell hinter dem geschlossenen Vorhang gewechselt werden müssen. Und nun Licht aus und Vorhang auf, das Puppenspiel kann beginnen! Empfohlen für Kinder ab 5 Jahre.

Theater Pfütze

Äußerer Laufer Platz 22, 90403 Nürnberg. ✆ 0911/289909, www.theater-pfuetze.de. **Bahn/Bus:** U2, 3, Straba 8 bis Rathenauplatz, Bus 36 bis Laufer Tor. **Auto:** Altstadtring bis Rathenauplatz, über Laufer Tor bis Äußerer Laufer Platz. **Zeiten:** Spielplan auf der Internetseite. **Preise:** 13 – 14 €; Kinder 7,50 – 8,50 €; ermäßigt 10 – 11 €, Familienkarte: Erw mit Kind zahlt ermäßigten Preis. Vorstellungen der *jungenMET* sind für Familien mit Nürnberg Pass oder Fürthersozialpass kostenfrei.

Lust auf einen Theaterkurs? Oder wollt ihr mit der ganzen Familie eine spielerische (und kostenlose) Einführung in eine Pfütze-Inszenierung erleben? Infos und Anmeldung ✆ 2707915, ockelmann@theater-pfuetze.de.

▶ Mitten in die Nürnberger Altstadt wurde 2007 das neue Theaterhaus des Theaters Pfütze gebaut. Hier könnt ihr euch an ausgesuchten und aufwändig bearbeiteten Schauspielstücken wie *Die Busfahrerin* oder *Noahs Arche und das letzte Omron* erfreuen. Die Älteren unter euch lassen sich sicher gern von den Darbietungen *Krabat* oder *Cyrano* in den Bann ziehen. In Kooperation mit dem Stadttheater Fürth sollen Kinder und Jugendliche über Aufführungen der *jungenMET* auch an zeitgenössisches Musiktheater herangeführt werden.

Spielen, nähen, forschen

Mensch ärgere dich nicht: Deutsches Spielearchiv

Egidienplatz 23, 90403 Nürnberg. ✆ 0911/231-14810, www.museen.nuernberg.de/spielearchiv. **Bahn/Bus:** U2, U3, Straba 8 bis Rathenauplatz, Bus 36 bis Egidienplatz. **Auto:** B2, Bayreuther Straße oder B14, Sulzbacher Straße bis Rathenauplatz, Laufer Tor,

Äußere und Innere Laufer Gasse bis Egidienplatz. **Rad:** Paneuropa-Radweg bis Altstadtring, über Rathenauplatz, weiter wie mit Auto. **Zeiten:** Öffentliche Spielenachmittage ↗ Internetseite, Benutzung der Bibliothek, Besichtigung der Sammlung nach Anmeldung. **Preise:** Spielenachmittag kostenfrei, Spende erbeten.

▶ Wer von euch spielt nicht gerne? Zum Beispiel *Hase und Igel, Sagaland* oder *Scotland Yard,* um nur einige der Spiele zu nennen, die in den letzten 35 Jahren zum *Spiel des Jahres* gekürt wurden. Im deutschen Spielearchiv, das seit 2010 seinen Sitz in Nürnberg hat, wurden bislang mehr als 30.000 Gesellschaftsspiele von 1945 bis heute gesammelt. Damit auch ihr etwas von dem riesigen Fundus habt, lockt das Archiv regelmäßig mit Veranstaltungen, wie zum Beispiel dem Spiele-Fest und Spielenachmittagen für Familien.

*Die **Bierdeckel-Deklaration** legt fest, dass auch die Spielerfinder namentlich auf dem jeweiligen Spiel genannt werden.*

Nähe dir dein Kuscheltier!

Nähladen Wunderburg, Ulrike Bullmann, Wunderburggasse 3, 90403 Nürnberg. www.naehladen-wunderburg.de. **Bahn/Bus:** U1 bis Lorenzkirche, Bus 36 bis Egidienplatz, Bus 46/47 bis Heilig-Geist-Spital. **Auto:** Über Obstmarkt, Hans-Sachs-Gasse, Neue Gasse bis Wunderburggasse, wenige Stellplätze, Parkmöglichkeit Tiefgarage Hans-Sachs-Platz. **Zeiten:** Laden Di – Fr 10 – 13 und 14 – 18, Sa 10 – 14 Uhr. Nähwerkstatt z.B. Kinder-Näh-Freitag 14 – 17 Uhr, Offene Nähwerkstatt Sa 14 – 17 Uhr zu festen Terminen, viele weitere

Eifrige Näherinnen: Zuschneiden, abstecken, nähen – stolz sein!

© pmv, Sylvia Schaub

↗ Webseite sowie nach Vereinbarung. **Preise:** z.B. Krims-Krams-Tasche 2 Std 22 € inkl. Material, Anfänger-Workshop ab 8 oder 10 Jahre 26 €, Kinder-Näh-Freitag 3 Std 22 € zzgl. Material. **Infos:** Nähkurse für Kinder 8 – 12, 12 – 16 Jahre und Erw.

▶ Habt ihr schon einmal daran gedacht, euch selbst ein Kleid oder eine Hose zu nähen? Dann schaut doch einmal im Nähladen Wunderburg vorbei! Ob ihr totale Anfänger seid oder schon Vorkenntnisse habt, spielt dabei keine Rolle. Beim **Kinder-Näh-Freitag** (8 – 16 Jahre) oder in den **Ferienkursen** habt ihr die Möglichkeit, einfache Kleider, Röcke, Hosen, Taschen oder auch Kuscheltiere zu nähen. Einen schönen Stoff sucht ihr euch im Laden aus und los geht es an die Nähmaschinen!

Kinder an die Uni!

Kinder-Uni Organisation, Amt für Kultur und Freizeit, Michael-Ende-Straße 17, 90439 Nürnberg. ✆ 0911/ 231-2248, www.kinderuni-nuernberg.de. **Zeiten:** Sommer- und Wintersemester, Veranstaltungen meist in den Ferien. **Preise:** kostenlos.

▶ Wie funktionieren unsere Muskeln? Wie wird ein Getränkeautomat programmiert? Vielleicht interessiert euch aber auch eine fesselnde Roboterschnitzeljagd oder die Weltreise eines deutschen T-Shirts? Wenn ihr solchen spannenden Fragen auf den Grund gehen wollt und zwischen 8 und 12 Jahre alt seid, dann besorgt euch das Studienverzeichnis der Kinderuni, das zweimal im Jahr erscheint. Angeboten werden Vorlesungen, Seminare und Übungen aus zahlreichen wissenschaftlichen Bereichen, wie beispielsweise Medizin, Technik oder Musik. Sie finden direkt an den jeweiligen Hochschulen und Instituten statt und werden von den entsprechenden Professoren geleitet. Wenn ihr in eurem Studienbuch Stempel von sechs besuchten Angeboten gesammelt habt, dürft ihr euch auf euer *Diplom* freuen, das alle zwei Jahre in einer feierlichen Zeremonie verliehen wird.

Einen Stempel erhaltet ihr auch, wenn ihr eine Kinderveranstaltung der *Langen ↗ Nacht der Wissenschaften* besucht.

Kinderprogramm & Bibliothek

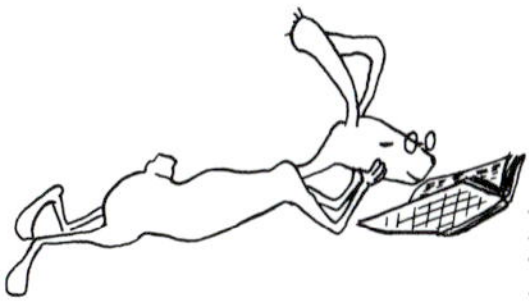

Spiel & Sport in den Kinder- und Jugendhäusern

Amt für Kinder, Jugend und Familie – Jugendamt, Dietzstraße 4, 90443 Nürnberg. ✆ 0911/231-3208, www.jugendamt.nuernberg.de. **Zeiten:** Mo, Di, Do 8.30 – 15.30, Mi, Fr 8.30 – 12.30 Uhr. **Infos:** Kontaktdaten und Öffnungszeiten der Jugendhäuser findet ihr auf der Internetseite des Jugendamtes. **Preise:** Sommer im Süden, z.B. bei Mikado 5 Tage 8 € pro Tag. **Infos:** www.sommer-im-sueden.de.

▶ Zahlreiche Kinder- und Jugendhäuser in Nürnberg von A wie *ALF* bis Z wie *z.punkt* bieten Programme und Veranstaltungen für Kinder und Jugendliche 6 – 22 Jahre. Egal, ob ihr in *St. Johannis, Wöhrd, Langwasser* oder *Worzeldorf* wohnt, erkundigt euch, welches Kinderhaus in eurer Nähe ist und macht mit bei Sport, Theater, Gestalten und vielen weiteren tollen Angeboten! Die Kinder- und Jugendhäuser **Mikado, Mosaik, Suspect** und **z.punkt** organisieren zudem für Kinder ab 6 Jahre das Ferienprogramm *Sommer im Süden.*

Leiht euch für eure nächste Feier den *Äktschnbus,* 100 €, Spielekiste 30 €, ✆ 0911/231-5595. Im Online-Programm *Winter in Nürnberg* findet ihr Sport- und Kulturangebote für Kinder von 4 – 16 Jahren.

Sachbücher, Märchen, Hörspiele & Co

Stadtbibliothek Zentrum, Gewerbemuseumsplatz 4, 90403 Nürnberg. ✆ 0911/231-7565, www.nuernberg.de. **Bahn/Bus:** U2, 3 bis Wöhrder Wiese, U1 bis Lorenzkirche, Straba 8 bis Marientor. **Auto:** Altstadtring bis Marientorgraben, Parkhäuser in der Umgebung. **Rad:** Paneuropa-Radweg, 5-Flüsse-Radweg bis Marientorgraben. **Zeiten:** Mo – Fr 11 – 19, Sa 11 – 16 Uhr, 24-Stunden-Rückgabeautomat. **Preise:** kostenlos, Gebühren für Vormerkungen und längere Leihfristen.

▶ In der 2012 neu eröffneten Zentralstelle der Stadtbibliothek gibt es, was Medien betrifft, eigentlich nichts, was es nicht gibt. Ein ganzes Stockwerk ist nur für euch reserviert mit Kinder- und Jugendromanen, Sachbüchern, Kassetten, CDs, DVDs, Kon-

Die Kinderküche, Friedenstraße 11, Nürnberg. ✆ 0911/8106060. www.diekinderkueche.de. Koch- und Backkurse für Kinder 6 – 16 Jahre Mo – Fr 15 – 18, Sa 10 – 13, 14 – 17 Uhr, für Kinder 4 – 5 Jahre Mo – Fr 16 – 18 Uhr (auf Anfrage). Kinder 6 – 16 Jahre 29 €, 4 – 5 Jahre 18 €; telefonische Anmeldung Mo – Fr 9 – 13 Uhr.

solenspielen, Lernhilfen, Hörbüchern und Zeitschriften. In gemütlichen Lese- und Spielecken könnt ihr erst mal in den Büchern schmökern, bevor ihr entscheidet, was ihr ausleihen wollt. Zweigstellen findet ihr in *Gostenhof, Langwasser, Maxfeld, Schoppershof, St. Leonhard* und in der Pillenreuther Straße im *Südpunkt.* An allen Orten werden regelmäßig Veranstaltungen angeboten, zum Beispiel Bilderbuchkino oder Erlebnisführungen.

Dürer & Klecksi – das kreative Nürnberg-Kinderbuch, Tümmel Verlag, ISBN 978-3-940594-25-9, 14,95 €.

FESTKALENDER NÜRNBERG

Februar:	Alle 2 Jahre: Europäisch-Bayerisches Kindertheaterfestival **panoptikum,** www.festival-panoptikum.de.
April:	2 Wochen lang: Karussells, Festumzug und Feuerwerk beim **Nürnberger Frühlingsfest** am Dutzendteich.
Mai:	**Blaue Nacht:** Veranstaltungen und Aktionen in Museen, Theatern und anderen Kultureinrichtungen. Deutschlands größter **Trempelmarkt** in der Stadt. Start der *Kirchweih-Saison* mit Aufstellen des *Kärwa-Baums* und *Betzen austanzen* und Beginn der **Hofflohmärkte** in den verschiedenen Stadtvierteln. In jedem ungeraden Jahr, Nürnberg, Fürth, Erlangen und Schwabach: **Figurentheater-Festival,** www.figurentheaterfestival.de.
Juni:	Rosenaupark: **Sommerkiosk** mit nachhaltigen Ideen, Festival-Stimmung, Kinderprogramm und Mitmach-Aktionen.
Juli/August:	**Reichswaldfest** am Schmausenbuck, vor allem für Kinder 6 – 11 Jahre mit Baumklettern, regionalen Speisen und buntem Programm, 2 Tage. **Bardentreffen,** Nürnbergs Innenstadt als Konzertbühne für Musik aus aller Welt. Gelände des Museums Tucherschloss: **grenzenlos internationales Fest der Partnerstädte.**

Feste & Märkte

Nürnberger Christkindlesmarkt

Congress- und Tourismuszentrale Nürnberg, Verkehrsverein e.V., Hauptmarkt, 90403 Nürnberg. ✆ 0911/2336-0, www.christkindlesmarkt.de. **Bahn/Bus:** U1 bis Lorenzkirche, Straba 4, 6 bis Hallertor, Bus 36 bis Hauptmarkt. **Auto:** Über Neutorgraben oder Westtorgraben am Hallertor Richtung Hauptmarkt. **Rad:** Regnitzradweg. **Zeiten:** Ende Nov – 23. Dez 10 – 21, 24. Dez 10 – 14 Uhr. **Infos:** Di – Fr 15 Uhr Besuch des Christkinds.

Juli/Aug Fortsetzung:	Luitpoldhain: **Klassik Open Air** mit den Nürnberger Symphonikern und der Staatsphilharmonie, So Vormittag Familien-Konzert. 2 Wochen lang, Dutzendteich: **Herbstvolksfest** mit Fahrgeschäften.
September:	**Burggrabenfest** mit Gauklern, Schwertkämpfern und Feuerspektakel. 2. **Trempelmarkt** mitten in der Stadt. 2 Wochen: **Altstadtfest** mit traditionellem **Fischerstechen** auf der Pegnitz.
Oktober:	**Kindertheaterwoche** mit anschließender *Kindertheaterreihe* des KUF bis April, www.kindertheaterwoche.de. Alle 2 Jahre: **Lange Nacht der Wissenschaften.** 3.: **Stadtlauf Nürnberg** (kein Startgeld für Kinderläufe bis 12 Jahre).
Dezember:	Fr vor 1. Advent: Eröffnung des **Christkindlesmarkts** mit Prolog des Christkinds. Internationale Atmosphäre auf dem **Weihnachtsmarkt der Partnerstädte** Rathausplatz und himmlische Stimmung auf dem Hans-Sachs-Platz bei der **Kinderweihnacht.** **Winterkiosk** im Künstlerhaus, der *alternativste Weihnachtsmarkt* in Nürnberg.

Während des Christkindlesmarktes hält täglich zwischen 13 und 19 Uhr die gelbe Postkutsche neben dem *Weihnachtspostamt,* nördlich des Schönen Brunnens. Rundfahrt 4 €, Kinder 2,50 €.

Märchen im Turm, Vestnertormauer 5, Nürnberg. ✆ 0911/402679. www.kubiss.de. Letzter Do im Monat 19 – 20.30 Uhr. 9 €, Kinder 5 €.

Sternenhaus im Heilig-Geist-Haus, Hans-Sachs-Platz 2, Nürnberg. ✆ 0911/231-4000. www.sternenhaus.nuernberg.de. Ende Nov – 23. Dez. Kinderkulturprogramm während der Weihnachtsmarktzeit, z.B. Ballett, Kinderoper, Märchenstunde, 5 €, Märchenstunde mit dem Christkind 3,50 € (inkl. VGN-Ticket).

▶ *Stadt aus Holz und Tuch* wird der Nürnberger Christkindlesmarkt, einer der ältesten Weihnachtsmärkte Deutschlands, auch genannt. Am Eröffnungstag schauen tausende Besucher vom Hauptmarkt gespannt zur Empore der Frauenkirche hinauf, wo das Christkind den Markt traditionell mit dem Prolog einleitet. Auf dem Rathausplatz vermischen sich die Gerüche von griechischem Honig, französischen Pasteten und nicaraguanischem Kaffee. Seit vielen Jahren bieten nördlich vom Hauptmarkt Nürnbergs **Partnerstädte,** wie *Glasgow, Krakau* oder *Shenzhen,* ihre typischen Spezialitäten an.

Nürnberger Kinderweihnacht

Congress- und Tourismuszentrale Nürnberg, Verkehrsverein e.V., Hans-Sachs-Platz, 90403 Nürnberg. ✆ 0911/468600, 2336-0. www.christkindlesmarkt.de. **Bahn/Bus:** U1 bis Lorenzkirche, Bus 46, 47, 94 bis Heilig-Geist-Spital. **Auto:** Über Rathenauplatz, Laufer Gasse, Theresienstraße, Obstmarkt bis Hans-Sachs-Gasse. **Zeiten:** Ende Nov – 23. Dez 10 21, 24. Dez 10 – 14 Uhr. **Preise:** Fahrgeschäfte: 1 Fahrt 2 €, 4 Fahrten 5 €, 6 Fahrten 7,50 €, Unkostenbeitrag Mitmachbuden 2 – 4,50 €; Sonderpreise für Kita-Gruppen und Schulklassen.

▶ Seit 1999 findet auf dem **Hans-Sachs-Platz** ein Weihnachtsmarkt speziell für Familien und Kinder statt. Im Zentrum des Platzes laden ein Nostalgiekarussell und eine Dampfeisenbahn zu winterlichen Fahrten ein. Wenn ihr lieber kreativ sein möchtet, könnt ihr in der Weihnachtsbäckerei leckere Lebkuchen backen oder beispielsweise in der Brandmalerei ein Lederarmband mit euerm Namen verzieren. Neugierige Kinder dürfen dem Nikolaus in seinem Häuschen Fragen stellen und wenn ihr noch schnell einen Wunschzettel an das Christkind loswerden wollt, dann seid ihr beim Kinderpostamt richtig. Di – Fr um 14.30 Uhr stattet das Christkind höchstpersönlich dem Markt einen Besuch ab.

LAUF & UMGEBUNG

KED

Gleich drei überregionale Radwege lassen das Gebiet zwischen Nürnberg und Lauf zu einem wahren Fahrrad-Eldorado werden. Im Norden zieht sich der Burgenstraße-Radweg von Nürnberg nach Kalchreuth. Von Westen nach Osten verbinden Paneuropa-Radweg und Fünf-Flüsse-Radweg Nürnberg mit Schwaig, Rückersdorf und Lauf.

Außerdem erstreckt sich der ↗ *Sebalder Reichswald* mit vielen Wanderstrecken über die gesamte Region. Hammerwerke und Mühlen haben durch die Lage an der Pegnitz eine lange Tradition, die im Laufer ↗ *Industriemuseum* anschaulich dargestellt wird. Im Norden bildet Igensdorf bereits das Tor zur Fränkischen Schweiz, östlich grenzt der Bezirk an die mittlere Frankenalb.

RADEL-ELDORADO NÜRNBERGER LAND

Frei- & Hallenbäder

TIPPS FÜR WASSERRATTEN

Wasserspaß im Freibad Röthenbach

Friedrich-Krauß-Straße10, 90552 Röthenbach a.d. Pegnitz. ✆ 0911/5709010, 5065605. www.roethenbach.de. **Bahn/Bus:** S1 bis Röthenbach-Steinberg, Fußweg 10 Min. **Auto:** St2241 (Röthenbacher-/Sulzbacher Straße) bis Feldgasse, Parkplatz Friedrich-Krauß-Straße. **Zeiten:** Mai – Sep täglich 9 – 20, ab Juni Di ab 7 Uhr. **Preise:** 2,50 €; Kinder ab 6 Jahre 1 €; Dauerkarte 25 €, Kinder 13 €, Familiendauerkarte 40 €, Kombikarte Frei- und Hallenbad 40 €, Kinder 25 €, Familien 70 €. **Infos:** Behindertengerechter Zugang.

▶ Im 50-m Sportbecken mit 3-m-Sprunganlage könnt ihr eure Bahnen ziehen. Außerdem steht euch ein teilbeheiztes Nichtschwimmerbecken mit Rutsche zur Verfügung. Die Kleinsten können sich auf das beheizte Kinderplanschbecken mit Rutsche freuen. An Land findet ihr, direkt am *Röthenbach* gelegen, eine ausgedehnte Liegewiese und einen Spielplatz. Wer sich sportlich betätigen möchte, nutzt das Beachvolleyballfeld oder steigt ins Zumba-Training ein.

Besuch bei den Damhirschen: Auf der Radtour durch den Sebalder Reichswald

© pmv, Sylvia Schaub

Schlossbad Heroldsberg

Lange Gasse 1, 90562 Heroldsberg. ✆ 0911/ 8105928, www.heroldsberg.de. **Bahn/Bus:** ↗ Heroldsberg, Bus 212 bis Abzw. Lange Gasse. **Auto:** Über B2, Hauptstraße bis Lange Gasse. **Rad:** Burgenstraße-Radweg, dann durch Kraftshofer Forst bis Heroldsberg. **Zeiten:** Mitte April – Aug täglich 9 – 20, Di, Do ab 7 Uhr, Sep 9 – 19 Uhr. **Preise:** 3,50 €, ab 17 Uhr 2 €, 10er-Karte 30 €, Saisonkarte 70 €; Kinder ab 4 Jahre 1,50 €, 10er-Karte 12 €, Saisonkarte 30 €; Familie 2 Erw, 3 Kinder 8 €, Saisonkarte 1 Erw und Kinder 70 €, 2 Erw und Kinder 80 €, Badepass für Heroldsberger Kinder bis 16 Jahre in den Sommerferien 10 €. **Infos:** Schwimmkurse bis Seepferdchen, kostenlos Wassergymnastik Di, Fr 10 Uhr, Aquajogging Sa 9.30 Uhr.

▶ Für kleine Wasserratten ist das Schlossbad genau das Richtige. Oberhalb des 25-m-Schwimmerbeckens könnt ihr euch aus 1 oder 3 m Höhe mutig in das Sprungbecken stürzen. Viel Spaß erwartet euch im Erlebnisbecken mit Wasserpilz und Sprudelliegen, wenn ihr euch durch den Strömungskanal treiben lasst oder über die 27 m lange Rutsche ins Wasser saust. Kleinkinder fühlen sich im Kinderbecken bei wasserspeiender Schlange und gelber Elefantenrutsche pudelwohl. Nach der Entspannung auf einer schattigen Liegewiese ruft der Spielplatz oder ihr stillt Hunger und Durst auf der Terrasse des Kiosks. Besucht auch das Open-Air-Kino im August mit anschließendem Baden unter Flutlicht!

*Hinter dem Schlossbad thront das **Weiße Schloss,** eines von 4 Heroldsberger Schlössern, die nur einen Fußweg voneinander entfernt liegen und alle aus dem Besitz der Patrizierfamilie Geuder stammen.*

Hallen- und Freibad Pegnitzaue

Mittelbügweg 15, 90571 Schwaig. ✆ 0911/505793, www.schwaig.de. **Bahn/Bus:** ↗ Schwaig, Bus 40 bis Lortzingstraße. **Auto:** ↗ Schwaig. **Rad:** 5-Flüsse-Radweg bis Malmsbach, über Mustleitenstraße bis Mittelbügweg. **Zeiten:** Di – Do 8 – 20.30, Fr 8 – 21.30, Sa, So, Fei 9 – 19 Uhr, Freibereich Mai – Sep. **Preise:** Tageskarte 4,50 €, 3 Std 4 €, 2 Std 3,50 €, 1 Std 2,50 €, Freibereich Tageskarte 3,50 €; Kinder 6 – 17 Jahre Tageskarte 2 €, Freibereich 1,50 €; Familie 2 Erw, 3 Kinder 9,50 €.

▶ Im **Hallenbad** könnt ihr bei angenehmen 29 Grad Wassertemperatur auf 25-m-Bahnen schwimmen. Das Lehrschwimmbecken bietet mit max. 1,30 m Tiefe Platz zum Üben oder Spielen und auf die Minis wartet ein sonniger Kinderplanschbereich. Das **Freibad** lockt mit Wildwasserkanal, Wasserdüsen, Wasserliegen und einem Kneippbecken. Das Kinderplanschbecken mit Schiffchenkanal ist mit einem großen Sonnensegel ausgestattet. Außerdem gibt es einen Kinderspielplatz, eine schattige Liegewiese und einen Kiosk.

Die kostenlosen Aqua-Zumba und Aqua-Fitness-Kurse begeistern vor allem die Eltern. Zumba Di, Do 19 – 19.30 Uhr, Fitness Mi, Fr 9.15 – 9.45 Uhr.

Freibad Lauf

Schützenstraße 40, 91207 Lauf a.d. Pegnitz. ✆ 09123/985970, www.lauf.de. **Bahn/Bus:** R3, 4 bis Lauf (rechts Pegnitz). **Auto:** ↗ Lauf, über B14, St2240 bis Schützenstraße. **Rad:** 5-Flüsse-Radweg. **Zeiten:** Mai – Sep 8 – 20 Uhr. **Preise:** 4 €, Mo – Fr ab 16 Uhr 3,30 €, 10er-Karte 33 €, Saisondauerkarte 50 €; Kinder 6 – 16 Jahre, Schüler, Studenten bis 27 Jahre 1,70 €, Mo – Fr ab 16 Uhr 1,30 €, 10er-Karte 13 €, Saisondauerkarte 25 €; Familiensaisondauerkarte mit 2 Erw 100 € bzw. mit 1 Erw 75 € und eigenen Kindern. **Infos:** Duschmünze Warmdusche 0,80 €.

▶ Das am Hang gelegene Freibad wurde 1989 zum Erlebnisbad ausgebaut. Es bietet euch ein 50-m-Schwimmerbecken mit Sprunganlage und ein Nichtschwimmerbecken, das mit Rutsche, Wasserpilz, Massagebucht und Wasserspeiern ausgestattet ist. Bei den Jüngsten sorgt ein Kinderplanschbecken mit Kletterfelsen, Rutsche und Schiffchenkanal für spritziges Vergnügen. Wer es rasant mag, kann auf der 82 m langen Großrutsche ins Wasser sausen. Danach könnt ihr euch am Kiosk bei einem kleinen Imbiss stärken. Liegeflächen findet ihr auf Holzbohlen direkt am Wasser und auf der großen Wiese, die auch einen Spielplatz- und Ballsportbereich bietet.

Zum Einschließen eurer Wertsachen bringt am besten ein Vorhängeschloss mit, Ausleihe ist auch möglich.

Hallenbad im CJT-Gymnasium, Hardtstraße 37, Lauf a.d. Pegnitz. ✆ 09123/74428. www.nuernberger-land.de. Mo, Do 16.30 – 19.45, Di, Mi 16.30 – 20.45, Fr 14.30 – 19.45, Sa 13.30 – 16.45, So 9 – 11.45 Uhr. 2 €, Kinder 1 €, Familie 3 €.

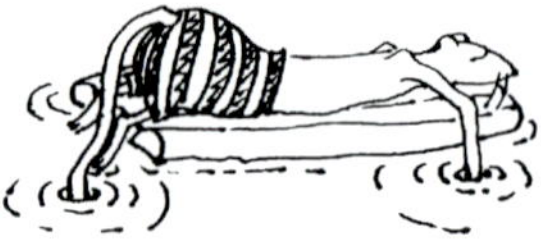

In der Natur baden

Großer Birkensee

90552 Röthenbach a.d. Pegnitz. www.roethenbach.de. **Bahn/Bus:** ↗ Röthenbach, dann Bus 331 bis Renzenhof oder Diepersdorf, 2 – 3 km Fußweg. **Auto:** A3 bis Nürnberg-Mögeldorf, durch Schwaig, dann rechts Richtung Diepersdorf, Parkplatz nördlich vom See, 10 – 15 Min Fußweg durch den Wald. **Rad:** Ab Nürnberg durch Lorenzer Reichswald.

@ Infos über die Wasserqualität des Birkensees erhaltet ihr auf www.nuernberger-land.de.

Im Winter bietet der See bei entsprechenden Temperaturen eine prima Eislauffläche und die Sanddünen außen herum wandeln sich zu tollen Rodelbergen.

▶ Wenn ihr im Sommer keine Lust aufs Freibad habt, dann kühlt euch doch im erfrischenden Birkensee, ca. 20 km östlich von Nürnberg, ab. Es gibt den *Großen* und den *Kleinen Birkensee,* die beide durch das Grundwasser des *Röthenbachs* gespeist werden. Das Baden ist allerdings nur im **Großen Birkensee** erlaubt. Hier findet ihr sowohl kleine Buchten als auch größere Liegeflächen auf Wiese oder Sand. Die östlichen Sandhänge sind besonders bei Fkk-Freunden beliebt. Nehmt am besten einen Sonnenschirm mit, da es direkt am See nur wenige Schattenplätze gibt. Ab und zu bietet ein mobiler Kiosk Snacks und Getränke zum Verkauf an, es besteht aber auch die Möglichkeit, an den dafür vorgesehenen Feuerstellen zu grillen.

FRISCHE LUFT & SPORT

Radeln

Radeln in Lauf und Umgebung

90207 Lauf a.d. Pegnitz. www.nuernberger-land.de, www.fuenf-fluesse-radweg.de.

▶ Der **Fünf-Flüsse-Radweg** zieht sich von *Lauf* bis nach *Nürnberg* immer entlang der *Pegnitz.* Allein auf dieser Strecke macht das Radeln auf ebenen Wegen auch mit kleinen Kindern Spaß. Unterwegs könnt ihr immer wieder mal bei einem Museum oder einer Mühle pausieren und habt mehrere Möglichkeiten, in die S- oder Regionalbahn einzusteigen. Um *Kalch-*

reuth und *Heroldsberg* bietet der Reichswald viele schöne Fahrradrouten, unter anderem verläuft hier der **Burgenstraße-Radweg** von *Nürnberg* bis *Kalchreuth.*

Per Drahtesel durch den Sebalder Reichswald

90562 Kalchreuth. www.kalchreuth.de. **Start:** Kalchreuth. **Länge:** bis Rehgehege ca. 10 km (ohne Bodenlehrpfad), als Rundweg bis Kalchreuth zurück ca. 14 km. **Bahn/Bus:** ↗ Kalchreuth. **Auto:** ↗ Kalchreuth. **Rad:** Burgenstraße-Radweg. **Infos:** Beim Forstamt Erlangen erhaltet ihr für 4,60 € eine Broschüre und Karte über *Gedenksteine, Quellen und andere Besonderheiten im Sebalder Reichswald.*

▶ Im Städtedreieck *Nürnberg, Erlangen, Kalchreuth* lässt sich der Sebalder Reichswald hervorragend mit dem Rad erkunden. Wenn ihr von Kalchreuth auf der ERH6 Richtung Nürnberg-Neunhof fahrt, könnt ihr im Wald links vom ersten Parkplatz abgehend einen **Bodenlehrpfad** entdecken. Außerdem schlummern im Waldgebiet rechts und links der Straße zahlreiche Gedenksteine, Quellen und Kreuze, die an alte Ereignisse und Sagen erinnern. Schaut doch einmal, ob ihr den **Franz-Köhler-Turm** findet! Radelt nach dem Parkplatz den zweiten Weg rechts hinein (Tennenloher Weg) bis ihr an die zweite große Kreuzung kommt. Hier nehmt ihr links den breiten Weg (Dormitzer Straße) und biegt dann ein Stück weiter gegenüber der Wandermarkierung in einen schmalen Weg ab. Nach ein paar Metern seht ihr den Turm links auf einem Hügel stehen. Wenn ihr auf dem breiten Weg weiter nach Süden radelt und an der großen Kreuzung kurz vor der Autobahn links abbiegt (Wurzelweg), trefft ihr, kurz bevor ihr wieder auf die ERH6 kommt, auf ein **Wildgehege.** Dort könnt ihr auf einer Aussichtsplattform noch eine Weile die Rehe beobachten.

Besorgt euch beim Nürnberger Land Tourismus die kostenfreie Radwanderkarte mit schönen Tourenvorschlägen rund um Lauf.

Hunger & Durst

Felsenkeller, Einfahrt Feldweg gegenüber Sportheim, Obere Dorfstraße, Kalchreuth. ✆ 0911/5180868. Ostern – Okt, Do, Fr ab 13, Sa, So, Fei ab 10 Uhr, Nov – Ostern So, Fei ab 13 Uhr. Biergarten in Felsenschlucht, geöffnet, wenn Kitzmann-Fahne weht, Brotzeiten, Würstchen.

Wandern & trimmen

Wanderung auf den Moritzberg

91207 Lauf a.d. Pegnitz-Weigenhofen. **Start:** Weigenhofener Hauptstraße. **Länge:** 4 km. **Bahn/Bus:** ↗ Lauf (links Pegnitz), Bus 333 bis Weigenhofen. **Auto:** A9 Ausfahrt Lauf, Kreisstraße LAU 7 über Schönberg bis Weigenhofen. **Rad:** Aus Lauf über LAU7 bis Weigenhofen. **Infos:** Zugang Klingender Wasserfall von Haimendorf oder LAU 19, kurz hinter Schönberg.

▶ Wenige Kilometer südöstlich von Lauf liegt der Moritzberg. Der 603 m hohe Gipfel ist über verschiedene Wanderrouten erreichbar. Ein lohnenswerter Startpunkt findet sich im mehr als 700 Jahre alten Ortsteil **Weigenhofen.** Schaut euch die Häuser im Ortskern einmal genauer an! Entdeckt ihr die Schilder, die darauf hinweisen, wer hier früher gewohnt hat und welche Hausnummer das Gebäude damals hatte? Der Weg hinauf führt über den **Moritzbergweg,** vorbei an Feldern und dann mitten durch den Wald. Seid doch mal ganz still und lauscht den Geräuschen, die ihr hören könnt. Vielleicht erspäht ihr auch ein paar tierische Waldbewohner? Auf halbem Weg zum Gipfel müsst ihr euch entscheiden, ob ihr den schmalen, steilen, aber kürzeren Weg nach oben wählt oder lieber die breite, bequeme Route, die etwas länger ist. Auf über 600 m Höhe könnt ihr euch im **Gasthaus** bei Kloß mit Soß oder Käsespätzle erst einmal stärken. Danach lädt ein schattiger Spielplatz zum Toben ein oder ihr lasst euch im Berggasthof den Schlüssel für den **Aussichtsturm** geben. Wenn ihr nach dem Abstieg noch Lust habt, macht einen Abstecher zum **Klingenden Wasserfall.** Wenn es im Winter kalt genug ist, wird aus dem gefrorenen Wasser eine wilde Eislandschaft. Die Klänge, die entstehen, wenn Wasser auf die Eiszapfen trifft,

Wanderlustig: Zu zweit geht's auch bergauf viel leichter

haben dem Wasserfall seinen Namen gegeben. Nur 500 m davon entfernt, findet ihr den **Sprosselbrunnen.** Er liegt ziemlich versteckt, etwas unterhalb des Weges, gegenüber einer Wandertafel. Vorsicht beim Herunterklettern! Der große Fels mit zahlreichen kleinen Hohlräumen spuckt frisches Wasser aus. Wenn ihr die Quelle zuhaltet, könnt ihr beobachten, wie kurz darauf aus einem anderen Loch das Wasser heraussprudelt.

Hunger & Durst

Berggasthof Moritzberg, Moritzberg 1, Röthenbach a.d. Pegnitz. ✆ 09120/8393. Mi – So, Fei ab 11 Uhr. Idyllischer Waldbiergarten, durchgehend warme Küche.

Trimm-Dich-Pfad Eckental

Eckenhaider Hauptstraße, 90543 Eckental-Eckenhaid. www.eckental-mfr.de. **Lage:** Richtung Herpersdorf auf halber Strecke rechts neben der Eckenhaider Hauptstraße. **Länge:** 2,1 km. **Bahn/Bus:** R21 Gräfenbergbahn bis Forth, Bus 213 bis Eckenhaid Schloss, 600 m Fußweg. **Auto:** B2 Richtung Gräfenberg bis Eckenhaid, dann Richtung Herpersdorf.

▶ Lauft doch einmal mit euren Eltern durch den Wald! Die Jogging-Strecke ist mit Holzhackschnitzeln ausgelegt und auf einer Lichtung ist ein kleiner Fitnessparcour aufgebaut. An 9 Stationen könnt ihr zielwerfen, balancieren oder ein paar Liegestütze ausprobieren.

Grillen & reiten

Grillplatz Eckental

90542 Eckental. ✆ 09126/903-261, www.eckental-mfr.de. **Lage:** Zwischen Eschenau und Forth, in einem kleinen Waldstück. **Auto:** B2 Eschenau Richtung Forth, nach Kreisverkehr rechts in einen kleinen Weg, ca. 250 m bis zum Parkplatz. **Preise:** 31 € pro Tag zzgl. einmalige Abnahmegebühr 16 €. **Infos:** Für Vereine und Ortsfremde gelten spezielle Gebührensätze.

▶ Schattiger Grillplatz mit einer Grillstelle mit ca. 100 Sitzplätzen und einer Grillstelle mit etwa 30 Sitzplätzen, auch ein Kinderspielplatz ist vorhanden.

Stall Lindenhof

Helmut Peter Heckel, Diepersdorfer Straße 7, 90552 Röthenbach a.d. Pegnitz-Haimendorf. ✆ 09120/ 182033, www.stall-lindenhof.de. **Bahn/Bus:** ↗ Röthenbach, Bus 331, 332 bis Haimendorf Ortsmitte. **Auto:** ↗ Lauf, Richtung Diepersdorf, nach ca. 4 km links Richtung Haimendorf, in Haimendorf nach ca. 600 m links (großer Parkplatz). **Zeiten:** Di – So 9 – 19 Uhr, Ferien auch Mo, Urlaub 16. Jan – 10. März. **Preise:** Geländeritt Pers ab ca. 14 Jahre ab 3 Pers 1 Std je 13 €, 2 Pers 1 Std je 14 €; Ponyführen ab 5 Jahre pro Kind 30 Min 6 €, 45 Min 8 €, 1 Std 10 €, weitere 15 Min 2 €; 10er-Karte (11 x 60 Min) 100 €. **Infos:** Reithelm ist Pflicht! Mietgebühr 0,50 € pro Ritt.

▶ Im Lindenhof dürft ihr alles selbst für euren Ponyausflug vorbereiten. Das heißt, bevor es losgeht, müssen die Ponys geputzt und gesattelt werden. Dann dürfen euch eure Eltern – immer je ein Erwachsener pro Kind und Pony – durch die herrliche Landschaft rund um den *Moritzberg* führen. Wenn ihr schon älter seid und Reiterfahrung habt, bietet sich ein geführter Gruppenausritt an.

Happy Birthday!
Nach der Ponyführung geht eure Feier im Westernsaloon oder beim Grillen im Garten weiter. Kosten wie Ponyführung zzgl. 18 € für Raum-/ Gartenmiete.

Klettern & spielen

Spielplatz für alle Generationen

Gemeinde Schwaig, Grundweg, 90571 Schwaig b. Nürnberg. ✆ 0911/50099-24, www.schwaig.de. **Bahn/Bus:** ↗ Schwaig, Bus 40 bis Schwaig Behringersdorfer Straße. **Auto:** ↗ Schwaig, Nürnberger Straße, Behringersdorfer Straße, Parkstraße bis Grundweg. **Rad:** 5-Flüsse-Radweg bis Malmsbach, über Mustleitenstraße, Parkstraße bis Grundweg.

▶ Der generationenübergreifende Spielplatz soll nicht nur euch zum Balancieren und Sporteln anlocken, hier dürfen sogar Oma und Opa mitmachen. Ob Klimmzugstange oder Wackelbrücke, dieser Parcours macht sicher allen viel Spaß.

Jugendtreff JuBar, Norisstraße 19a, Schwaig. ✆ 0911/37664240. www.schwaiger-jugend.de. Offenes Angebot für Kinder und Jugendliche ab 6 Jahre.

Für Klettermaxe und Sportbegeisterte

DAV Sektion Lauf e.V., Reisgasse 9, 91207 Lauf a.d. Pegnitz. ✆ 09123/2560, www.dav.lauf.de. **Lage:** Kletterhalle in der Turnhalle des CJT Gymnasiums, Hardtstraße 37. **Bahn/Bus:** S1 bis Lauf (links Pegnitz), Bus 332, 333 bis Luitpoldstraße, 351 bis Holzgartenstraße. **Auto:** ↗ Lauf, über Nürnberger und Luitpoldstraße bis Reisgasse. **Rad:** 5-Flüsse-Radweg. **Zeiten:** Büro Mo 10 – 12 Uhr, Fr 19 – 21 Uhr. Kletterhalle außer in den Schulferien Di, Do 20 – 22, Sa 15 – 18 Uhr. **Preise:** Mitgliedschaft 50 €/Jahr zzgl. einmalig 10 €, Kletterhalle Nichtmitglieder 4 €; Jahresbeitrag Kinder bis 18 Jahre 10 €, Kletterhalle Nichtmitglieder 10 – 18 Jahre 2 €.

▶ Nicht nur, wenn es samstags mal endlos regnet, wartet in der Laufer Sporthalle viel Abwechslung auf euch. Neben klettern habt ihr die Möglichkeit, euch an Slackline, Ringen und Seilen auszuprobieren. Der DAV wartet darüber hinaus mit einer speziellen Familiengruppe auf, die fast jeden Monat eine tolle Aktion wie Schlitten fahren, wandern oder Hütten bauen organisiert.

Segelflug Club Lauf e.V., Lillinghof 20, Schnaittach. ✆ 09155/355. www.sfc-lauf.de. April – Okt Sa, So, Fei bei schönem Wetter. Mitfliegen im Motorsegler, Ultraleicht, Segelflugzeug ab 32 € oder Motormaschine ab 96 €. Segelfliegerausbildung ab 14 Jahre möglich.

Spielorado Kinderwelt GmbH

Am Winkelsteig 11, 91207 Lauf a.d. Pegnitz. ✆ 09123/965085, www.spielorado-kinderwelt.de. **Bahn/Bus:** S1 bis Lauf West, 800 m Fußweg, Bus 351 bis Wetzendorf/Lauf Am Winkelsteig. **Auto:** A9 bis Lauf-Süd, über B14, Röthenbacher Straße bis Am Winkelsteig. **Rad:** 5-Flüsse-Radweg bis Wetzendorf. **Zeiten:** Mo – Fr 14 – 19, Sa, So, Fei, Ferien 10 – 19 Uhr. **Preise:** 3,50 €; Kinder ab 2 Jahre 6,50 €; 5er-Karte Erw 12 €, 10er-Karte Kinder 54 €.

▶ Ist das Wetter nicht so gut, könnt ihr euch im Laufer Spieleparadies mal so richtig austoben. Auf 1500 qm habt ihr die Auswahl zwischen Klettertunnel, Trampolin, Hüpfburg, Tretautobahn, Kicker, Tischtennis und vielen anderen Attraktionen. Für die Jüngsten gibt es einen Kleinkinderbereich. Stärken könnt ihr euch im Restaurant.

Happy Birthday!
Das Geburtstagskind hat freien Eintritt, Angebot für eure Gäste z.B. Eintritt, Spaghetti Bolognese, 1 Kaktuseis, 0,2 l Getränk 10 €. Kuchen und Saft dürfen mitgebracht werden.

UMWELT ERFORSCHEN

Happy Birthday!
Geburtstag auf dem Bauernhof. Grundkosten je Kind 7,50 €, Erw 10 € zzgl. Extras oder individuelle Aktionen.

 150 g Himbeeren mit 1 Päckchen Vanillezucker und 300 g Joghurt pürieren, 100 ml Milch dazu, fertig ist der Himbeer-Shake für 2 Pers!

Auf dem Bauernhof

Bio-Hof Frohnhofer Mühle

Rothenbergstraße 2, 90542 Eckental-Frohnhof. ✆ 09126/5475, www.frohnhof-muehle.de. **Bahn/Bus:** R21 bis Forth, Bus 217 bis Frohnhof. **Auto:** B2 bis Forth, kurz vor Ortsausgang links über St2740 bis Rothenbergstraße. **Zeiten:** Mühlen Lädle Do, Sa 8.30 – 12.30, Do auch 14.30 – 18, Fr 8.30 – 18 Uhr, Termine für Aktionen nach Anmeldung 15 – 20 Pers. **Preise:** ab 5 € pro Pers, Preise werden je nach Aktion vereinbart.

▶ Die Frohnhofer Mühle steht nicht nur für leckere, regionale Bio-Lebensmittel, sie bietet auch jede Menge Aktionen für Kinder. Macht euch doch mal schlau, wo das Essen herkommt und welche Tiere auf einem Bauernhof leben. Erlebt eine spannende Bauernhofrallye oder streichelt Ziegen, Hasen und Kühe. Vielleicht gewinnt ja jemand von euch den Gummistiefelweitwurf oder das Schubkarrenwettrennen.

Leckere Früchte im Beerenland

Hauptstraße, 90607 Rückersdorf. ✆ 0911/8101666, www.beerenland.de. **Bahn/Bus:** ↗ Rückersdorf. **Auto:** ↗ Rückersdorf, am Ortseingang. **Rad:** 5-Flüsse-Radweg. **Zeiten:** Anfang Juni – Ende Aug 8.30 – 19 Uhr.

▶ Anfang Juni – Ende Aug lohnt sich ein Besuch im Beerenland Rückersdorf. Je nach Erntezeit könnt ihr leckere Erdbeeren, Himbeeren, Heidelbeeren oder Johannisbeeren pflücken und euch dann zu Hause mit köstlicher Marmelade und fruchtigem Kuchen belohnen. Vorkosten ist erlaubt, abgerechnet wird nach Gewicht, je nachdem, wie viel ihr gesammelt habt.

Lehrpfade

Erlebnisspaziergang durch Kirschgärten

Bund Naturschutz – Kirschenprojekt, 90562 Kalchreuth. ✆ 09131/4001303 (Büro Bund Naturschutz), www.erlangen.bund-naturschutz.de. **Länge:** 3 km Rundweg. **Bahn/Bus:** ↗ Kalchreuth, Bus 210 bis Kalchreuth Hallerstraße (nur Mo – Fr). **Auto:** ↗ Kalchreuth. **Rad:** Burgenstraße-Radweg. **Infos:** Infos über Bund Naturschutz, Pfaffweg 4, 90562 Erlangen.

Romantisch: Blumenpflücken unter Kirschblüten

© pmv, Sylvia Schaub

▶ Wenn im Frühling die Kirschbäume blühen, ist ein Spaziergang auf dem Erlebnisrundweg besonders schön. Vom Dorfplatz bis hinunter zum *Sklavensee* findet ihr insgesamt sechs Informationstafeln mit Erläuterungen zur Kirsche, dem Kirschenanbau und der Landschaft hier in Kalchreuth. Noch interessanter sind für euch aber wahrscheinlich die sieben **Mitmach-Stationen,** wie die Balancier-Scheibe, die Station *Lauschen & Schauen* oder das *Kirschgarten-Fern-Sehen.* Darüber hinaus lädt ein Spielplatz zum Klettern und Schaukeln ein und auf den vielen Bänken kann man die herrliche Aussicht auf die Region genießen. Am 1. So im Juli wird im Ort die Kalchreuther Kirschkerwa gefeiert.

Im Winter könnt ihr die Hänge zum See mit dem Schlitten hinabfahren, der See eignet sich prima zum Schlittschuhlaufen.

Naturerlebnispfad Schönberg

Förderverein Naturerlebnispfad im Schönberger Forst e.V., Sven Schmidtke, Weigmannstraße 35, 91207 Lauf a.d. Pegnitz. Handy 0152/23656938. www.naturerlebnispfad.info. **Lage:** Zwischen Lauf und Schönberg, Waldhaus, Start des Pfades über Schönberg. **Länge:** 1 – 2 Std Gehzeit, nur teilweise mit Kinderwagen oder Rollstuhl begehbar. **Bahn/Bus:** S1 bis Lauf (links Pegnitz), Anrufsammeltaxi bis Industriestraße, dann ca. 20 Min Fußweg. **Auto:** A9 bis Lauf-Röthenbach, Richtung Altdorf/Gersdorf, über LAU7 bis Industriestraße oder Schönberg, 10 – 15 Min Fußweg.

Hunger & Durst

Gasthaus Drei Linden, Buchenbühler Straße 2, Kalchreuth. ✆ 0911/5188479. www.gasthausdreilinden.de. Mi – So, warme Küche Mi – Sa 11.30 – 21, So, Fei – 20 Uhr. Fränkische Küche, Saisonspezialitäten, Kinderkarte. Auf der Internetseite Wandervorschläge rund um Kalchreuth.

Das Waldhaus kann gemietet werden. 100 € Kaution, 50 € Grundgebühr, 2 € pro Person und Tag, bei Bedarf 20 € für Holz und Ofenbenutzung.

Kreisjugendring Nürnberger Land, Am Winkelsteig 1a, Lauf a.d. Pegnitz-Wetzendorf. ✆ 09123/950-6487. www.kjr-nuernberger-land.de. Mo – Fr 8 – 12, Mo, Di auch 14 – 16 und Do 14 – 18 Uhr. Verleih von GPS-Geräten.

Naturschutzzentrum Wengleinpark e.V., Am Schloss 14, Henfenfeld. ✆ 09151/70200. www.naturschutzzentrum-wengleinpark.de. Wenige km östlich von Lauf könnt ihr das **Hutanger-Erlebnisgebiet** erkunden. Auf dem Hutanger wurden früher Rinder gehütet.

Im Spitalwald zwischen Lauf und Schönberg könnt ihr auf einem spannenden Naturerlebnispfad auf Entdeckungsreise gehen. Während des Spaziergangs trefft ihr auf verschiedene Stationen wie eine Wackelleiter, ein Klanghaus, ein Weidenlabyrinth oder einen Tastpfad. Ihr erfahrt Wissenswertes über Bäume und ihre Wurzeln und könnt das Leben am Moorteich beobachten. Natürlich fehlt auch ein Spielplatz nicht. Schaut doch einmal auf der Internetseite nach, wann wieder ein Waldgottesdienst oder eine Vogelstimmenwanderung stattfindet!

Naturlehrpfad Bitterbachschlucht

Stadt Lauf an der Pegnitz, Hardtstraße, 91207 Lauf a.d. Pegnitz. ✆ 09123/184113, www.lauf.de. **Start:** An der Bushaltestelle St. Kunigund, Hardtstraße. **Länge:** Rundweg 3 km, nicht kinderwagentauglich. **Bahn/Bus:** ↗ Lauf, Bus 352 bis Lauf Schule St. Kunigund. **Auto:** B14, Nürnberger Straße, Eschenauer Straße, Daschstraße bis Hardtstraße. **Rad:** 5-Flüsse-Radweg.

Start der Tour zum Lehrpfad ist gegenüber der Kunigundenschule. Ihr geht am Schulteich vorbei und folgt der Markierung *Philosophenweg* (Roter Punkt) durch den Wald bis zur Daschstraße, die ihr überquert. Ab hier könnt ihr euch an der Markierung *Rotes Kreuz* orientieren. Wenn ihr die Häuser *Am Bitterbach*

Gut, wenn ihr balancieren könnt: Baumstamm-Überquerung in der Bitterbachschlucht

© pmv, Sylvia Schaub

passiert habt, erreicht ihr nach wenigen Minuten die Felsenschlucht. Vor euch eröffnet sich mitten im Wald eine beeindruckende Landschaft. Hier könnt ihr gut beobachten, wie der *Bitterbach* den rötlichen, grobkörnigen Burgsandstein ausgehöhlt hat und so die Klamm entstanden ist. Noch mehr über die Entstehung der **Bitterbachschlucht,** den Bitterbach oder über das Zusammenspiel von Pflanzen und Tieren am Bach erfahrt ihr an den 27 Informationstafeln, die auf dem geoökologischen **Naturlehrpfad** aufgestellt sind. Wenn ihr die Schlucht durchwandert habt, kommt ihr über die Beethoven- und Daschstraße wieder zurück zur Hardtstraße, die ihr bis zur Kunigundenschule hinunterlauft.

Jetzt wird das Tal geflutet: Wehr auf dem Wasserspielplatz am Rüsselbach
© pmv, Sylvia Schaub

Geologischer Wanderweg Rüsselbach

Herrengarten, 91338 Igensdorf-Kirchrüsselbach. www.igensdorf.de. **Start:** Wasserspielplatz in Kirchrüsselbach. **Länge:** Etwa 2 km bis Solarfeld Oberrüsselbach, nicht kinderwagentauglich. **Bahn/Bus:** ↗ Igensdorf, Bus 217 bis Kirchrüsselbach (Mo – Sa). **Auto:** B2 bis Rüsselbach, weiter bis Kirchrüsselbach.

▶ Der 2012 eröffnete geologische Wanderweg in Rüsselbach ist nichts für müde Füße. Denn auf der Strecke von Kirchrüsselbach bis zum Zielpunkt in **Oberrüsselbach** geht es teilweise richtig steil bergauf. Dafür werdet ihr oben mit einem fantastischen Ausblick und der sagenhaften Geschichte vom **Husarensprung** belohnt. Und ganz nebenbei erfahrt ihr an 13 Stationen noch allerhand Wissenswertes über die Ablagerungen des Jurazeitalters in dieser Region. Nach erfolgreicher Rückwanderung könnt ihr euch am **Wasserspielplatz** erfrischen, immerhin habt ihr

*Nach einer Sage setzte ein verfolgter **Husar** über der Felswand zu einem gewagten Galoppsprung an. An der Stelle, wo das Pferd nach dem Sprung aufgekommen war, sprudelt seither die Rüsselbachquelle.*

auf eurer Wanderung einen Höhenunterschied von 112 m bewältigt.

Planetenwege

Planetenweg Lauf

Lehrprojekt des Christoph-Jacob-Treu-Gymnasiums, Hardtstraße, 91207 Lauf a.d. Pegnitz. www.cjt-gym-lauf.de. **Start:** Kunigundenschule. **Länge:** Radwanderweg 18 km. **Bahn/Bus:** R4 bis Lauf (rechts Pegnitz), Bus 352 bis Lauf Schule St. Kunigund. **Auto:** B14, Nürnberger Straße, Eschenauer Straße, Daschstraße bis Hardtstraße. **Rad:** 5-Flüsse-Radweg.

@ Auf www.sterngucker.de unter *Artikel, Ausflugsziele* findet ihr weitere Planetenwege und Adressen von Sternwarten.

▶ Der Planetenweg wurde von einer Schule als astronomisches Lehrprojekt geplant und gestaltet. Start der Strecke ist die 1,4 m große Sonne an der Kunigundenschule. An den Stationen findet ihr nicht nur Planeten, sondern auch Zwergplaneten, Asteroide und Monde. Alle sind sowohl in Größe als auch Abstand im Maßstab 1:1 Milliarde dargestellt. Die Schüler haben an jeder Station Tafeln mit wissenswerten Informationen rund um das Sonnensystem aufgestellt. Bemerkenswert sind auch die teils ungewöhnlichen Vergleiche an den Haltepunkten sowie die Gedichte und Zeichnungen, die von Grundschülern der Kunigundenschule beigesteuert wurden. Die eindrucksvolle Tour endet beim Kindergarten am Hardt, in der Daschstraße 18.

Gegenüber der Kunigundenschule hinter dem Weiher treffen sich Skater und Mountainbiker auf einer kleinen Anlage.

Sonnen- und Planetenweg Igensdorf

Bürgermeister-Zeiß-Platz, 91338 Igensdorf. ✆ 09192/9252-71, www.igensdorf.de. **Start:** Start Bürgermeister- Zeiß-Platz. **Länge:** 3,17 km, kinderwagentauglich. **Bahn/Bus:** ↗ Igensdorf. **Auto:** ↗ Igensdorf.

Im Sommer Sonnencreme und Kopfbedeckung nicht vergessen! Der Weg bietet nur wenig Schatten.

▶ In Igensdorf könnt ihr einen spannenden Spaziergang durch unser Sonnensystem machen. Ihr beginnt eure Wanderung an der Sonne, die beim Parkplatz am Rathaus aufgestellt ist. Dann kommt ihr an

Merkur, Venus, Erde, Mars, Jupiter, Saturn, Uranus und Neptun vorbei und erreicht schließlich den Zwergplaneten Pluto. Um eine Vorstellung von den riesigen Dimensionen in unserer Galaxie zu bekommen, sind die Planeten naturgetreu im Maßstab von 1:1,93 Milliarden dargestellt. Das bedeutet, ein Schritt auf dem Planetenweg entspricht einer Originalentfernung von fast 2 Milliarden Schritten! Internationale Künstler haben für jeden Himmelskörper eine Skulptur entworfen. Der Zwergplanet Pluto wird nachts sogar mithilfe eines Solarmoduls in blaues Licht getaucht. Außerdem erfahrt ihr an jeder Station Wissenswertes zum jeweiligen Objekt, zum Beispiel Durchmesser, Umlaufzeit um die Sonne, Temperatur oder Sonnen- und Erdabstand. Der Lehrpfad ist auch mit Rollstuhl, Kinderwagen oder Inlineskates befahrbar, nur im Ortsteil *Stöckach* gibt es eine kleine Steigung. Vom Zwergplaneten Pluto könnt ihr bequem über einen Flurbereinigungsweg am *Aubach* entlang wieder zurück zum Parkplatz laufen.

Museen

HANDWERK UND GESCHICHTE

Auf Zeitreise durch die Industrie-Geschichte

Industriemuseum Lauf, Sichartstraße 5 – 25, 91207 Lauf a.d. Pegnitz. ✆ 09123/9903-0, www.industriemuseum-lauf.de. **Bahn/Bus:** R3 bis Lauf (rechts Pegnitz), S1 bis Lauf (links Pegnitz). **Auto:** ↗ Lauf, Turnstraße bis Parkplatz Nürnberger Straße, ab hier Ausschilderung. **Rad:** 5-Flüsse-Radweg. **Zeiten:** Mi – So 11 – 17 Uhr, 24., 25., 31. Dez, 1. Jan geschlossen, während Winterpause Jan – März nur Gruppenführungen, Aktionen nach Absprache. **Preise:** 5 €; Kinder 5 – 16 Jahre 2,50 €; Familie 1 Erw, Kinder 6 €, 2 Erw, Kinder 10 €, Schüler, Studenten, Schwerbehinderte 4 €.

▶ Wie haben die Menschen Anfang des 20. Jahrhunderts gelebt, was haben sie gearbeitet? Und wie hat

Da, wo der Hammer hängt: Im Industriemuseum Lauf ist eine komplette Schmiede aufgebaut

sich die Technik gewandelt von der Früh- bis zur Hochindustrie? Im Industriemuseum könnt ihr zum Beispiel ein Eisenhammerwerk, eine Getreidemühle und einen alten Frisörsalon besichtigen. Lasst euch faszinieren von den Gebäuden und Maschinen der ehemaligen Ventilfabrik *Dietz & Pfriem.* Sie ist weitgehend im Originalzustand erhalten und vermittelt euch einen Eindruck der vergangenen Arbeitswelt. Am **Wasserspielplatz** könnt ihr selbst experimentieren.

Die **Museumswerkstatt** bietet kreative Aktionen und spannende Rundgänge für Kindergruppen, Schulklassen und Kindergeburtstage. Sonderausstellungen und interessante (Vor-)Führungen runden das Angebot ab.

Stadtmuseum Conradtyhaus

Mühlgasse 1, 90552 Röthenbach a.d. Pegnitz. ✆ 0911/9575-121, 9575-122. www.stadtmuseum-conradtyhaus.de. **Bahn/Bus:** ↗ Röthenbach. **Auto:** ↗ Röthenbach, Friedrichsplatz, Sterngasse bis Mühlgasse. **Zeiten:** Sa, So, Fei 10 – 16 Uhr, 1. Jan, 24. – 26., 31. Dez geschlossen. **Preise:** 3 €; Kinder ab 13 Jahre 2 €; Familienkarte 6 €, Gruppen ab 10 Pers 2 € pro Person. **Infos:** Führungen 30 € pro Gruppe.

▶ Wie hat eine Arbeiterfamilie um das Jahr 1900 gelebt? Wie sahen Schlafkammern, Stube und Küche aus? Wie hat sich die Familie ernährt, welche Krankheiten gab es und wie sahen Schul- und Vereinsleben aus? All diese Fragen werden euch im Stadtmuseum anhand von Hörstationen und Schautafeln beantwortet. Für die Jüngeren unter euch veranschaulichen Symbole die Informationen. Das Museum selbst und die umliegenden erhaltenen Gebäude gehörten zur Arbeitersiedlung, die *Conrad Conradty* und sein Sohn ab 1894 für ihre Arbeiter und deren Familien errichten ließen. 1880 begann Conradty hier mit der Bleistiftherstellung, stellte aber später aber auf Kohlestifte und Grafitelektroden um.

Heimatmuseum Rückersdorf im Alten Tucherschloss

Gemeindeverwaltung Rückersdorf, Schlossgasse 1, 90607 Rückersdorf. ✆ 0911/57054-0, 5706426. www.rueckersdorf.de. **Bahn/Bus:** ↗ Rückersdorf. **Auto:** ↗ Rückersdorf, B14 bis Schlossgasse. **Rad:** 5-Flüsse-Radweg. **Zeiten:** Bei der Gemeindeverwaltung kann ein Führungstermin vereinbart werden. **Preise:** kostenlos.

▶ Euch erwartet eine spannende Ausstellung über regionale bäuerliche und handwerkliche Überlieferungen. Schaut in die *Wintersportabteilung* mit altertümlichen Skiern und Schlittschuhen, werft einen Blick in die Schmiede und besucht ganz freiwillig das traditionelle Schulzimmer. Außerdem könnt ihr ein sogenanntes Armenhaus und eine Schusterwerkstatt besichtigen und über eine umfangreiche Schmetterlingssammlung staunen.

6 Spielplätze gibt es in Rückersdorf: Am Hopfengarten, in der Hallergasse, Laufer Straße, Reichswaldstraße, Parkstraße und am Felsenkeller.

Museum Schleifmühle Reichel

Altstadtfreunde Lauf an der Pegnitz, Höllgasse, 91207 Lauf a.d. Pegnitz. ✆ 09123/5423, www.altstadtfreunde-lauf.de. **Bahn/Bus:** ↗ Lauf, Bus 350 – 353, 355 – 359 bis Marktplatz. **Auto:** ↗ Lauf, Nürnberger Straße, Friedensplatz, Marktplatz, Johannisstraße bis Höllgasse, Parkmöglichkeiten in der Umgebung. **Rad:** 5-Flüsse-Radweg bis Lauf. **Zeiten:** April – Okt 1. Sa im Monat 10 – 13, 3. Sa im Monat 14 – 16 Uhr. **Preise:** Eintritt frei, Spende erbeten. **Infos:** Mitgebrachte Messer und Äxte (keine Scheren) werden gerne geschärft.

▶ Auf einer kleinen Pegnitzinsel im Ort könnt ihr die letzte erhaltene Schleiferei Laufs besichtigen. Seit

Kaiserburg Wenzelschloss, Schlossinsel 1, Lauf. Stadtführer ✆ 09123/184-222. www.stadtfuehrung-lauf.de. Innenhof täglich 8 – 18 Uhr geöffnet. Altstadtführung mit Besichtigung des historischen Wappensaals der Kaiserburg Sa 14 Uhr, 3 €, Kinder bis 14 Jahre frei.

Was machte Kaiser Karl IV. in Lauf? Kleine Kulturgeschichte(n) für Kinder, ISBN 978-3-942251-23-5, 10 €.

1890 war die Schleifmühle im Besitz der Familie *Reichel* und wurde daher auch *Reichel'sche Schleif* genannt. Der letzte Nachkomme betrieb die Schleife zeitweise noch bis 1988 und schliff den Laufer Buben ihre Taschenmesser. 2004 wurde das Gebäude aufwändig saniert, damit ihr heute einen möglichst originalgetreuen Eindruck von der historischen Handwerksstätte gewinnen könnt.

BÜHNE, LEINWAND & AKTIONEN

Kunstraum in Röthenbach a.d. Pegnitz, Parkstraße 1, Röthenbach. © 01520/9865243. www.christinemaerz.com. Sa 10.45 – 13 Uhr. Im Haus der Jugend in Röthenbach habt ihr ebenfalls die Möglichkeit, einen 10-wöchigen Malkurs zu belegen.

Für Künstler & Bücherwürmer

Malt euch eure Welt

Im Bürgertreff Lauf, Christine März, Hellergasse 2, 91207 Lauf a.d. Pegnitz. Handy 0162/2672775. www.christinemaerz.com. **Bahn/Bus:** ↗ Lauf, Bus 350 – 353, 355 – 359 bis Marktplatz. **Auto:** ↗ Lauf, Parkmöglichkeiten in der Umgebung. **Rad:** 5-Flüsse-Radweg. **Zeiten:** Mi 16.30 – 18.45 Uhr. **Preise:** Trimester (10 x 3 Std) 200 €; Geschwister im gleichen Kurs 150 €.

▶ *Kunstraum Franken* nennt sich das Mal- und Zeichenprojekt, mit dem sich die studierten Künstlerinnen *Christine März* und *Luise Gumann* an Kinder und Jugendliche 6 – 16 Jahre wenden. Neben dem Erlernen verschiedener Maltechniken, stehen vor allem eure Fantasie und eure Kreativität im Mittelpunkt. Das jeweilige Trimester orientiert sich an einem Hauptthema, jede Unterrichtseinheit bildet aber für sich ein abgeschlossenes Projekt. Dreimal im Jahr könnt ihr auch einen einwöchigen Ferienkurs buchen, immer an spannenden Orten wie *Faber-Castell* oder *Businesspark Nürnberg.*

Bücherwürmer aufgepasst!

Gemeindebücherei Heroldsberg, Hauptstraße 104, 90562 Heroldsberg. © 0911/51857-71, www.heroldsberg.de. **Bahn/Bus:** ↗ Heroldsberg. **Auto:** ↗ Heroldsberg. **Rad:** ↗ Heroldsberg. **Zeiten:** Di, Fr 16 – 18, Mi

10 – 16, Do 16 – 20, Sa 10 – 12 Uhr. **Preise:** 16 € pro Jahr, Internet-Nutzung 2 € pro Std; Kinder 6 € pro Jahr.

▶ Über 16.000 Medien stellt die Bücherei bereit. Schmökert ein bisschen auf den gemütlichen roten Sofas der *Read Zone* oder nutzt die kleine, bunte Spiellandschaft. Bei schönem Wetter lockt der Lesegarten unter freiem Himmel. Regelmäßig werden Veranstaltungen wie Vorlesestunden oder der *Sommer Lese Club* angeboten. **Tipp:** Aufgrund der Städtepartnerschaft mit der trentinischen Gemeinde Taio bietet die Bücherei Heroldsberg auch viele italienische Kinder- und Jugendbücher an.

In fremde Welten abtauchen: Mit Büchern ist das möglich

Feste & Märkte

Laufer Märchentage

Märchenzentrum DornRosen e.V., Samstagstraße 5, 91207 Lauf a.d. Pegnitz. ✆ 0911/5049469 (Kartenbestellung), 533911. www.maerchenzentrum.de. **Bahn/ Bus:** S1 aus Nürnberg, ➚ Lauf. **Auto:** ➚ Lauf. **Rad:** 5-Flüsse-Radweg. **Zeiten:** Sep Sa, So, Terminkalender ➚ Internetseite. **Preise:** Märchenfest 9 €, Märchenerzählabende, Theater, Tanz u.a. siehe Programm; Märchenfest Kinder 4,50 €; Märchenfest Familienkarte 1 Erw, Kinder 11 €, 2 Erw, Kinder 18 €.

▶ Jedes Jahr im September verwandelt sich Lauf in eine Stadt der Märchen und Geschichten. Bei dem dreitägigen Erzählfestival, das jeweils unter einem bestimmten Motto steht, gibt es sowohl für kleine und große Kinder als auch für Erwachsene viel zu entdecken. Neben der *Langen Nacht der Märchen* verzaubern vor allem das große *Märchenfest* und der *Märchenraum der Sinne.* Ob Spiel- und Mitmach-

Im *Schloss Henfenfeld* werden regelmäßig Familienveranstaltungen mit Märchen, Musik und Erzählungen angeboten. Auch euren Kindergeburtstag könnt ihr dort feiern. Infos über die Internetseite des Märchenzentrums.

märchen für 3-Jährige, Puppenspiel, oder Grimm'sche Klassiker und moderne Geschichten.

FESTKALENDER LAUF & UMGEBUNG

Juni: 1 Woche vor Kunigundenfest: **Laufer Altstadtfest** mit Musik, Ständen und Veranstaltungen. So **Laufer Kanurennen** für Teilnehmer ab 10 Jahre.
Eckentaler Marktfest auf dem Rathausplatz.

Juli: 1. So, Kalchreuth: **Kirschenkirchweih.**
1. So, Lauf: Traditionelles **Kunigundenfest,** Fr – Di, mit Aufführungen, Kirchweihbetrieb und Festzügen.
Heroldsberg: Trubel in der Hauptstraße beim **Heroldsberger Straßenfest.**

August: Letzter So, Röthenbach: **Blumenfest,** auch als *Fest der 500.000 Dahlien* bekannt, gleichzeitig auch **Kärwa.**
Heroldsberg: **Open-Air-Kino** im Schlossbad.

September: Lauf: **Laufer Märchentage** 2015: 11. – 13., Motto: »Okzident trifft Orient«.
Lauf: **Hämmernkirchweih,** Kultur, Sport und Musik rund um das Wenzelschloss.
Schwaig: Kinderprogramm und Kindergottesdienst beim **Schwaiger Schlossfest** im Schlosshof, 3 Tage.
Heroldsberg: **Heroldsberger Kärma,** Kirchweihbaum-Aufstellen, Festumzug und Abschlussfeuerwerk.

November: Lauf: **Literatur Tage,** auch Kinderlesungen, www.literaturtage-lauf.de.
Röthenbach: **Hobby-Künstler- und Kunsthandwerker-Markt** in der Karl-Diehl-Halle.

November/Dezember: Vor dem 1. Advent bis 24. Dez, Lauf: Prolog der Laufer *Kunigunde* zum Auftakt des **Weihnachtsmarktes,** www.weihnachtsmarkt-lauf.de.
Weitere **Weihnachts- und Adventsmärkte** in *Röthenbach a.d. Pegnitz* bis kurz vor Heiligabend, am 1. Adventswochenende in *Heroldsberg* und *Igensdorf,* am 2. Adventssonntag in *Kalchreuth.*

SCHWABACH & UMGEBUNG

BAIERSDORF & DER NORDEN

ERLANGEN

HERZOGENAURACH

FÜRTH – STEIN

NÜRNBERG: NATUR & SPORT

NÜRNBERG: WISSEN & KULTUR

LAUF & UMGEBUNG

SCHWABACH & UMGEBUNG

ORTE, INFO & VERKEHR

FERIENADRESSEN & KARTEN

Sowohl der Main-Donau-Kanal als auch ein erhaltener Abschnitt des Ludwig-Donau-Main-Kanals schlängeln sich durch die Städte und Gemeinden südlich von Nürnberg. Dadurch ergeben sich hervorragende Möglichkeiten für Spaziergänge und Radtouren.

Auch die kleineren Flüsse wie *Rednitz* oder *Schwarzach* bieten naturnahe Freizeitmöglichkeiten, sei es eine Wanderung durch die ➚ *Schwarzachklamm* oder eine *Bootsfahrt* auf der Rednitz. Die Gemeinden *Rednitzhembach* und *Schwanstetten* bilden bereits das Tor zum Fränkischen Seenland. Darüber hinaus ist die Region stark geprägt von Handwerkszünften. Von *Schwabach* bis *Feucht* könnt ihr die Bräuche und Geschichten der Goldschläger und Zeidler erleben.

GOLDSCHLÄGER UND ZEIDLER

Faltplan Schwabach 1:25.000, Landesamt für Digitalisierung Breitband und Vermessung Bayern, ISBN 978-3-89933-389-3, 8,90 €.

Frei- & Hallenbäder

Feuchtasia

Feuchter Gemeindewerke GmbH, Altdorfer Straße, 90537 Feucht. ✆ 09128/9914-430, www.feuchtasia.de. **Bahn/Bus:** ➚ Feucht Ost, 500 m Fußweg. **Auto:** ➚ Feucht, über B8 bis St2239 (Schwabacher Straße) durchfahren bis Altdorfer Straße. **Rad:** 5-Flüsse-Radweg. **Zeiten:** Mai – Sep täglich 9 – 20 Uhr, Mi ab 7 Uhr. **Preise:** 4 €, 10er-Karte 37 €; Kinder 6 – 17 Jahre 2 €, 10er-Karte 17 €.

▶ Über 1000 qm hat die Wasserfläche des Schwimmerbeckens, ebenso groß ist das Spaßbecken mit 70-m-Rutsche, Wasserpilz, Luftsprudelliegen, Massagedüsen und Gegenstromanlage. Auf die Kleineren wartet Walfisch *Jonas* im Planschbecken. Wenn ihr mutig seid, könnt ihr vom Sprungturm aus 5, 3 oder 1 m hohe ins Becken hüpfen. Außerdem bietet das Freibad eine schöne Liegewiese und einen Strandbereich sowie Tischtennisplatten und Beachvolleyballfelder.

TIPPS FÜR WASSERRATTEN

Pony Milky wird geputzt: Auf der Reitanlange Feucht müsst ihr tüchtig mit anpacken

Hallenbad Schwabach

Bismarckstraße 8, 91126 Schwabach. ✆ 09122/82282, www.stadtwerke-schwabach.de. **Bahn/Bus:** ↗ Schwabach, Bus 61, 677 bis Hindenburgstraße. **Auto:** ↗ Schwabach West, über B466 bis Bismarckstraße. **Zeiten:** Di – Fr 6.45 – 7.45, 15.30 – 20.30, Sa 7.30 – 18, So 8.30 – 11.30 Uhr, während Freibadsaison geschlossen. **Preise:** 2,30 €, 10er-Karte 20 €; Kinder 6 – 17 Jahre 1,30 €, 10er-Karte 11 €.

▶ Sobald die Freibadsaison vorbei ist, lädt das Schwabacher Hallenbad alle Wasserratten zum Schwimmen und Tauchen ein. In dem 25-m-Becken mit einer Wassertiefe 1,20 – 2,20 m könnt ihr zum Beispiel das Schwimmen erlernen (städtischer Schwimmkurs für 26 € mit 10 Schwimmeinheiten) oder Do 15.30 – 17.30 Uhr den Kinderspielnachmittag genießen. Besonders kuschelig habt ihr es Di und Mi am Warmbadetag bei 29 Grad Wassertemperatur.

Stadtpark Schwabach, Lindenstraße, Schwabach. Erholung am Schwanenweiher, Sommerveranstaltungen im Musikpavillon, Kinderspielplatz und Jugendtreff.

Parkbad Schwabach

Stadtbäder Schwabach GmbH, Angerstraße 10, 91126 Schwabach. ✆ 09122/81772, www.stadtwerke-schwabach.de. **Bahn/Bus:** ↗ Schwabach, Bus 668 bis Schwabach Parkbad. **Auto:** B2 bis Angerstraße. **Rad:** Radweg entlang B2 bis Angerstraße. **Zeiten:** Mitte Mai – Mitte Sep 7.30 – 20, Juni, Juli bei guter Witterung bis 21 Uhr. **Preise:** 4,10 €, ab 17 Uhr 2,60 €; Kinder 6 – 17 Jahre 2,10 €; Saisonfamilienkarte Erw je 88 €, 1. und 2. Kind je 42 €, weitere Kinder frei. **Infos:** Bei schlechter Witterung vorzeitige Schließung möglich, Info-Bandansage ✆ 09122/1881134 ab 14 Uhr.

Wenige Fußminuten südlich der Angerstraße findet ihr den **Landschaftspark Süd** mit Baumlehrpfad, Totholzgarten und Wasserspielplatz.

▶ Wenn ihr ein kinder- und familienfreundliches Freizeitbad sucht, dann seid ihr im Schwabacher Parkbad genau richtig. Die Kleinsten fühlen sich im Planschbereich mit drei durch Rutschen verbundene Becken pudelwohl. Das Freizeitbecken bietet euch eine 46 m lange Rutsche, Strömungskanal, Brodelbucht, Massagepilz und Regenvorhang. Zum Bahnen-

Schwimmen steht euch ein 50-m-Sportbecken zur Verfügung und ins Sprungbecken könnt ihr aus 3 oder 1 m Höhe eintauchen. Habt ihr vom Wasser genug, dann laden euch Spielplatz, Ballsportfelder, Tischtennisplatten und Großschachfeld zu weiteren Aktivitäten ein. Hunger und Durst könnt ihr im Parkbad-Kiosk stillen.

Früh übt sich: Wellensurfen im Kleinkinderbecken
© pmv, Sylvia Schaub

Boot ahoi

Kahnfahrt auf der Rednitz

Bootsverleih Rednitzhembach, Roland Laschinger, Zwischen den Brücken, 91126 Rednitzhembach. Handy 0170/3080228. www.rednitzhembach.de. **Bahn/Bus:** ↗ Rednitzhembach, Bus 676 bis Plöckendorf Schulbushaltestelle (Mo – Sa). **Auto:** B2, RH1 bis Kreisverkehr, Rother Straße bis zur Eisernen Brücke. **Zeiten:** Mai – Mitte Sep (bei schönem Wetter auch darüber hinaus) Fr, Sa, So, Fei und in den Ferien 14 – 20 Uhr. **Preise:** 1 Std 10 € pro Boot.

▶ Wenn ihr Lust auf eine spritzige Kahnfahrt habt, dann schaut beim Bootsverleih von *Roland Laschinger,* alias *Doc Knotz,* vorbei. Mit Ruderboot (max. 4 Pers) oder Kanadier (max. 3 Pers) könnt ihr bis zum Rother Ortsteil *Pfaffenhofen* rudern. Die neueste Attraktion sind allerdings seine zwei SUP-Bretter (Stand-Up-Paddle). Bei dem aus Hawaii stammenden Trendsport steht ihr auf einer Art Surfbrett und bewegt euch mit Hilfe eines langen Paddels vorwärts.

Wenn der erste Schnee gefallen ist, geht's zum Rodeln nach Untermainbach. Auf dem Weiher hinter der Feuerwehr könnt ihr auch eure Schlittschuhe anschnallen.

Am lauschigen Rednitzufer bei *Doc Knotz* finden regelmäßig Konzerte statt. Erkundigt euch auf der Facebook-Seite unter *kahnfahrt rednitzhembach* nach aktuellen Veranstaltungen.

FRISCHE LUFT & SPORT

Radeln & wandern

Radeln in Schwabach und Umgebung

91126 Schwabach. www.schwabach.de.

▶ Besonders naturnahe und kinderfreundliche Strecken findet ihr entlang dem **Ludwigskanal** von Nürnberg über Wendelstein bis Schwarzenbruck und neben dem **Main-Donau-Kanal** bis nach Rednitzhembach und zur *Schleuse Leerstetten.* Ein Stück weit befahrt ihr hier auch den **Burgenstraße-Radweg.** Über die Radwanderwege **Nürnberg-Rothsee-Altmühltal** und **Reichswald-Brombachsee** gelangt ihr auf dem Drahtesel sogar bis ins Fränkische Seenland.

Fahrradstadtplan Schwabach, mit Radwegen in der Stadt und 16 Touren-Vorschlägen in die Umgebung. Maßstab 1:15.000 und Umgebungskarte 1:50.000, erhältlich im Bürgerbüro Schwabach, 6,50 €.

Radeln auf dem Gedenksteinweg

Museumsverein Schwanstetten e.V., Rathausplatz 1, 90596 Schwanstetten. ✆ 09170/289-25, www.museum-schwanstetten.de. **Start:** Gemeindezentrum. **Länge:** Etwa 14 km, ausgeschildert mit Infotafeln. **Bahn/Bus:** ➚ Schwanstetten. **Auto:** ➚ Schwanstetten. **Rad:** Main-Donau-Kanal.

▶ Macht euch doch mal auf die Suche nach alten Spuren und Erzählungen. Auf der Radstrecke, die ihr in Teilabschnitten auch zu Fuß erkunden könnt, stoßt ihr auf sechs Gedenksteine, die als Erinnerung an alte Geschichten aufgestellt wurden. Meist erinnern sie an Personen, die unter kuriosen Umständen zu Tode gekommen sind, wie der Kohlenbrenner *Niclas Niedermann,* der 1594 beim Eichelnzupfen vom Baum fiel. Die Route ist gut ausgeschildert und bietet mehrere Rastmöglichkeiten. Auf dem Abschnitt am Main-Donau-Kanal entlang kommt ihr auch an der

In der Umgebung findet ihr Spiel- und Bolzplätze in Leerstetten in der Karl-Plesch-Straße, in Mittelhembach in der Nibelungenstraße und in Schwand in der Erlengasse, der Alten Straße und im Köhlerweg.

Schleuse Leerstetten vorbei. Sie ist mit einer Hubhöhe von 24,67 m eine der größten Schleusen Europas.

Einen Lageplan mit Erklärungen zu den Gedenksteinen bekommt ihr im Rathaus oder beim Museumsverein.

Wanderung durch die Schwarzachklamm

Am Brückkanal, 90537 Feucht. www.feucht.de. **Lage:** Parkplatz am Brückkanal. **Länge:** Rundweg ca. 7,5 km, mit Rundgang durch Schwarzenbruck ca. 9 km. **Bahn/ Bus:** S3 bis Ochenbruck (von hier aus ist die Strecke etwas länger). **Auto:** A73 Ausfahrt Feucht, B8 Richtung Schwarzenbruck, rechts Richtung Gsteinach, Parkplatz am Brückkanal. **Rad:** 5-Flüsse-Radweg.

▶ Direkt hinter der **Waldschänke Brückkanal** führt der Pfad rechts hinunter in die abenteuerliche Schlucht. Ihr lauft an einer Quelle vorbei und dann geht es immer die *Schwarzach* entlang. Hier hat sich der Fluss eine tiefe Spur durch den Sandstein gegraben. Linker Hand türmen sich Felswände auf und einige Felsüberhänge ragen gewaltig über den Weg. Nach dem Holzsteg, der sich eng an den Fels lehnt, gelangt ihr zur **Karlshöhle,** in der sich auch eine Quelle befindet. Durch ein Felstor führt die Strecke weiter, vorbei am Flusskraftwerk, mehrere Stufen hinauf und nach wenigen Metern wieder hinunter ins Tal. Nun trefft ihr auf die **Gustav-Adolf-Höhle.** Hier soll der Schwedenkönig *Gustav-Adolf* (1594 – 1632) im Juli 1632 nach siegreichem Gefecht an einem Dankgottesdienst teilgenommen haben. Es lohnt sich, am Ende der Klamm weiter bis nach **Schwarzenbruck** zu wandern und einen Blick auf das malerische *Petzenschloss* und die Anlage des *Faberschlosses* zu werfen. Durch den Wald erreicht ihr dann den *Ludwigskanal,* dem ihr nach rechts zurück bis zum Brückkanal folgt. Hier haben früher Pferde die Kanalschiffe auf

Lasst euch wie in alten Zeiten von Pferden auf dem **Treidelschiff Elfriede** durch den Kanal ziehen. Ablegestelle in Schwarzenbach, Mai – Sep, 1. So im Monat. 3 €, Kinder 7 – 12 Jahre 1 €, www.burgthann.de.

Interessante Karstlöcher: Die Klamm ist total spannend

Hunger & Durst

Waldschänke Brückkanal, Am Brückkanal 3, Feucht. ✆ 09128/4326. www.brueckkanal.com. Di – So 10 – 22 Uhr. Direkt am Ludwigskanal, Biergarten, fränkische Küche, Kindergerichte, Spielplatz.

Der Spaziergang lässt sich übrigens gut mit einem Besuch im ↗ *Zeidel-Museum* oder im ↗ *Hermann-Oberth-Raumfahrt-Museum* verbinden.

Waldspielplatz Bienengarten, Zur Platte, Feucht. www.feucht.de. Im Sep 2014 neu eröffneter Spielplatz mit tollen Holzspielgeräten, wie Rutsche, Vogelnestschaukel und Kletterstation.

den **Treidelwegen** vorwärts gezogen, heute wachsen Sumpfdotterblumen und Schlingpflanzen im Wasser. Wenn ihr mit öffentlichen Verkehrsmitteln anreist, könnt ihr die Tour in Ochenbruck starten. Dann geht ihr an der *Schwarzach* entlang bis zum Petzenschloss und dann entweder erst durch die Klamm und am Ludwigskanal zurück oder umgekehrt.

Drei-Schlösser-Rundweg

90537 Feucht. ✆ 09128/9167-0, www.feucht.de. **Start:** Zeidlerschloss, Mittlerer Zeidlerweg 8. **Länge:** ca. 1,3 km. **Bahn/Bus:** ↗ Feucht Ost, 10 Min Fußweg. **Auto:** ↗ Feucht, über B8, Schwabacher Straße, Hauptstraße, Altdorfer Straße bis Mittlerer Zeidlerweg. **Rad:** 5-Flüsse-Radweg.

▶ Ihr beginnt den Spaziergang am 1427 errichteten **Zeidlerschloss,** das mit seinen zwei Zeidelgütern das Zentrum der ehemaligen Honiggewinnung bildete. Heute dient es dem Markt Feucht als Veranstaltungsort. Direkt nebenan befindet sich das ehemalige *Zeidelgericht.* Es war seit 1296 für die Schlichtung von Streitigkeiten unter den Zeidlern zuständig. Über Sparkassen- und Pfinzingplatz erreicht ihr die Pfinzingstraße und gelangt zum **Pfinzingschloss,** das 1460 als Wehrbau mit Wassergraben gebaut wurde. Die drei Wappen über dem Hauseingang des Pfinzingschlosses beziehen sich auf den Patrizier *Georg Tetzel,* der das 1552 niedergebrannte Schloss wieder aufbaute, und seine beiden Ehefrauen. Der Weg zum Tucherschloss führt über den Leutschacher Weg und den Friedrich-Wilhelm-Raiffeisen-Steg. Für ein bisschen Spaß am Wasser ist hier ein kurzer Abstecher ins **Gauchsbachstal** zu empfehlen. Das 1590/91 entstandene **Tucherschloss,** das ihr in der Hauptstraße findet, litt im Laufe der Jahre durch häufigen Besitzerwechsel und viele Zerstörungen. 1990 wurde der Herrensitz in Privathand aufwändig rekonstruiert. Der *Barockgarten* wurde vom Markt Feucht nach einem historischen Plan von 1757 wieder hergerichtet. Hier könnt ihr auf einer der Bänke eine kleine Pause einlegen. Vorbei an der Kirche *St. Jakob* und dem Rathaus gelangt ihr wieder zum Ausgangspunkt.

Kunstweg Rednitzhembach

Gemeinde Rednitzhembach, Rathausplatz 1, 91126 Rednitzhembach. ✆ 09122/692-0, www.rednitzhembach.de. **Start:** z.B. an der Walpersdorfer Straße/Eiserne Brücke. **Länge:** Komplett 8,5 km, Großer Rundweg 7 km, Kleiner Rundweg 4,5 km. **Bahn/Bus:** ↗ Rednitzhembach, Bus 676 bis Evangelische Kirche oder Schulbushaltestelle. **Auto:** A6 bis Roth, über B2, RH1 bis Kreisverkehr, Rother Straße, über Eiserne Brücke bis Walpersdorferstraße.

▶ Um regionale und überregionale Künstler zu fördern, aber auch um euch zum Staunen und Nachdenken anzuregen, ist seit 1994 Stück für Stück ein Kunstrundweg in Rednitzhembach entstanden. Beginnt an der **Eisernen Brücke** (es gibt auch andere Startmöglichkeiten) und wandert zunächst die Walpersdorfer Straße entlang. Hier könnt ihr bereits die ersten Kunstwerke wie die *Monsterschafe* oder *die Reiseroute der blechernen Frösche* bestaunen. Vor dem Trafohaus biegt ihr links ab, passiert den Spielplatz und trefft auf eurem Weg am Wald entlang auf weitere künstlerische Projekte, wie die *Welle* oder die *Wasserträger.* Beim *Durchbruch* biegt der Pfad in den Wald ab. Nun geht es eine ganze Weile durch den Wald, natürlich nicht ohne Kunstobjekte. Findet ihr die *Schnecken* und die *Kugelrunden?* Erschreckt nicht vor dem riesigen *Waldfisch,* hinter dem ihr nach rechts abbiegt und

Landkreiswanderkarte Roth Schwabachtal/Reichswald mit ausführlicher Wegbeschreibung. Kultur und Tourismus Roth, ✆ 09171/81-1329, www.landratsamt-roth.de, 3 €.

Hunger & Durst

Schwarzer Adler, Wilhelm-Drescher-Straße 20, Rednitzhembach. ✆ 09122/63710. www.gasthaus-schwarzer-adler.com. Mo, Mi – Fr 11 – 14, Sa 10 – 14, Mo – Sa 16.30 – 24, So 10 – 24 Uhr. Fränkische/kroatische Speisen, Kindergerichte.

Walle! Walle manche Strecke … Eimerreihe wie beim »Zauberlehrling«

© pmv, Sylvia Schaub

aus dem Wald herausläuft. Am *Steinblütenfeld* geht es noch einmal ein kurzes Stück durch den Wald, dann biegt ihr nach rechts in die Walpersdorfer Straße (die längere Route folgt der S-Bahn-Strecke und führt über die Bahnhofsstraße), die euch wieder zurück bis zur Eisernen Brücke führt. Einige Kunstwerke findet ihr auch entlang der Rother Straße bis zur evangelischen Kirche.

Reiten

Reitanlage am Europakanal

Katharina Gradl, Am Kanal 14, 90596 Schwanstetten. Handy 0172/8527206. www.reitanlage-am-europakanal.com. **Bahn/Bus:** Bus 604, 676 bis Mittelhembach (außer So). **Auto:** ↗ Schwanstetten, über RH1, Brückenstraße links bis Am Kanal. **Rad:** ↗ Schwanstetten. **Zeiten:** Mo – Fr 7 – 21, Sa 7 – 20, So, Fei 7 – 19 Uhr, Termine nach Vereinbarung. **Preise:** Longe 23 €, Einzelstunde Dressur 20 €, Springen 25 €, Gruppe Dressur 19 €, Springen 20 €; Gruppenstunde Dressur Kinder 18 €.

▶ Fünf Schulpferde, davon zwei Ponys, stehen euch zum Reiten zur Verfügung. Neben Unterricht an der Longe werden Dressur- und Springstunden, sowohl in Gruppen als auch als Einzelunterricht, angeboten.

Der **Jägersee,** der aus 2 Baggerseen besteht, wird im Sommer zum Baden und als Naherholungsgebiet für Radler und Wanderer genutzt. Ist die Eisschicht im Winter dick genug, lässt sich hier prima Eislaufen und Eisstockschießen.

Reitanlage Feucht

Christiane Flegler, Josef-Schlosser-Weg 208c, 90637 Feucht. ✆ 09128/13480, Handy 0160/94964259. www.reitanlage-feucht.com. **Bahn/Bus:** Bus 678 bis Feucht Realschule, dann 10 – 15 Min Fußweg. **Auto:** Über B8, Schwabacher Straße bis Friedrich-Ebert-Straße, dann ausgeschildert. **Rad:** 5-Flüsse-Radweg. **Zeiten:** Reitunterricht Mo – Fr 14 – 18, Sa 9 – 13 Uhr, Ferienkurse Mo – Fr 9 – 16 Uhr. **Preise:** Ferienkurse pro Woche, inkl. Mittagessen 250 €, Reitstunde Gruppenunterricht 20 €.

▶ Liegt bei euch das Glück dieser Erde auf dem Rücken der Pferde? Dann wird euch die Reitanlage auf dem 18.000 qm großen Gelände mitten im Landschaftsschutzgebiet gefallen. Ob Anfängerunterricht, Dressurreiten oder Springen, je nach Vorkenntnissen könnt ihr euch in der entsprechenden Disziplin ausbilden lassen. Viel Spaß machen auch die Ferienkurse, bei denen ihr eine Woche lang jeden Tag die Ponys und Pferde putzen, füttern und reiten dürft. Neben Praxis- und Theorieunterricht steht meistens noch ein vergnüglicher Ausritt zum angrenzenden *Jägersee* auf dem Programm.

Toben, klettern & spielen

Aktivspielplatz Goldnagel

Wasserstraße 1a, 91126 Schwabach. ✆ 09122/ 84226, 860336. www.schwabach.de. **Bahn/Bus:** ↗ Schwabach, Bus 673 bis Wasserwerk. **Auto:** A6, B2, B466, Reichenbacher Straße bis Wasserstraße. **Zeiten:** April – Okt Mi – Fr 13.45 – 17.45, Nov – März 13.45 – 16.45 Uhr, Ferienzeiten auf der Internetseite. **Preise:** kostenfrei, Veranstaltungen und Ferienaktionen auf Anfrage.

▶ Der Aktivspielplatz, der von pädagogischen Fachkräften betreut wird, bietet Aktivitäten für Kinder 6 – 13 Jahre. Hier könnt ihr Hütten bauen, kochen, basteln, schaukeln und noch viel mehr. Regelmäßig werden Projekte, Ferienaktionen und weitere Veranstaltungen angeboten.

Zieht euch strapazierfähige Kleidung und feste Schuhe an, die schmutzig werden dürfen.

Von Baum zu Baum im Waldseilpark Rummelsberg

Rummelsberg 61, 90592 Schwarzenbruck. Handy 0171/3572275. www.waldseilpark-rummelsberg.de. **Bahn/Bus:** ↗ Schwarzenbruck, ab Ochenbruck Bus 553 bis Rummelsberg Hospiz (nicht So). **Auto:** ↗ Schwarzenbruck, B8, Burgthanner Straße bis Rum-

Kletterzentrum des DAV Feucht, Schulstraße 28, Wilfried Brunner Halle, Feucht. ✆ 09128/7238865. www.dav-feucht.de. Ansprechpartner Familienprogramm Familie Greger, ✆ 09128/ 739373, greger@nef-kom.net, *kids klettern* Eris Münch, kids-klettern@dav-feucht.de.

Über 7 Brücken musst du gehen: Aber nur gut gesichert!

Foto © Waldseilpark Rummelsberg

melsberg, dann 1. Kreuzung rechts, Parkplätze vorhanden. **Zeiten:** Beginn Osterferien – 1. Nov Di – Fr 12 – 19, Sa, So, Fei 10 – 19 Uhr. **Preise:** 19 €; Kinder 6 – 8 Jahre 9 €, 9 – 11 Jahre 14 €, 12 – 17 Jahre 17 €; Familien Rabatt 1,50 € pro Pers, Rollstuhlfahrer 5 €.

▶ Purer Nervenkitzel erwartet euch im Klettergarten vor den Toren Nürnbergs. Zwischen meterhohen Bäumen verlaufen 7 verschiedene Parcours mit insgesamt mehr als 50 Stationen. So könnt ihr, je nach Schwierigkeitsgrad, in 3 – 15 m Höhe von einem Baumwipfel zum anderen schweben oder balancieren. Eine spezielle Hochseil-Route mit 5 Stationen wird darüber hinaus für Rollstuhlfahrer angeboten.

Ein schöner **Spielplatz** direkt neben dem Waldseilpark sorgt für zusätzlichen Kletterspaß.

Indoor-Spielplatz MegaPlay

MegaPlay Kinderspielparadies GmbH, In der Alting 1, 90596 Schwanstetten. ✆ 09170/946293, www.megaplay.info. **Bahn/Bus:** Bus 604 bis Allersberger Straße, 676 bis Rosengasse (Fußweg ca. 600 m), 651 (auch So) bis Schwand Marktplatz (Fußweg ca. 700 m). **Auto:** ➚ Schwanstetten, B2, Rednitzhembacher Straße, Allersberger Straße bis In der Alting. **Rad:** Main-Donau-Kanal bis Schwand. **Zeiten:** Mo – Do 14 – 18.30, Fr 14 – 20, Sa, So, Fei, bayerische Ferien 11 – 18.30 Uhr. **Preise:** 4 €; Kinder ab 2 Jahre 7 €; 10er, 5er Karten, Pers ab 60 Jahre Mo – Fr kostenlos (außerhalb Ferien).

▶ Wenn es draußen in Strömen regnet und ihr euch trotzdem so richtig austoben wollt, dann trefft euch im *MegaPlay* zum Spielen, Klettern, Rutschen oder Hüpfen. Auf mehreren Tausend Quadratmetern Fläche stehen euch Spielgeräte wie Trampolin, Hüpf-

Rodelbahnen findet ihr bei den Spielplätzen in der Karl-Plesch-Straße und im Köhlerweg. Schlittschuh laufen könnt ihr auf dem Siedlerweiher in der Wendelsteinerstraße und an der Weiheranlage bei Harm.

burg, Kartbahn, Niederseilgarten, verschiedene Fahrzeuge und mehr zur Verfügung. Für Kleinkinder gibt es einen abgetrennten Spielbereich. Den Hunger zwischendurch könnt ihr im Bistro mit kleinen Speisen, Kuchen und Getränken stillen. Außerdem könnt ihr hier auch eure Kindergeburtstagsfeier ausrichten.

UMWELT ERFORSCHEN

Tiere & Natur erleben

Maislabyrinth, Beeren und Streichelzoo

Beerenland, Raubershofer Weg, 91126 Schwabach-Wolkersdorf. © 0911/8101666, www.beerenland.de. **Bahn/Bus:** Bus 61, 671 bis Wolkersdorfer Berg. **Auto:** B2, über Wolkersdorfer Hauptstraße bis Raubershofer Weg. **Zeiten:** Juni – Mitte Sep 8.30 – 19, Beerencafé 8.30 – 20 Uhr, Labyrinth Mitte Juli – Mitte Sep. **Preise:** Labyrinth 4 €; Kinder bis 5 Jahre 1 €, ab 6 Jahre 3 €.

▶ Im Jahr 2000 wurde in Wolkersdorf das erste **Maislabyrinth** in der Region eröffnet. Landwirt *Leonhard Schneider* brachte die Idee aus den USA mit und landete damit einen vollen Erfolg. Inzwischen könnt ihr nicht nur bei Tag und (zeitweise) Nacht im Labyrinth umherirren, sondern auch Erdbeeren, Heidelbeeren und Johannisbeeren selbst pflücken. Dass dabei die ein oder andere Beere beim Sammeln im Mund landet, ist kein Problem, denn *gezahlt wird nur, was am Ende im Korb ist.* Und während eure Eltern entspannt im **Beerencafé** ein paar beerige Köstlichkeiten genießen, könnt ihr im **Streichelzoo** Freundschaft mit Ziegen, Hasen und Schweinen schließen.

Packt eure Taschenlampen ein! Mitte Juli – Ende Aug dürft ihr Fr bis 24 Uhr das Labyrinth erkunden.

Stürmerhof, Oberbaimbach 3, Schwabach. © 09122/14878. Kindergeburtstag auf dem Erlebnisbauernhof, 100 € bis 10 Kinder, 2,5 Std Programm.

Historischer Lehrpfad am Ludwigskanal

Markt Wendelstein, 90530 Wendelstein. © 09129/401-121 (Kulturamt), www.wendelstein.de. **Start:** Sorger Kanalbrücke, Parkplatz Forststraße Nähe Neuer Friedhof. **Länge:** 4,5 km. **Bahn/Bus:** Bus 610 bis Neues Rathaus. **Auto:** ↗ Wendelstein, St2239 bis Forststraße. **Rad:** 5-Flüsse-Radweg.

Schlittschuh laufen ist bei entsprechender Eisdicke am Alten Kanal möglich, der Fischleinsberg bietet sich zum Rodeln an.

Happy Birthday!

Die Waldpädagogin, Karin Kühnel, Parkstraße 28, Wendelstein. ✆ 09129/907640. www.waldpaedagogin.de. Waldkindergeburtstage, Familienveranstaltungen, Waldgruppen, Märchen im Wald, Waldwerkeln, kooperative Spiele im Wald.

Echter **Kiefernhonig** *wird aus den Ausscheidungen von Blattläusen gewonnen, die die Nadeln aussaugen.*

Hier piept's: An der Vogelstimmenstation

© pmv, Sylvia Schaub

▶ Zehn Jahre dauerte der Bau des **Ludwig-Donau-Main-Kanals,** bei dem bis zu 9000 Arbeiter eingesetzt wurden. 1846 wurde die Wasserstraße, die Donau und Main verband, schließlich eingeweiht. Schiffe, die hier unterwegs waren, legten 172 km zurück und mussten 100 Schleusen passieren. Bereits Ende des 19. Jahrhunderts wurden Pläne für den zeitgemäßeren Main-Donau-Kanal geschmiedet und der *Alte Kanal* musste größtenteils dem Bau des Frankenschnellweges weichen. Auf sechs Schautafeln entlang dem Lehrpfad erfahrt ihr viel Wissenswertes zur Geschichte und Technik des *Ludwigkanals.* Ihr startet die Tour an der Forststraße, vorbei am Neuen Friedhof. Nach etwa 15 Minuten biegt ihr an der Weggabelung rechts ab und wandert bis zum Alten Kanal. An der Sorger Kanalbrücke steht die erste Info-Tafel. Der Lehrpfad endet am Schleusenwärterhäuschen.

Folgt dem Klang des Waldxylophons

Walderlebnispfad Wendelstein, Treidelsweg, 90530 Wendelstein. www.wendelstein.de. **Länge:** 4,2 km, ebene Strecke. **Bahn/Bus:** Bus 602 bis Nürnberger Straße. **Auto:** ↗ Wendelstein, St2239, Nürnberger Straße rechts bis Treidelweg. **Rad:** 5-Flüsse-Radweg.

▶ Was wisst ihr über Fledermäuse? Erkennt ihr die Vogelstimmen in unserem Wald? Und wisst ihr, welche Fische im *Ludwigskanal* leben? Auf dem Walderlebnispfad könnt ihr über Schautafeln und Aktionsstationen viel Wissenswertes über den Wald und seine Bewohner erfahren und entdecken. Der Weg, der anfangs durch den Wald führt und später am Ludwigskanal entlangläuft, ist zu jeder Jahreszeit begehbar. Auf halber Strecke gibt es einen großen Erlebnisplatz mit Holzgewichten, Tierweitsprung und Waldxylophon.

Naturlehrpfad Schwabach

Stadt Schwabach – Umweltschutzamt, Albrecht-Achilles-Straße 6/8, 91126 Schwabach. ✆ 09122/860-270, www.schwabach.de. **Start:**Spitalberg. **Länge:** 10 km, bei Abkürzung durch den Schulwald 6,5 km. **Bahn/Bus:** ↗ Schwabach, Bus 667, 668 bis Königstraße. **Auto:** ↗ Schwabach, Zöllnertorstraße, Königstraße bis Spitalberg.

▶ Die Strecke ist mit einem Baum-Symbol und der Bezeichnung *Naturspaziergang Schwabach* gekennzeichnet und führt vom Schwabacher Zentrum nach Norden über **Ober-** und **Unterbaimbach,** an **Wolkersdorf** vorbei und durch **Eichwasen** wieder zurück nach **Schwabach.** Mit Hilfe von 14 Informationstafeln erkundet ihr die heimische Kulturlandschaft und erfahrt so Wissenswertes über Teiche und Streuobstwiesen, die Entstehung von Flurnamen oder die Renaturierung der *Schwabach.* An den vier Aktionsstationen, wie der drehbaren Obstsäule, lernt ihr die Natur spielerisch kennen. Der Schulwald lockt mit weiteren Naturerfahrungs-Elementen wie Barfußpfad oder Baumtelefon.

Betriebe, Museen, Stadtführungen

Kuhrsche Mühle

Sonja und Norbert Bauer, Zwischen den Brücken 1, 91126 Rednitzhembach. ✆ 09122/74436, www.rednitzhembach.de. **Bahn/Bus:** ↗ Rednitzhembach. **Auto:** ↗ Rednitzhembach, Rother Straße bis zur Eisernen Brücke. **Zeiten:** nach Anmeldung, max. 12 Pers. **Preise:** Führung 1 – 1,5 Std gegen Spende.

▶ 1879 wurde die Mühle in Rednitzhembach erbaut. Bis 1972 wurde hier Getreide gemahlen, heute wird

Bund Naturschutz in Bayern e.V., Kreisgruppe Schwabach, Südliche Ringstraße 17, Schwabach. ✆ 09122/5144. www.schwabach.bund-naturschutz.de. Büro Di 9 – 13, Do 15 – 19 Uhr. Natur erforschen, spielen und Naturkunstwerke basteln, 14-tägig für Kinder 6 – 9 Jahre, Waldameisen Di 15 Uhr, Freche Dachse Fr.

HANDWERK UND GESCHICHTE

Kinomuseum, Zw. den Bücken 3 – 5, Rednitzhembach. ✆ 09122/ 692-123. Besichtigung und Vorführung nach Absprache, 85 €, 28 Plätze.

über eine alte Turbine durch Wasserkraft Strom erzeugt. Bei der spannenden Führung hört ihr die Familiengeschichte und lasst euch die Stromerzeugung erklären. Der kleine Ausstellungsbereich zeigt Maschinen der Mühle sowie Geräte und Einrichtungsgegenstände aus dem letzten Jahrhundert.

Oh, du mein Goldstück: Kinder testen die Schwere von Gold
Foto © Manuel Mauer, Schwabach

Stadtmuseum Schwabach

Museumsstraße 1 (Eingang Dr.-Haas-Straße), 91126 Schwabach. ✆ 09122/8339-33, www.schwabach.de/stadtmuseum. **Bahn/Bus:** ↗ Schwabach, Bus 61 bis Ansbacher Straße, 661, 667 bis Museum. **Auto:** B2 bis Ansbacher Straße Kreisverkehr. **Zeiten:** Mi – So, Fei 10 – 18 Uhr, 24., 25., 31. Dez geschlossen. **Preise:** 5 €; Kinder 4 – 14 Jahre und ermäßigt (Schüler, Studenten, Rentner, Behinderte) 2,50 €; Sondertarife auf Anfrage. **Infos:** Nach Terminvereinbarung ✆ 1854311: Führung für Kinder 7 – 12 Jahre 30 € zzgl. Eintritt, 3,50, Kinder 2,50 €, max. 25 Pers, Dauer 90 Min, Aktivangebote 60 € inkl. Eintritt, max. 10 Kinder 7 – 11 Jahre, z.B. *Alles vergoldet* Rundgang Goldausstellung und Goldnuggets selber herstellen.

▶ Natürlich darf im Stadtmuseum das Goldschlägerhandwerk als ein Themenschwerpunkt nicht fehlen. Schaut euch die historische Goldschlägerwerkstatt in der Goldbox an. Rund ums Ei geht es im 1. Obergeschoss mit Eier-Kunstwerken und Dino-Ei. Eine Etage höher erfahrt ihr Wissenswertes zur Stadtgeschichte und über die Seifenherstellung. Wenn ihr Modelleisenbahnen mögt, kommt ihr im obersten Stockwerk auf eure Kosten. Die weltweit größte Pro-

Am 1. Sa im Monat könnt ihr um 10, 14 und 16 Uhr in der Goldbox eine Live-Vorführung des Goldschlägers sehen.

duktsammlung der Firma *Fleischmann* und ein großer Kinderspielbereich warten hier auf euch.

Drechsler- und Metalldrücker-Museum

Heimatverein Unteres Schwarzachtal e.V., Manfred Horndasch, Schwabacher Straße 25, 90530 Wendelstein. ✆ 09129/9718, 7688. www.heimatverein-wendelstein.de. **Bahn/Bus:** Bus 602 bis Neues Rathaus. **Auto:** ↗ Wendelstein, St2239 bis Schwabacher Straße. **Rad:** Reichswald-Brombachsee-Radweg. **Zeiten:** April – Okt 1. So im Monat 14 – 17 Uhr oder nach Vereinbarung. **Preise:** kostenfrei, Spenden erwünscht.

▶ Drechsler und Metalldrücker waren einst die vorherrschenden Handwerker in Wendelstein. Was heißt denn drechseln überhaupt? Und was hat ein Metalldrücker genau gemacht? Das erfahrt ihr alles im Museum. Außerdem könnt ihr euch Werkzeuge und Maschinen dieser Handwerke anschauen.

Erlebnis Raumfahrt

Hermann-Oberth-Raumfahrt-Museum e.V., Pfinzingstraße 12 – 14, 90537 Feucht. ✆ 09128/3502, www.oberth-museum.org. **Bahn/Bus:** ↗ Feucht. **Auto:** ↗ Feucht, Schwabacher Straße, Friedrich-Ebert-Straße bis Pfinzingstraße. **Rad:** ↗ Feucht. **Zeiten:** Sa, So 14 – 17 Uhr, während Sommerferien teilweise erweiterte Öffnungszeiten (↗ Internetseite). **Preise:** 5 €; Kinder 3 €. **Infos:** Nach telefonischer Anmeldung: Gruppenführung bis 8 Pers 50 €, weitere Person je 6 €, Jugendprogramm, Kindergeburtstage bis 10 Pers 50 €, weitere Person je 5 €.

▶ Habt ihr Lust, eine Zeitreise durch die Geschichte der deutschen und internationalen Raumfahrt zu machen? Im Raumfahrt-Museum wird vor allem der Pionierarbeit des Raumfahrtwissenschaftlers *Hermann Oberth* (1894 – 1989) gedacht. Er wohnte bis zu seinem Tod 1989 in Feucht und widmete sich Zeit seines Lebens erfolgreich der Raketentechnik. Ihr könnt im Museum nicht nur Kosmonauten-Anzüge und ein

Goldschlägernacht – Stadt Schwabach, Schwabach. ✆ 09122/860-241. www.schwabach.de. Alle 2 Jahre am 1. Wochenende im Aug dreht sich in der Stadt 1 Nacht lang alles ums Gold. Kunst, Musik, Aktionen 18 – 1 Uhr.

Gemeindebücherei Wendelstein, Marktstraße 1, Wendelstein. ✆ 09129/401129. www.wendelstein.de. Mo, Do, Sa 9 – 12, Di 15 – 20, Mi, Fr 15 – 18 Uhr. Ausleihe kostenlos.

Am 4. Oktober 1957 schickte die Sowjetunion den ersten Satelliten, die ***Sputnik 1****, ins All. Während die 84 kg schwere Kugel bei ihrer Erdumrundung damals nur ein einfaches »piep, piep« sendete, übermitteln Satelliten heute Daten über das Klima oder senden Radio- und Fernsehprogramme aus.*

Gemeindebücherei Feucht im Hutzlerhaus, Pfinzingstraße 6a, Feucht. ✆ 09128/ 9167-800. www.buecherei.feucht.de. Mo, Mi, Fr 9 – 18, Di 14 – 18 Uhr. Sachbücher, Romane, Zeitschriften, Videos, Kassetten, Hörbücher und Lernsoftware, Leseförderprogramm *Lesestart.*

Model des **Sputnik 1** bestaunen, sondern auch Original-Materialproben der deutschen Raumfahrtindustrie eigenhändig unter die Lupe nehmen. Im Raumfahrt-Kino warten spannende Filme auf euch und im Rahmen des Jugendprogramms werdet ihr selbst zum Forscher und gewinnt anhand physikalischer Experimente Einblicke in das Thema Raumfahrt.

Im Zeidel-Museum: Zu Besuch bei den Imkern

Zeidel-Museum Feucht e.V., Ralph Reiwe (1. Vorsitzender), Pfinzingstraße 6, 90537 Feucht. ✆ 09128/ 12273, www.zeidelmuseum.de. **Bahn/Bus:** ↗ Feucht. **Auto:** ↗ Feucht, über B8, Schwabacher Straße, Friedrich-Ebert-Straße bis Pfinzingstraße. **Rad:** ↗ Feucht. **Zeiten:** So 13.30 – 17.30 Uhr oder nach Terminabsprache mit Herrn Mittwoch, ✆ 09128/12184. **Preise:** 3 €; Kinder ab 6 Jahre 2 €.

▶ Im historischen *Hutzlerhaus* ist das Zeidel-Museum der Imkerfreunde in Feucht zu besichtigen. Das altdeutsche Wort *zeideln* bedeutet Honig schneiden. Zeidler waren diejenigen, die den Honig von wilden Bienen in den Wäldern aufspürten und die Honigwaben aus dem Stock herausschnitten. Im Mittelalter wurde der Nürnberger Reichswald zu einem wichtigen Standort für die Zeidlerei, denn der hohe Anteil an Nadelhölzern begünstigte die Ansiedlung von wilden Bienenvölkern. Feucht entwickelte sich hierbei zu einem Zentrum des Zeidelwesens. Mit dem Fortschreiten der Hausbienenzucht und der Einfuhr von Rohrzucker starb der Beruf des Zeidlers langsam aus.

Im **Museum** erfahrt ihr auf drei Stockwerken Interessantes über das Zeidelwesen und lernt Hilfsmittel der früheren Zeidler und heutigen Imker kennen. Außerdem könnt ihr viele spannende Dinge entdecken, die mit Bienen und Bienenprodukten zu tun haben, wie *Königinnenkäfige* oder *Lebkuchenmodeln.*

Schwabach über- und unterirdisch

Tourismus-Büro der Stadt Schwabach, Königsplatz 1, 91126 Schwabach. ✆ 09122/860-241, www.schwabach.de. **Start:** Verschiedene Treffpunkte ➚ Internetseite, Dauer 1 – 1,5 Std. **Bahn/Bus:** ➚ Schwabach, Bus 667, 668 Richtung Innenstadt. **Auto:** ➚ Schwabach. **Zeiten:** Sa, So, Termine im Internet. **Preise:** 5 €; Kinder ab 13 Jahre 3 €, Rundgang Goldschlägerschauwerkstatt 4 – 14 Jahre 2,50 €. **Infos:** Anmeldungen sind nicht erforderlich.

▶ Ihr kennt Schwabach noch nicht? Dann lasst euch doch an einem Sa- oder So-Nachmittag einmal von den Stadtführern die Schwabacher Blickfänge zeigen. Natürlich kommt in der Goldschlägerstadt das Thema *Gold* nicht zu kurz. Sei es als Besuch in der Goldschlägerschauwerkstatt oder wenn es um die Frage geht, warum Schwabach gerade für Goldschläger und Nadler so anziehend war. Schön schaurig wird es dann bei den Ausflügen in den Untergrund. Warum das **Kellerlabyrinth** auch als Vorläufer des Kühlschranks gilt, könnt ihr dann am eigenen Leib erfahren.

Packt euch für die Rundgänge ins unterirdische Schwabach warme Kleidung ein und zieht festes Schuhwerk an! Die Temperatur in den Felsenkellern beträgt ca. 8 Grad.

BÜHNE, LEINWAND & AKTIONEN

Theater & Lesenwertes

Die Schwabacher Marionettenbühne

Wittelsbacherstraße 1, 91126 Schwabach. ✆ 09122/16551 (Mi, Do 9 – 11 Uhr, sonst AB), www.schwabacher-marionetten.de. **Bahn/Bus:** ➚ Schwabach Bhf, Bus 662, 673, 677 bis Schillerplatz, Bus 61 bis Zöllnertorstraße. **Auto:** B2, Südl. Ringstraße bis Wittelsbacherstraße. **Rad:** B2, Lindenbachstraße, Grundweg, Limbacherstraße, Südl. Ringstraße bis Wittelsbacherstraße. **Zeiten:** Sep – April, 11 oder 15 Uhr, Termine im Internet, in den Sommerferien bei schlechtem Wetter Zusatztermine. **Preise:** Erw und Kinder ab 3 Jahre 6 €; Gruppen ab 20 Pers 4 € pro Person. **Infos:** Reservierte Karten spätestens 10 Min vor Beginn abholen.

Eine Mitgliedschaft im Förderverein kostet 20 € im Jahr, darin sind 4 Freikarten enthalten und auf jede weitere Karte erhaltet ihr 1 € Rabatt.

Keine Manieren: Die Bremer Stadtmusikanten schauen zum Fenster hinein, wo die Räuber in Unterhosen sitzen!
Foto © Schwabacher Marionettenbühne

▶ Seit 1979 hat das Schwabacher Marionettentheater in der Wittelsbacherstraße seinen festen Platz, gegründet wurde es bereits 1945. Im Laufe der Jahre wurden über 60 Bühnenwerke gezeigt, im jeweils aktuellen Programm könnt ihr immer noch aus mehr als 20 Stücken euer Lieblings-Puppenspiel auswählen. Dabei gibt es Empfehlungen für Kinder ab 2,5 Jahre, zum Beispiel *Rotkäppchen* oder *Geschichten vom kleinen Raben.* Für Vor- und Grundschulkinder werden Stücke wie *Peter Pan* oder *Der Räuber Hotzenplotz* angeboten. Den Älteren unter euch wird sicher auch das neue Stück *Der kleine Prinz* gefallen.

Ancolé – Sinn für Kreatives, Höllgasse 3, Schwabach. ✆ 09122/ 887428. www.ancole.de. Geschäft Mo – Fr 9 – 18, Sa 9 – 13 Uhr, Kurstermine im Internet. Kreativ-Kurse für Kinder ab 7 Jahre, 4 € pro Kurs, 1,5 Std.

Für kleine und große Leseratten

Stadtbibliothek Schwabach, Königsplatz 29a (Kulturhaus), 91126 Schwabach. ✆ 09122/860-289, www.schwabach.de. **Bahn/Bus:** ↗ Schwabach Bhf, Bus 667, 668 bis Schöner Brunnen. **Auto:** ↗ Schwabach-Süd, über B2, Ludwigstraße, Martin-Luther-Platz bis Königsplatz. **Zeiten:** Di, Do, Fr 10 – 18, Mi, Sa 10 – 13 Uhr. **Preise:** ab 18 Jahre erste 3 Monate kostenlos, Jahresausweis 10 €, 10er-Karte 2 € (Ausleihe 10 Medien), Quartal 4 €; Kinder kostenfrei.

▶ Rund 9000 Bücher werden in der Schwabacher Bibliothek allein für Kinder und Jugendliche angeboten, Zeitschriften, CDs, Hörbücher, Videos, DVDs und Kassetten nicht mitgerechnet. Anziehungspunkt ist auch die große Holzkugelbahn, von der nicht nur die jüngeren Kinder begeistert sind. Außerdem lockt das Team vor Ort mit zahlreichen Aktionen und Veranstaltungen, wie zum Beispiel dem *Lesespaß mit Hardy*

Hamster und dem *Club5*. Hier sind im Wechsel jeden Fr 15 – 15.30 Uhr Kinder ab 3 Jahre und Vorschulkinder zum Vorlesespaß mit anschließendem Malen und Basteln eingeladen. Die *Bücherbabys, KiDi4,* die *ARD-Radionacht* oder der *Literarische Kinderfilm* sind weitere spannende Angebote für ganz kleine bis größere Bücherwürmer.

Jeden ersten Do im Monat, außer an Fei, lädt die Stabi 15 – 18 Uhr zum Spielen ein. Bringt euer eigenes Brettspiel mit oder lasst euch vor Ort inspirieren!

Gemeindebücherei Schwarzenbruck

Siedlerstraße 2 (Mehrzweckhalle), 90592 Schwarzenbruck. ✆ 09128/13456, www.buechereischwarzenbruck.de. **Bahn/Bus:** S3, R5 bis Ochenbruck, Bus 502 bis Schwarzenbruck Plärrer. **Auto:** ↗ Schwarzenbruck, Hauptstraße bis Siedlerstraße. **Zeiten:** Mo, Di, Do, Fr 9.30 – 12.30, Mo, Fr 15 – 18, Di 15 – 19, Do 15 – 20 Uhr. **Preise:** kostenlos, einmalige Anmeldegebühr 5 €; Kinder 2 €. **Infos:** Versäumnisgebühren für verspätete Rückgabe.

▶ Nicht weniger als 16.000 Medien stehen hier zur Verfügung, davon warten 5000 Kinder- und Jugendbücher auf euch. Zeitschriften, Hörbücher, Musik-CDs sowie Lernsoftware ergänzen das Programm. Auf der Internetseite könnt ihr euch über aktuelle Veranstaltungen informieren.

Jugendraum Schwarzenbruck, Siedlerstraße 2, Schwarzenbruck. ✆ 09128/12412. www.schwarzenbruck.de. Di 14.30 – 21, Mi 14.30 – 22, Do 15.30 – 22, Fr 14 – 22, Sa 14.30 – 21.30 Uhr. Offener Treff und Aktionen für Kinder und Jugendliche.

Gemeindebücherei Schwanstetten

Markt Schwanstetten, Rathausplatz 1, 90596 Schwanstetten-Leerstetten. ✆ 09170/289-0, www.schwanstetten.de. **Bahn/Bus:** Bus 604, 651, 676, 677 bis Schwand Gemeindezentrum. **Auto:** A6 bis Roth, über B2, RH1 bis Leerstetten, Hauptstraße bis Schwanstetten, Sperbersloher Straße bis Rathausplatz. **Zeiten:** Mo – Do 15 – 20, Mi 11 – 18 Uhr. **Preise:** Leseausweis einmalig 2,50 €; Leseausweis Kinder 1 €.

▶ Eine große Auswahl an Büchern, Zeitschriften, Videos, CD-ROMs und Hörbüchern steht euch zur Verfügung. In der Online-Bibliothek, unter www.e-medien-franken.de, können an 365 Tagen im Jahr rund um die Uhr digitale Medien ausgeliehen werden.

Jugendtreff Cosmic Gate, Nürnberger Straße 46, Schwanstetten. ✆ 09170/289-26. www.schwanstetten.de. Vielfältiges Programm für ortsansässige Kinder.

FESTKALENDER SCHWABACH & UMGEBUNG

April/Mai: Schwabach: **Kinderkirchweih** auf dem Königs- und Martin-Luther-Platz mit Fahrgeschäften und abwechslungsreichem Mitmachprogramm.

Feucht: Mittelalteratmosphäre auf dem **Zeidlermarkt** mit Rittern und Gauklern.

Alle 2 Jahre, Nürnberg, Fürth, Erlangen und Schwabach: **Figurentheater-Festival.**

Juni: Schwabach: **Markt der Kinder,** nur Kinder dürfen hier trödeln.

Schwabach, Stadtteile: Start der **Kirchweih-Saison**.

4. Wochenende nach Pfingsten, Rednitzhembach: **Kirchweih** mit Festzug und Feuerwerk.

Juli: Letztes Wochenende vor den Sommerferien, Schwabach: **Altstadtfest.**

Schwarzenbruck: **Kirchweih** auf dem Festplatz an der Dürrenhembacher Straße.

August: Alles 2 Jahre, Schwabach: Glanz in Altstadt und Stadtmuseum bei der **Goldschläger Nacht,** 18 – 1 Uhr.

1. Sa in den Sommerferien, Rednitzhembach: **Klassik-Open-Air** am Kunstweg.

September: Schwabach: **Herbstkirchweih** mit Festbetrieb, Fahrgeschäften und verkaufsoffenem So.

1. So, Wendelstein: Frisch gebackene Brotlaibe und Feststimmung beim **Backofenfest.**

Oktober: So vor der Zeitumstellung, Schwabach: **Trempelmarkt** in der Innenstadt.

Dezember: An allen Adventswochenenden, Feucht: **Weihnachtsmarkt,** Eröffnung Fr mit dem Prolog des Feuchter Christkinds auf der Empore der Reichswaldhalle.

2. und 3. Adventswochenende, Schwabach: Winterliche Stimmung beim **Weihnachtsmarkt** auf dem Königsplatz, mit traditionellem *Lichterschiffchenfahren.*

Weitere **Weihnachts- und Adventsmärkte** Sa vor dem 1. Advent in *Rednitzhembach,* 2. Adventssonntag in *Schwanstetten* und *Wendelstein.*

ORTE, INFO & VERKEHR

GUT INFORMIERT STARTEN

Mit diesem Führer im Gepäck seid ihr bestens gerüstet für eine Reise oder einen Ausflug in die Region rund um Nürnberg und Erlangen. Wollt ihr euch vor Ort informieren, helfen euch die Tourist-Informationen gern weiter. Holt euch Infos über Ausflugsziele, Unterkünfte oder Veranstaltungen. Oft bekommt ihr dort auch Wander- und Radkarten der Umgebung sowie gute Tipps.

In dieser Griffmarke findet ihr die Adressen der Tourist-Infos aller wichtigen Orte, die im Buch erwähnt werden, inklusive Anfahrt mit öffentlichen Verkehrsmitteln und Auto. Außerdem gibt es zu jedem Ort eine kleine Beschreibung.

ORTE & INFOSTELLEN

Baiersdorf & Der Norden

Neunkirchen am Brand

Klosterhof 2 – 4, 91077 Neunkirchen a. Brand. ✆ 09134/7050, www.neunkirchen-am-brand.de. **Bahn/Bus:** Ab Busbhf Erlangen Bus 209 bis Busbhf Neunkirchen, Fußweg 4 Min. **Auto:** Von Erlangen Innenstadt über Buckenhof, Uttenreuth nach Neunkirchen a. Brand. **Zeiten:** Mo 8.15 – 12 und 13 – 16.30, Mi, Fr 8.15 – 12, Do 8.15 – 12 und 14 – 18 Uhr.

▶ Zwölf Kilometer östlich von Erlangen liegt Neunkirchen a. Brand – direkt am Fuß des 548 m hohen *Hetzleser Berg.* Der Berg ist ein Ausläufer der Fränkischen Schweiz, deshalb wird Neunkirchen a. Brand auch als *Tor zur Fränkischen Schweiz* bezeichnet. Ihr könnt eine Wanderung auf den *Hetzles,* wie der Berg auch genannt, unternehmen, das *Jüdische Museum* besuchen oder im Sommer im *Freibad* planschen.

Wie ihr schnell von A nach B kommt, verraten wir euch auf den folgenden Seiten

Baiersdorf

Stadt Baiersdorf, Waaggasse 2, 91083 Baiersdorf. ✆ 09133/77900, www.baiersdorf.de. **Bahn/Bus:** S1 Bamberg – Baiersdorf – Erlangen – Fürth – Nürnberg – Hartmannshof oder von Erlangen Bus 252. **Auto:** A73

Richtung Forchheim, Ausfahrt Möhrendorf/Baiersdorf, rechts auf B4 Richtung Baiersdorf. **Zeiten:** Mo – Fr 8 – 12, Di 16 – 17, Do 14 – 18 Uhr. **Preise:** Einzelfahrt Erlangen – Baiersdorf (Preisstufe 3) 3,30 €; Kinder 6 – 14 Jahre 1,70 €.

▶ Die 7000-Einwohner-Stadt liegt nördlich von Erlangen. Bekannt ist Baiersdorf hauptsächlich durch zwei Firmen, die Meerrettich-Produkte herstellen und vertreiben. Bei einer Kinderstadtführung oder einem Besuch im ↗ *Meerrettich-Museum* erfahrt ihr, wie Meerrettich entsteht.

Möhrendorf

Gemeinde Möhrendorf, Hauptstraße 16, 91096 Möhrendorf. ✆ 09131/755111, www.moehrendorf.de. **Bahn/Bus:** Von Erlangen Bus 254 und 252. **Auto:** A73 Ausfahrt Möhrendorf. **Zeiten:** Mo – Fr 8 – 12, Di, Do 14 – 17 Uhr. **Preise:** Einzelfahrt (Tarifstufe C) 2,10 €, 4er-Ticket 7,90 €; Kinder 4 – 17 Jahre Einzelfahrt 1 €, 4er-Ticket 3,70 €.

▶ Möhrendorf ist vor allem durch die 12 noch vorhandenen ↗ *Wasserschöpfräder* bekannt, die sich an der *Regnitz* drehen. Diese aus Holz gefertigten Schöpfräder wurden angeblich von heimkehrenden Kreuzfahrern bereits um 1413 eingeführt.

Fränkische Schweiz

Tourismuszentrale Fränkische Schweiz, Oberes Tor 1, 91320 Ebermannstadt. ✆ 09191/86 1054, www.fraenkische-schweiz.com. **Bahn/Bus:** Bahnstecke Nürnberg – Bamberg bis Hbf Forchheim, innerhalb Fränkische Schweiz Hauptbuslinie 389 oder zahlreiche Freizeitlinien des VGN, www.vgn-de/freizeitlinien. **Auto:** A73 Richtung Bamberg, Ausfahrt Forchheim-Süd oder A3 Frankfurt-Nürnberg, Ausfahrt Höchstadt-Ost, dann B470 Richtung Forchheim. **Zeiten:** Mo – Do 8 – 16, Fr 8 – 12 Uhr.

@ Auf der Internetseite findet ihr viele interessante Informationen, Unterkünfte, Veranstaltungen sowie interaktive Karten und ihr könnt Informationsmaterial bestellen.

▶ Die Fränkische Schweiz bildet den nördlichen Teil der *Fränkischen Alb*. Sie erstreckt sich über die Landkreise Bamberg, Bayreuth und Forchheim und grenzt im Süden an Erlangen an. Die Fränkische Schweiz wird auch bei Feriengästen immer beliebter. Ihre märchenhaft wirkende Berg- und Hügellandschaft mit markanten Felsformationen und Höhlen bietet vielfältige Freizeitmöglichkeiten. Sage und schreibe 35 Burgen und Ruinen gibt es zu entdecken.

Erlangen

Erlanger Tourismus und Marketing Verein e.V., Rathausplatz 3, 91052 Erlangen. ✆ 09131/89510, www.erlangen-marketing.de. **Bahn/Bus:** ICE München – Berlin bis Erlangen Hbf, S1 und R1 aus Richtung Fürth/Nürnberg und Forchheim/Bamberg, Stadtbuslinien ab Bhf und Hugenottenplatz (2 Min Fußweg vom Hbf). **Auto:** A73 Ausfahrt Erlangen Zentrum. **Zeiten:** Mo – Do 10 – 17, Fr 10 – 15, Sa 10 – 13 Uhr.

▶ Erlangen gehört mit seinen rund 106.000 Einwohnern zur Metropolregion Nürnberg. Geprägt wird Erlangen durch die Friedrich-Alexander-Universität Erlangen-Nürnberg und den Technologiekonzern *Siemens.* Ein besonderes Ereignis für Alt und Jung ist die *Bergkirchweih,* die einmal im Jahr um Pfingsten herum stattfindet.

Herzogenaurach

Amt für Stadtmarketing und Kultur, Marktplatz 11, 91074 Herzogenaurach. ✆ 09132/901127, www.herzogenaurach.de. **Bahn/Bus:** Von Erlangen VGN-Bus 200 und 201, Stadtverkehr Herzogenaurach Herzobus 268, 269, 273, 274, 275, 276, 277, 279. **Auto:** Über Niederndorfer Straße, Landstraße 2244 und Zum Flughafen bis Herzogenaurach. **Zeiten:** Mo, Mi, Fr 8.30 – 12.30, Di 7.30 – 12.30, 13 – 16, Do 8.30 – 12.30, 15 – 18 Uhr.

▶ Herzogenaurach liegt westlich von Erlangen und hat rund 23.000 Einwohner. Vor allem die beiden

großen und weltweit agierenden Sportartikelhersteller *Adidas* und *Puma* prägen die Stadt. Durch die verkehrsgünstige Lage, direkt an der A3, ist eine schnelle Anbindung an Erlangen gewährleistet. Besonders stolz ist Herzogenaurach auf sein großes und modernes Freizeitbad ↗ *Atlantis,* das weit über die Stadtgrenze hinaus sehr beliebt ist.

Fürth – Stein

Zirndorf

ZiMa Zirndorf Marketing eG – Tourist-Information, Marktplatz 1, 90513 Zirndorf. ✆ 0911/6004834, www.zirndorf-marketing.de. **Bahn/Bus:** Ab Fürth R11 (Rangaubahn), Bus 112 bis Zirndorf Bhf, von Nürnberg-West (Endhaltestelle U3) Bus 70, 72 bis Zirndorf Marktplatz. **Auto:** Südwesttangente bis Zirndorfer Straße, über Jahnstraße und Schützenstraße bis Ortsmitte. **Rad:** Paneuropa-Radweg, Biberttalradweg. **Zeiten:** April – Okt Mo – Fr 9 – 18, Sa 9 – 12, Nov – März Mo – Fr 9 – 12, 14 – 17 Uhr.

▶ 26.000 Menschen leben in der Spielzeugstadt Zirndorf, die geprägt ist von den Playmobilfiguren der Firma *Geobra Brandstätter.* Aber auch die hübschen Fachwerk-, Sandstein- und Backsteingebäude in der Innenstadt sind einen Besuch wert. Die grünen Hügel des *Rangaus* laden zu Wanderungen ein und auf dem *Biberttalradweg* könnt ihr bis nach Rothenburg o.d. Tauber fahren.

22 schönste Radeltage an Main & Tauber ist die genussvolle Ergänzung zum Biberttalradweg. 861 km Radelvergnügen nach Plan: Main-Radweg, Liebliches Taubertal Der Klassiker & Der Sportive sowie Fränkischer Radachter. pmv, ISBN 978-3-89859-325-0, 18 €.

Oberasbach

Stadtverwaltung, Rathausplatz 1, 90522 Oberasbach. ✆ 0911/9691-0, www.oberasbach.de. **Bahn/Bus:** Nürnberg S4 bis Oberasbach Bhf, ab Zirndorf/Stein Bus 154 bis Oberasbach Rathaus. **Auto:** Südwesttangente bis Rothenburger Straße, über Kurt-Schumacher-Straße bis Ortsmitte. **Rad:** Paneuropa-Radweg, Biberttalradweg. **Zeiten:** Mo – Fr 8 – 12, Mi 13 – 18 Uhr.

▶ Eingebettet zwischen *Bibert* und *Rednitz* liegt Oberasbach. Im Stadtgebiet befindet sich auch das ↗ *Naturschutzgebiet Hainberg* mit der größten Sandmagerrasenfläche Nordbayerns.

Gemeindebücherei, Rathausplatz 1, Oberasbach. ✆ 0911/9691-154. Mo 14 – 19, Di 9 – 13, Mi, Do 14 – 18, Fr 13 – 17 Uhr. Ausleihe kostenfrei.

Stein

Rathaus & Bürgerservice, Hauptstraße 56, 90547 Stein. ✆ 0911/6801-0, www.stadt-stein.de. **Bahn/Bus:** Nürnberg S4 bis Unterasbach Bhf, dann Bus 154 bis Stein Rosenstraße, U2 bis Nürnberg-Röthenbach, dann Bus 63, 64, 713 bis Stein Rosenstraße. **Auto:** Südwesttangente bis Stein, über B14 bis Ortszentrum. **Zeiten:** Mo – Fr 8 – 12, Mo 14 – 18 Uhr. **Infos:** zu Tourismus & Gastronomie unter ✆ 6801-1173.

▶ Die Stadt grenzt südwestlich direkt an Nürnberg und ist seit dem Mittelalter durch die Bleistiftmacherei bekannt. Neben dem Besuch des beeindruckenden ↗ *Faber-Castell-Schlosses* bietet sich der ↗ *Rednitzgrund* für naturnahe Freizeitaktivitäten an.

Veitsbronn

Gemeindeverwaltung, Nürnberger Straße 2, 90587 Veitsbronn. ✆ 0911/75208-0, www.veitsbronn.de. **Bahn/Bus:** Ab Fürth Bus 126 bis Veitsbronn Am Dorfplatz. **Auto:** Südwesttangente bis B8, durch Seukendorf bis Veitsbronn Ortsmitte. **Rad:** Zenntalradweg. **Zeiten:** Mo – Fr 8 – 12, Do 14 – 18 Uhr.

▶ Die gut 6000 Einwohner große Gemeinde im Landkreis Fürth besteht aus sieben Ortsteilen und lockt durch ihre idyllische Lage an der *Zenn.*

Das *Zenntal* ist wie geschaffen für Rad- und Wandertouren. Anregungen findet ihr unter www.zenntal.info.

Fürth

Tourist-Information der Stadt Fürth, Bahnhofplatz 2, 90762 Fürth. ✆ 0911/239587-0, www.fuerth.de. **Bahn/Bus:** RE Würzburg – Fürth – Nürnberg, RB Fürth – Zirndorf – Cadolzburg, S-Bahn Bamberg – Erlangen – Fürth – Nürnberg, U1 innerhalb der Stadt. **Auto:** A73 bis Nürnberg/Fürth Stadtgrenze, dann über B8 oder Südwesttangente bis Fürth Süd, über Schwabacher Straße

Beerenland Fürth, Am Hafengelände Ecke Rezat-/Mainstraße, Fürth-Unterfarrnbach. ✆ 0911/8101666. www.beerenland.de. Juli, Aug 8.30 – 19 Uhr. Leckere Heidel- und Johannisbeeren, Maisfeldlabyrinth.

bis Stadtzentrum, Parkhäuser und -plätze ausgeschildert. **Rad:** Paneuropa-Radweg, Regnitzradweg, Bibserttalradweg. **Zeiten:** Mo – Fr 10 – 14 Uhr, telefonisch erreichbar Mo – Fr 10 – 16 Uhr.

▶ Fürth ist auch als **Kleeblattstadt** bekannt. Ein dreiblättriges, grünes Kleeblatt ziert als Hauptmotiv das Stadtwappen. Außerdem kann man kleine und große Kleeblätter überall in der Stadt an Hausfassaden, Fenstern oder sogar auf Gullideckeln entdecken. Wofür die drei Kleeblätter stehen, ist nicht ganz klar. Eine mögliche Erklärung ist die *Dreiherrschaft* im Mittelalter, als die Dompropstei Bamberg, das Markgrafentum Ansbach und die Reichsstadt Nürnberg um Fürth stritten. In einer weiteren Deutung steht das Kleeblatt aber auch als Symbol für das friedliche Zusammenleben von Protestanten, Katholiken und Juden in der Stadt.

Nürnberg

Congress- und Tourismus-Zentrale Nürnberg, Verkehrsverein Nürnberg e.V., Frauentorgraben 3/IV, 90443 Nürnberg. ✆ 0911/2336-0, www.tourismus.nuernberg.de. **Bahn/Bus:** ICE Bamberg – Erlangen – Nürnberg, München – Nürnberg – Würzburg, Passau – Regensburg – Nürnberg, Augsburg – Treuchtlingen – Nürnberg, RE Würzburg – Nürnberg, Bayreuth – Nürnberg, Schwandorf – Nürnberg, RE/RB München – Ingolstadt – Nürnberg. Von Erlangen, Fürth, Lauf S1, Schwabach S2 bis Nürnberg Hbf. **Auto:** A3 bis Nürnberg-Nord, dann B2 oder A73 bis Nürnberg-Zollhaus, B8 oder A9 bis Nürnberg-Fischbach, B4 bis Stadtzentrum, Parkmöglichkeiten um Altstadtring ausgeschildert. **Rad:** Burgenstraße-Radweg, 5-Flüsse-Radweg, Paneuropa-Radweg. **Zeiten:** ↗ Tourist-Informationen. **Infos:** Übernachtungsmöglichkeiten unter www.hotel.nuernberg.de.

▶ Wer nach Nürnberg reist, darf zwei traditionelle Leckereien auf keinen Fall verpassen. Zur Winterzeit locken vor allem die süßen **Nürnberger Lebkuchen,** deren Duft bereits ab August aus den zahlreichen großen und kleinen Backstuben strömt. Das ↗ *Germanische Nationalmuseum* verwahrt das älteste schriftlich überlieferte Lebkuchen-Rezept aus dem 16. Jahrhundert. Zu jeder Jahreszeit schmecken aber auch die **Nürnberger Rostbratwürstchen,** die man sich typischerweise als *Drei im Weggla* oder *Sechs mit Kraut* bestellt.

Tourist-Information in der Nürnberg Info im Künstlerhaus: Königstraße 93 (gegenüber Hbf), 90402 Nürnberg. ✆ 0911/2336-132, www.tourismus.nuernberg.de. **Zeiten:** Mo – Sa 9 – 19, So 10 – 16 Uhr.

Tourist-Information am Hauptmarkt: Hauptmarkt 18, 90403 Nürnberg. ✆ 0911/2336-135, www.tourismus.nuernberg.de. **Zeiten:** Mo – Sa 9 – 19, So Mai – Nov 10 – 16, Dez 10 – 19 Uhr.

Geht mit Kinderstadtplan und **Nürnberg Card** auf Entdeckertour! 2 Tage freier Eintritt in Museen und Sehenswürdigkeiten sowie freie VGN-Fahrt. 25 €, Kinder 6 – 12 Jahre 5 €.

Lauf & Umgebung

Nürnberger Land

Tourismus Nürnberger Land, Waldluststraße 1, 91207 Lauf a.d. Pegnitz. ✆ 09123/950-6062, www.frankenalb.de. **Infos:** Kontakt per eMail oder Telefon.

▶ Hier bekommt ihr Informationen zu Unterkunftsmöglichkeiten und Freizeitaktivitäten im Nürnberger Land, das östlich an Nürnberg angrenzt und auch die Region Lauf umfasst.

Unter ✆ 09123/950-6065 könnt ihr eine Broschüre mit Infos zu Bauernläden, bei denen ihr Produkte frisch vom Hof kaufen könnt, bestellen.

Eckental

Verwaltung Markt Eckental, Rathausplatz 1, 90542 Eckental-Eschenau. ✆ 09126/903-0, www.eckental-mfr.de. **Bahn/Bus:** Nürnberg Nordostbhf R21 (Gräfenbergbahn) bis Eschenau Bhf, von Erlangen Bus 209 bis Eschenau Mittelschule. **Auto:** A3 bis Nürnberg-Nord, B2 bis Kreisverkehr, 1. Ausfahrt Richtung Ortszentrum. **Zeiten:** Mo – Fr 8 – 12, Di 14 – 18 Uhr.

▶ 15.000 Bewohner, ziemlich gerecht aufgeteilt auf Männlein und Weiblein, zählt die fränkische Markt-

*Das **Wappen** der Marktgemeinde setzt sich aus 3 Tieren zusammen. Findet ihr heraus, welche es sind und welche Bedeutung sie haben?*

gemeinde, die sich aus 17 Ortsteilen zusammensetzt. Die umliegenden Waldgebiete laden zu schönen Wanderausflügen ein.

Wochenmarkt, Breite Straße, Röthenbach a.d. Pegnitz. Sa 8 – 12 Uhr.

Röthenbach an der Pegnitz

Stadtverwaltung, Friedrichsplatz 21, 90552 Röthenbach a.d. Pegnitz. ✆ 0911/9575-0, www.roethenbach.de. **Bahn/Bus:** Nürnberg, Fürth, Erlangen, Lauf S1 bis Röthenbach (Pegnitz) Bhf, dann Bus 331 bis Rathaus. **Auto:** A3 bis Nürnberg-Mögeldorf, Nürnberger Straße oder A9 bis Lauf, über B14 und St2241 bis Ortszentrum. **Zeiten:** Mo – Fr 8 – 12, Mo 14 – 17, Do 14 – 18 Uhr.

▶ Zwischen *Pegnitztal* und *Moritzberg* liegt die rund 12.000 Einwohner zählende Industriestadt, die von einer ländlich-dörflichen Atmosphäre umgeben ist. Weithin bekannt ist das Ende August stattfindende Blumenfest. Das Freibad und der ↗ *Große Birkensee* laden zum Baden ein, das ↗ *Stadtmuseum* informiert über das frühere Leben in Röthenbach.

Heroldsberg

Verwaltung Markt Heroldsberg, Hauptstraße 104, 90562 Heroldsberg. ✆ 0911/51857-0, www.heroldsberg.de. **Bahn/Bus:** Nürnberg Nordostbhf R21 (Gräfenbergbahn) bis Heroldsberg Bhf, von Erlangen Bus 210 bis Heroldsberg Festplatz. **Auto:** A3 bis Nürnberg-Nord, B2 Richtung Heroldsberg, 1. Abfahrt links bis Ortszentrum. **Rad:** Burgenstraße-Radweg, dann durch Kraftshofer Forst bis Heroldsberg. **Zeiten:** Mo – Fr 8 – 12, Mo 14 – 16, Do 14 – 18 Uhr. **Infos:** Infos zu Tourismus, Veranstaltungen unter ✆ 51857-50.

▶ Nur 8 km nordöstlich von Nürnberg liegt die *Vier-Schlösser-Gemeinde* Heroldsberg mit ihren 8500 Einwohnern. Der ↗ *Sebalder Reichswald* und das *Gründlachtal* sorgen für naturnahe Erholung. Seit 1995 hat der Stifte- und Kosmetik-Konzern *Schwan-Stabilo* hier seinen Firmensitz.

Bei Heroldsberg wurden 1834 die ersten Saurierknochen in Deutschland entdeckt. Der ***Plateosaurus engelhardti,*** *benannt nach seinem Entdecker* ***Johann Friedrich Engelhart,*** *ist heute im Frankfurter Senckenbergmuseum zu besichtigen.*

Kalchreuth

Gemeindeverwaltung, Rathausstraße 1, 90562 Kalchreuth. ✆ 0911/518344-0, www.kalchreuth.de. **Bahn/Bus:** Nürnberg Nordostbhf R21 (Gräfenbergbahn) bis Kalchreuth Bhf, 200 m Fußweg zur Gemeindeverwaltung. **Auto:** A3 bis Nürnberg-Nord, B2 Richtung Heroldsberg, links durch Ortszentrum Heroldsberg, am Ende links über St2243 nach Kalchreuth, vor Bahnübergang rechts, dann links in Rathausstraße. **Rad:** Burgenstraße-Radweg. **Zeiten:** Mo, Do, Fr 9 – 12, Di 8 – 12, Mi 16 – 18.30 Uhr.

▶ Der 3000-Einwohner-Ort am Rand der Fränkischen Schweiz ist ein beliebtes Ausflugsziel für Bewohner des Drei-Städte-Ecks Nürnberg, Fürth, Erlangen und bekannt für seine zahlreichen ↗ *Kirschgärten.*

Theater, Märchen, Clowns und Comedy: Jan – April bietet die Kunst- und Kulturreihe des Markts Heroldsberg und der Gemeinde Kalchreuth an je einem Sa im Monat eine Veranstaltung für Kinder 4 – 10 Jahre an.

Schwaig bei Nürnberg

Gemeindeverwaltung, Gartenstraße 1, 90571 Schwaig b. Nürnberg. ✆ 0911/50099-0, www.schwaig.de. **Bahn/Bus:** Nürnberg, Fürth, Erlangen, Lauf S1 bis Schwaig Bhf, von Nürnberg-Mögeldorf Bus 40 bis Schwaig Am Bahnhof. **Auto:** A3 bis Nürnberg-Mögeldorf, Nürnberger Straße bis Ortsmitte. **Rad:** 5-Flüsse-Radweg. **Zeiten:** Mo – Fr 7 – 12, Mi auch 15 – 17 Uhr.

▶ Die Ortsteile *Schwaig, Behringersdorf* und *Malmsbach* gehören zu der kleinen Gemeinde, die direkt an Nürnberg angrenzt. Die Lage mitten im *Pegnitztal* und umgeben vom ↗ *Nürnberger Reichswald* lädt zu naturnahen Ausflügen ein.

Der Schwaiger Schlosshof ist im Spätsommer Schauplatz der Open-Air-Kinotour in der Region.

Wochenmarkt, Parkplatz Behringersdorfer Straße, Ecke Parkstraße, Schwaig b. Nürnberg. Sa 8 – 12.30 Uhr.

Rückersdorf

Gemeindeverwaltung, Hauptstraße 20, 90607 Rückersdorf. ✆ 0911/57054-0, www.rueckersdorf.de. **Bahn/Bus:** Nürnberg, Lauf R3, 31 bis Rückersdorf (Mfr) Bhf, Bus 340 bis Rückersdorf Mitte. **Auto:** A3 bis Nürnberg-Behringersdorf, B14 durch Behringersdorf oder A9 bis Lauf, B14 bis Rückersdorf Ortsmitte. **Rad:** Paneuropa-Radweg, 5-Flüsse-Radweg. **Zeiten:** Mo – Fr 7.30 – 12, Do auch 16 – 18 Uhr.

Der 1540 km lange ***Paneuropa-Radweg*** *von Paris nach Prag verläuft mitten durch Rückersdorf, www.paneuropa-radweg.de.*

▶ Die Gemeinde rechts der *Pegnitz* setzt sich aus den Orten *Rückersdorf, Ludwigshöhe* und *Strengenberg* zusammen. Im ↗ *Heimatmuseum* lernt ihr viel über die Vergangenheit der Region.

Lauf an der Pegnitz

Bürger-Treff und Info-Punkt Lauf, Hellergasse 2 (nahe Altes Rathaus), 91207 Lauf a.d. Pegnitz. ✆ 09123/988235, www.buergertreff-lauf.de. **Bahn/Bus:** Nürnberg, Fürth, Erlangen S1 bis Lauf (links Pegnitz), R3, 4 bis Lauf (rechts Pegnitz), ab Eckental Bus 344 bis Lauf Bhf, 345 bis Lauf Saarstraße. **Auto:** A9 bis Lauf, über B14 und St2240 bis Innenstadt, Parkmöglichkeit Nürnberger Straße/Turnstraße. **Rad:** 5-Flüsse-Radweg. **Zeiten:** Mo – Fr 10 – 12, 15 – 17, Sa 10 – 12 Uhr.

Wochenmarkt, Oberer Marktplatz, Lauf a.d. Pegnitz. Mi, Sa 7 – 13 Uhr.

▶ Die mittelalterliche Handelsmetropole war bereits in vorindustrieller Zeit wirtschaftlich bedeutend und beeindruckt heute noch mit ihrer ↗ *Kaiserburg.* Zahlreiche Rad- und Wandermöglichkeiten locken ebenso in die 26.000-Einwohner-Stadt wie das ↗ *Industriemuseum* oder das traditionsreiche ↗ *Kunigundenfest.*

Schwabach & Umgebung

Wendelstein

Marktverwaltung, Schwabacher Straße 8, 90530 Wendelstein. ✆ 09129/401-0, www.wendelstein.de. **Bahn/Bus:** Schwabach Bus 676, von Nürnberg Langwasser Bus 603 bis Wendelstein Sperbersloher Straße oder Bus 602 bis Wendelstein Altes Rathaus. **Auto:** A73 bis Wendelstein, über St2239 bis Ortszentrum. **Rad:** 5-Flüsse-Radweg. **Zeiten:** Mo – Fr 8 – 12, Mo, Mi, Do auch 14 – 16 und Di 14 – 18 Uhr, Sa 1 x im Monat Bürgerservice-Büro im Alten Rathaus 9 – 12 Uhr.

In Wendelstein gibt es 5 ausgewiesene Wanderwege, zum Beispiel den Dr.-Richard-Sauber-Weg oder die Route zum Fischleinsberg. Schaut auf der Internetseite nach!

▶ Die Marktgemeinde im *Schwarzachtal* grenzt südlich an Nürnberg, gehört aber bereits zum Landkreis Roth. Die Lage am *Ludwigskanal* bietet hervorragende Wander- und Radfahrmöglichkeiten.

Feucht

Bürgerbüro Markt Feucht, Rathaus, Hauptstraße 33, Zimmer 015, 90537 Feucht. ✆ 09128/9167-0, www.feucht.de. **Bahn/Bus:** Nürnberg S3 bis Feucht-Ost, von Schwabach Bus 678 bis Feucht Ortsmitte. **Auto:** A73 bis Feucht, 1. Ampel links bis Ortsmitte, Parkmöglichkeit Reichswaldplatz oder Kirchweihplatz. **Rad:** 5-Flüsse-Radweg. **Zeiten:** Mo, Di, Do 7.30 – 18, Mi, Fr 7.30 – 12 Uhr.

▶ Südöstlich von Nürnberg, mitten im *Lorenzer Reichswald,* liegt der Markt Feucht. Hier ist die Biene allgegenwärtig, denn die Zeidler-Tradition hat den Ort stark geprägt. Im ↗ *Zeidel-Museum* könnt ihr euch ausführlich darüber informieren.

Feuchter und Moosbacher Kinder der 5 – 16 Jahre dürfen sich in den Sommerferien auf ein spannendes und abwechslungsreiches Ferienprogramm freuen. Infos im Internet.

Schwarzenbruck

Gemeindeverwaltung, Regensburger Straße 16, 90592 Schwarzenbruck. ✆ 09128/9911-0, www.schwarzenbruck.de. **Bahn/Bus:** Nürnberg S3 bis Ochenbruck, ab Feucht Bus 502 bis Ochenbruck Bhf. **Auto:** A73 bis Feucht, über B8 bis Ortszentrum. **Zeiten:** Mo – Fr 8.30 – 12, Mo auch 13.30 – 17 und Do 13.30 – 18 Uhr.

▶ Die aus gut 8000 Einwohnern und 11 Ortsteilen bestehende Gemeinde profitiert von ihrer naturnahen Lage zum ↗ *Reichswald* und zum ↗ *Ludwig-Donau-Main-Kanal.* Ein Hauptanziehungspunkt ist die ↗ *Schwarzachklamm,* eine etwa 2 km lange Schlucht.

Das Ferienprogramm in Schwarzenbruck bietet Aktionen wie Schnuppertauchen, Gitarrenkurs oder Naturausflüge.

Schwanstetten

Gemeindeverwaltung, Rathausplatz 1, 90596 Schwanstetten-Schwand. ✆ 09170/289-0, www.schwanstetten.de. **Bahn/Bus:** Nürnberg Süd Bus 651, ab Schwabach Bhf Bus 676, 677 bis Gemeindezentrum. **Auto:** A6 bis Roth, B2 bis Rednitzhembach, über RH1/Nürnberger Straße, Sperbersloher Straße bis Rathausplatz. **Rad:** Main-Donau-Kanal bis Schwanstetten.

▶ Zahlreiche Rad- und Wanderwege laden zum Erholen in der 7500-Einwohner-Marktgemeinde ein, die

Am Ende der Further Straße in Leerstetten wartet auf euch ein 2,25 km langer Trimm-Dich-Pfad.

aus dem früheren Markt Schwand und der ehemaligen Gemeinde Leerstetten hervorging. Ihr findet hier schön sanierte Fachwerkhäuser und ein abwechslungsreiches Kulturprogramm. Für weiteren Freizeitspaß sorgen eine ↗ *Reitanlage* und ein ↗ *Indoorspielplatz.*

Rednitzhembach

Gemeindeverwaltung, Rathausplatz 1, 91126 Rednitzhembach. ✆ 09122/692-123, 692-122. www.rednitzhembach.de. **Bahn/Bus:** Nürnberg S2 bis Rednitzhembach Bhf, von Schwabach Bus 661 bis Plöckendorf Lindenweg, 676 bis Plöckendorf Schulbushaltestelle. **Auto:** A6 bis Schwabach Süd, St2409 Richtung Roth bis Rednitzhembach, über Flurstraße bis Ortsmitte. **Rad:** Main-Donau-Kanal.

▶ Ob ↗ *Kunstweg* oder ↗ *Kinomuseum* – Kultur und Kunst werden großgeschrieben in Rednitzhembach. Naturnahe Freizeitaktivitäten bieten sich durch die Lage an *Rednitz* und *Main-Donau-Kanal* ebenfalls an.

Schwabach

Tourist-Information im Rathaus, Königsplatz 1, 91126 Schwabach. ✆ 09122/860-241, www.schwabach.de. **Bahn/Bus:** Nürnberg R6, S2 bis Schwabach Bhf, von Nürnberg-Katzwang Bus 662 bis Schwabach Martin-Luther-Platz. **Auto:** A6 bis Schwabach West, dann B466 oder bis Schwabach Süd, dann B2 bis Ortsmitte, Parkmöglichkeit Sablaiser Platz oder Bürgerhof. **Zeiten:** Mo – Fr 8 – 18, Sa 9 – 12 Uhr.

▶ Die Goldschläger-Stadt Schwabach mit ihren knapp 40.000 Einwohnern stellt die Verbindung her zwischen der Stadtregion Nürnberg und dem *Fränkischen Seenland.* Die Fertigung von Blattgold ist seit dem Spätmittelalter Tradition und lebt auch heute noch in vier Betrieben fort. Im ↗ *Stadtmuseum* könnt ihr euch eine historische Goldschlägerwerkstatt ansehen.

Haltet die Augen auf! Überall in Schwabach findet ihr blattgoldverzierte Dächer, Gegenstände und Figuren.

Mit dem VGN durch die Region

Verkehrsverbund Großraum Nürnberg (VGN), Rothenburger Straße 9, 90443 Nürnberg. ✆ 0911/2707599 (Info-Telefon), www.vgn.de.

▶ Alle Ziele in diesem Buch sind über das Netz des VGN (Verkehrsverbund Großraum Nürnberg) zu erreichen. 28 Regionalbahnen, 4 Straßenbahn- und mehr als 600 Buslinien gehören dazu. Der Vorteil für euch: Ihr benötigt nur einen einzigen Fahrschein, auch wenn ihr innerhalb des Verbundraums umsteigt oder zum Beispiel von U-Bahn auf Bus wechselt.

Das Verbundgebiet des VGN ist in **Tarifzonen** unterteilt. Der jeweilige Fahrpreis errechnet sich aus der Anzahl der Tarifzonen, die auf der jeweiligen Strecke durchfahren werden. Die **Fahrradmitnahme** kostet pro Fahrt eine Kinderkarte. Kinder bis 14 Jahre, deren Eltern einen gültigen Fahrschein für ihr Fahrrad besitzen, dürfen ihr Fahrrad kostenlos mitnehmen. Schaut im Internet, zu welchen Zeiten Fahrräder nicht befördert werden können.

Mit dem **TagesTicket Plus** dürft ihr einen ganzen Tag lang oder das gesamte Wochenende mit 6 Personen (max. 2 Erw) und Hund durch die VGN-Region reisen; anstelle einer Person könnte auch ein Fahrrad mit genommen werden. Tarif A, zum Beispiel, kostet 9,40 €.

Besorgt euch in den Sommerferien das **Ferienticket!** Für 30,50 € seid ihr Mo – Fr ab 9 Uhr, am Wochenende rund um die Uhr im Verbundraum mobil.

Das **Bayern-Ticket** gilt für alle Züge der DB Regio (RE, RB, S) sowie in den RegioBus-Linien in Bayern. Tagestickets gültig Mo – Fr ab 9 – 3 Uhr des Folgetages, Sa, So, Fei ganztägig 1 Person 23 €, bis zu 4 Mitreisende zahlen je 5 €.

Das **Schöne-Wochenende-Ticket** gilt in allen Nahverkehrszügen in Deutschland und im gesamten VGN-Gebiet, Tagesticket Sa oder So 1 Person 40 €, bis zu 4 Mitreisende je 4 €.

MOBIL MIT BAHN & BUS

@ Unter mobil.vgn.de könnt ihr von unterwegs eure Fahrkarte gleich über ein Handy kaufen.

Unterwegs in und um Baiersdorf

Bahn: Baiersdorf ist an Erlangen durch die S-Bahn-Linie 1 angebunden (Bamberg – Baiersdorf – Erlangen – Fürth – Nürnberg – Hartmannshof).

Bus: Die VGN-Buslinie 252 fährt vom Busbahnhof Erlangen nach Baiersdorf.

Unterwegs im Stadtgebiet Erlangen

91052 Erlangen. **Preise:** Tarifstufe C (Stadtgebiet Erlangen) Einzelfahrt 2,10 €, 4er-Ticket 7,90 €; Kind 6 – 14 Jahre Einzelfahrt 1 €, 4er-Ticket 3,70 €.

Bahn: Erlangen erreicht ihr mit dem ICE (München – Berlin bis Erlangen Hbf) oder mit S1 und R1 aus Richtung Fürth/Nürnberg und Forchheim/Bamberg.

Bus: Viele Ziele in der Erlanger Innenstadt sind gut zu Fuß oder mit dem Fahrrad erreichbar. Ansonsten könnt ihr auf die **Stadtbuslinien** des VGN zurückgreifen. Zentraler Ausgangspunkt für die Linien 281 bis 296 sind der Hugenottenplatz und der Hauptbahnhof. Der Hugenottenplatz ist vom Hbf Erlangen in wenigen Gehminuten erreichbar.

Unterwegs rund um Herzogenaurach

91074 Herzogenaurach. **Preise:** Einzelfahrt (Preiszone F) innerhalb Stadtgebiet Herzogenaurach 1,30 €, 4er-Ticket 4,70 €; Kinder 6 – 14 Jahre Einzelfahrt 0,80 € 4er-Ticket 2,30 €.

Sämtliche Fahrpläne sind im Internet und zum Download oder als 2-bändiges Verbundsfahrplanbuch für 4 € im Internet bestellbar.

Bus: Die **VGN-Buslinien 200** (Schnellbuslinie) oder **201** fahren direkt vom Busbahnhof Erlangen nach Herzogenaurach. Innerhalb des Stadtgebiets Herzogenaurach fahren die **Stadtbuslinien** 273, 275, 276, 277 und 279. Die Linie 268 bindet die nördlichen Ortsteile und Niederndorf an. Die südlichen Ortsteile werden durch die Stadtbuslinie 269 angefahren. Die Linie 204 verkehrt tagsüber von Herzogenaurach nach Höchstadt. Der zentrale **Busbahnhof An der Schütt** dient als Umsteigemöglichkeit zwischen den Regional- und Stadtbuslinien.

Von dort aus sind alle Aktivitäten im Innenstadtbereich gut zu Fuß erreichbar.

Unterwegs im Großraum Fürth

90762 Fürth. **Preise:** Preisstufe B (innerhalb Fürth) Einzelfahrt 2,30 €, Tageskarte 4,80 €, TagesTicket Plus 1 – 6 Pers 7,90 €; Kinder 6 – 14 Jahre Einzelfahrt 1,20 €.

Bahn: Fürth erreicht ihr mit dem RE (Würzburg – Fürth – Nürnberg, RB Fürth – Zirndorf – Cadolzburg) oder mit der S-Bahn (Bamberg – Erlangen – Fürth – Nürnberg). Innerhalb von Fürth seid ihr gut unterwegs mit der U1 und den Buslinien 171 – 179.

S-Bahn: In Stein und Oberasbach hält die S4 von Nürnberg nach Ansbach.

Bus: Zirndorf und Cadolzburg sind über die *Rangaubahn,* Linie R11, an Fürth angebunden. Für Busverbindungen rund um Fürth sorgen die Linien des VGN-Gebiets Nordwest (109 – 167).

Unterwegs im Großraum Nürnberg

90443 Nürnberg. **Preise:** Preisstufe A (innerhalb Nürnberg-Fürth-Stein) Einzelfahrt 2,60 €, 4-Fahrten-Karte 9,80 €; Kinder 6 – 14 Jahre Einzelfahrt 1,30 €, 4-Fahrten-Karte 4,90 €.

Bahn: Nürnberg ist mit dem ICE (Bamberg – Erlangen – Nürnberg, München – Nürnberg – Würzburg, Passau – Regensburg – Nürnberg, Augsburg – Treuchtlingen – Nürnberg) und mit dem RE (Würzburg – Nürnberg, Bayreuth – Nürnberg, Schwandorf – Nürnberg, München – Ingolstadt – Nürnberg) erreichbar.

S-Bahn: Von Erlangen, Fürth und Lauf kommt ihr mit der S1, von Schwabach mit der S2 nach Nürnberg.

Bahn & Bus: Innerhalb von Nürnberg verkehren die Straßenbahnlinien 4 – 9 und die Buslinien 20 – 98. Auch mit den U-Bahnlinien U1/U11, U2/U21 und U3 seid ihr in Nürnberg schnell unterwegs.

Hunger & Durst

's Baggers, Am Steinacher Kreuz 28, Nürnberg. © 0911/ 4779090. www.rollercoaster-nuernberg.de. Mai – Juli Mi – Sa 17 – 23, So, Fei 11.30 – 23, Aug, Sep Di – Sa 17 – 23, So, Fei 11.30 – 23, Okt – April Di – Fr 17 – 23, Sa, So, Fei 11.30 – 23 Uhr. Rollercoaster Restaurant – euer Essen kommt über Schienen direkt an euren Platz!

@ www.vgn.de/freizeit: Wandertipps, Kinderwanderungen, Fahrradausflüge, GPS-Touren, Erlebnistipps mit vergünstigtem Eintritt.

Unterwegs im Großraum Lauf

91207 Lauf a.d. Pegnitz. **Preise:** Preisstufe F (innerhalb von Lauf) Einzelfahrt 1,30 €, 4-Fahrten-Karte 4,70 €; Kinder 6 – 14 Jahre Einzelfahrt 0,60 €, 4-Fahrten-Karte 2,30 €.

Bahn: Lauf, Rückersdorf und Behringersdorf erreicht ihr von Nürnberg aus mit der R3, die R4 steuert Lauf direkt an. In den Norden nach Heroldsberg, Kalchreuth, Eckental und Igensdorf kommt ihr mit der *Gräfenbergbahn,* Linie R21.

S-Bahn: Schwaig, Röthenbach und auch Lauf werden von der S1 angefahren.

Bus: Die Linien 331 – 359, die euch im Großraum Lauf zur Verfügung stehen, gehören zum VGN-Gebiet Ost-Nordost, die nördlichen Gemeinden sind, teils aus Erlangen, auch mit den Linien 209 – 217 zu erreichen.

Stadtbus: Röthenbach verfügt neben dem VGN über eine eigene Linie. Der Fahrpreis beträgt 0,50 € pro einfache Strecke. Infos unter www.stadtwerke-roethenbach.de.

So, Fei, Sa ab 14, Mo – Fr ab 19 Uhr fahren Anrufsammeltaxis zwischen Schwabach und Schwanstetten. Der Preis richtet sich nach dem VGN-Tarif plus AST-Zuschlag. Bestellung unter © 09170/94550.

Unterwegs im Großraum Schwabach

91126 Schwabach. **Preise:** Preisstufe D (innerhalb von Schwabach) Einzelfahrt 1,80 €, 4-Fahrten-Karte 6,20 €, Tagesticket 3,80 €; Kinder 6 – 14 Jahre Einzelfahrt 0,80 €, 4-Fahrten-Karte 3,10 €.

S-Bahn: Die S2 bringt euch nach Schwabach, Rednitzhembach und Feucht, mit der S3 erreicht ihr neben Feucht auch Schwarzenbruck.

Bus: Wenn ihr innerhalb von Schwabach mit dem Bus fahren möchtet, dann stehen euch hier die Linien 661 – 668 und 672 zur Verfügung. Die übrigen Gemeinden sind über das Busnetz VGN-Gebiet Süd I + II erreichbar, speziell über die Linien 601 – 604 und 675 – 678. Da Schwanstetten nicht die ganze Woche von Linienbussen angefahren wird, könnt ihr euch zu vorgegebenen Zeiten ein Anrufsammeltaxi (AST) bestellen.

FERIENADRESSEN & KARTEN

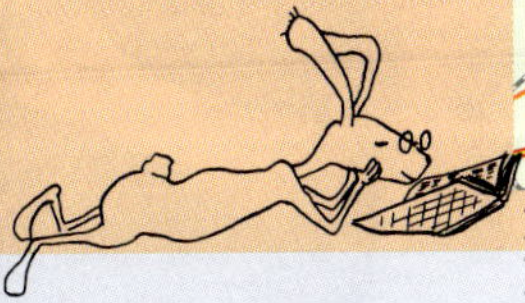

PING

Aus der Vielzahl von Unterkünften, die sich für erlebnisreiche Wochenenden und Ferienaufenthalte eignen, wurde eine Auswahl zusammengestellt, bei der die Bedürfnisse von Kindern, Jugendlichen und Familien im Vordergrund stehen.

Die Unterkünfte werden nach Art gegliedert und regional sortiert mit Adresse und Preisen vorgestellt. Ihr findet hier familienfreundliche Hotels, Urlaub auf dem Bauernhof, Gruppenunterkünfte sowie Jugendzelt- und Campingplätze.

UNTERKÜNFTE FÜR FAMILIEN

Abkürzungen bei Unterkünften

EZ: Einzelzimmer
DZ: Doppelzimmer
MBZ: Mehrbettzimmer
FH: Ferienhaus
FeWo: Ferienwohnung
HP: Halbpension
VP: Vollpension
ÜF: Übernachtung mit Frühstück
Ü: Übernachtung
JH: Jugendherberge
JGH: Jugendgästehaus
NFH: Naturfreundehaus

Hotels & Pensionen

▶ Preislich liegen Hotels und Pensionen höher als die anderen hier aufgeführten Unterkünfte. Dafür bieten sie mehr Komfort und Service. Bei der Auswahl wurde besonders Wert auf eine familienfreundliche Unterbringung (Familienzimmer, Kleinkinderausstattung, Spielmöglichkeiten) gelegt.

Zeitwohnhaus Erlangen

Luitpoldstraße 10, 91054 Erlangen. ✆ 09131/53039-40, www.zeitwohnhaus.de. **Bahn/Bus:** Bus 293 bis Zollhaus, 2 Min Fußweg. **Auto:** ↗ Erlangen, Werner-Siemens-Straße bis 3. Ampel links Henkestraße, rechts Waldstraße, 1. rechts. **Zeiten:** Rezeption Mo – Fr 7 – 22, Sa, So 8 – 17 Uhr, danach automatischer Key-Boy. **Preise:** Master Apartment ab 145 €/Nacht, Frühstück 3,50 – 12 €, Kinder Frühstück 6 €.

▶ Das Zeitwohnhaus in Erlangen bietet sowohl Geschäftsreisenden als auch Familien moderne und geschmackvolle Apartments für kurze oder lange Aufenthalte an. Ein gut ausgestatteter Wickelraum und geräumige Apartments machen das Hotel familientauglich. Für Familien eignet sich besonders das Master Apartment mit separatem Schlafzimmer, einem Wohnzimmer mit Ausziehsofa und einer Küche (mit Backofen und Mikrowelle). Auch Frühstücksbrötchen-Service.

Wie wär's mit Urlaub auf dem Bauernhof? Dann könnt ihr bei der Ernte helfen …

Hunger & Durst
Im rustikalen **Gasthof Rangau** gibt es fränkische Speisen. In Monaten mit »R« kann man hier lecker Karpfen aus eigener Zucht essen.

Hotel Gasthof Rangau

Gerhard Schmitt, Röttenbacher Straße 9, 91056 Erlangen-Dechsendorf. ✆ 09135/8086, www.hotel-rangau.de. **Bahn/Bus:** Bus 283 bis Naturbadstraße. **Auto:** A3 Abfahrt Erlangen West Richtung Dechsendorf, dann Richtung Heßdorf letzte rechts. **Preise:** Familienzimmer 4 Pers ab 110 €, 5 Pers ab 125 € inkl. Frühstück.

▶ Der Gasthof mit angeschlossenem Hotelbetrieb ist schon seit 1520 in Familienbesitz. Er bietet für Familien bis 5 Personen geräumige Zimmer an. Ideale Lage in der Nähe des *Dechsendorfer Weihers.*

Hunger & Durst
Osteria, ✆ 09135/7160. Mo – Fr ab 18 Uhr, warme Küche bis 21 Uhr. Am Wochenende Gesellschaften nach Absprache. Im angeschlossenen Restaurant des Hotels Seebach gibt es deutsche und italienische Küche.

Hotel Seebach in Großenseebach

Hauptstraße 2, 91091 Großenseebach. ✆ 09135/7160, www.hotel-seebach.de. **Bahn/Bus:** Regionalbus 202 bis Großenseebach. **Auto:** A3 Ausfahrt Erlangen-West, Richtung Neustadt, Weisendorf, Heßdorf, dann links Richtung Weisendorf und Großenseebach, Hotel am Ortseingang. **Zeiten:** Rezeption Mo – Fr 6 – 11 und 16.30 – 23 Uhr, Sa, So, Fei 7 – 11 Uhr. **Preise:** 2-Zimmer-Apartment ab 75 €/Nacht, Woche 350 €, Frühstück 8,50 €/Person, Babybett kostenlos.

▶ Das ländlich gelegene Hotel in Großenseebach bietet Familien mit 4 – 5 Personen ein 2-Zimmer-Apartment mit 2 Bädern, Kochnische und Balkon.

Playmobil-Aparthotel

Geobra Brandstätter GmbH & Co. KG, Brandstätterstraße 5, 90513 Zirndorf. ✆ 0911/9666-1758, www.playmobil-hotel.de. **Anfahrt:** ↗ Playmobil FunPark Seite 90. **Preise:** 2 Erw, 2 Kinder 139 – 169 € pro Nacht, Baby- oder Kinderbett bis 6 Jahre 9,90 €, Frühstück Erw und Kinder ab 11 Jahre 9,90 €, Kinder 3 – 10 Jahre 6,90 €; Kombi-Angebot Frühjahr-, Herbstsaison 1 Nacht 2 Erw, 2 Kinder ÜF und 2 Tage Eintritt Fun-Park 224 €.

▶ Das speziell auf Familien ausgerichtete Hotel befindet sich direkt neben dem ↗ *Playmobil FunPark.* Die 38 qm großen Zimmer verfügen über ein Doppelbett und einen Kinder-Schlafbereich mit Hochbett. Gegen Pfand können Gesellschaftsspiele oder Playmobil-Spielekisten ausgeliehen werden.

Ferienwohnungen

▶ Ferienwohnungen (FeWo) sind in der Regel geräumig und besitzen neben Wohn- und Schlafräumen eine voll ausgestattete Küche, sodass sich die Gäste selbst verpflegen können.

Ferienwohnung in Möhrendorf

Karin Schönamsgruber, Am Nußbuck 27, 91006 Möhrendorf-Kleinseebach. ✆ 09133/2532, www.erlangen-marketing.de. **Bahn/Bus:** Regionalbus 254 bis Kellergasse. **Auto:** ↗ Möhrendorf, Richtung Kleinseebach bis Ortsende Richtung Baiersdorf. **Preise:** pro Wohnung ab 96 €/Tag ohne Verpflegung.

▶ Im ländlichen Möhrendorf, Ortsteil Kleinseebach, befindet sich diese ebenerdige Ferienwohnung. In ihr haben bis zu 8 Personen Platz. Übernachtet wird entweder in einem 4-Bett-Zimmer oder in zwei 2-Bett-Zimmern. Draußen gibt es eine große Terrasse mit angeschlossenem Garten.

Kleine & Große Eichen-Apartments

Jens Seidel, Georg-Hennch-Straße 13, 90431 Nürnberg. Handy 0178/8806397. www.fewo-nbg.de. **Bahn/Bus:** U1, Bus 35, 38, 39 bis Maximilianstraße. **Auto:** A73 bis Nürnberg-Westring, über Maximilian- und Adam-Klein-Straße bis Georg-Hennch-Straße. **Preise:** Pro Nacht, große FeWo 2 Erw 70 €, kleine FeWo 2 Erw 50 €, weiterer Erw 15 €; Kinder 8 – 14 Jahre je 10 €, Kinder unter 8 Jahre frei; Ermäßigungen ab 7 Nächte.

▶ Afrikanisches Ambiente erwartet die Gäste in den modern ausgestatteten Apartments. Platz ist in den kleineren FeWos für bis zu 3, in der großen für bis zu 6 Personen. Kinderbett, Hochstuhl, Babymatratze und Spielzeug stehen bei Bedarf zur Verfügung.

City Apartment

Knauerstraße, 90443 Nürnberg. Handy 0176/ 67012934. www.fewo-direkt.de. **Bahn/Bus:** S1, U2, U3, bis Rothenburger Straße, U1, Straba 4, 6 bis Plärrer. **Auto:** A73 bis An den Rampen, Schwabacher Straße Richtung Zentrum, gleich links über Hesse- und Schreyerstraße bis Knauerstraße. **Preise:** 75 € für 3 Pers (Weihnachtszeit 85 €), zzgl. 10 € für jede weitere Person, Kinder unter 3 Jahre frei.

▶ Die modern ausgestattete Wohnung befindet sich im 3. Stock eines alten Sandsteingebäudes und bietet mit 2 Schlafzimmern Platz für 2 – 4 Personen. Kinder sind der herzlichen Vermieterin ausdrücklich willkommen, daher stehen neben Kinderbett und -hochstuhl auch Spiele, Malstifte, Kinderbücher und DVDs zur Verfügung. Die Fußgängerzone liegt in nur 700 m Entfernung.

Kultur Nord (Kuno) e.V., Wurzelbauerstraße 29, Nürnberg. ✆ 0911/ 553387. www.kultur-nord.org. Ausstellungen, Literatur und Musik. Mal- und Töpferkurse für Kinder ab 3 Jahre und Kreativ-Ferienkurse.

Ferienwohnung Fasanenstraße

Markus Dobrogotz, Fasanenstraße 20, 91207 Lauf a.d. Pegnitz. ✆ 09123/84701, Handy 0151/53722105. www.ferienwohnung-fasanenstrasse.de. **Bahn/Bus:** S1 bis Lauf (links Pegnitz). **Auto:** A9 bis Lauf-Süd, über Altdorfer Straße und Südring bis Fasanenstraße. **Preise:** Bei 2 Pers 30 € pro Tag/Person, weitere Pers je 15 €, Endreinigung 35 €; Kinder unter 5 Jahre frei. **Infos:** Mindestaufenthalt 3 Nächte, ab 5 Nächte Handtücher und Bettwäsche frei.

▶ Liebevoll eingerichtete FeWo für bis zu 4 Personen. Die große Terrasse lädt zum Sonnen und Entspannen ein. Ein Frühstücks- und Getränke- sowie ein Shuttleservice werden angeboten. Für Kinder stehen Reisebett, Hochstuhl und eine Schaukel im Garten zur Verfügung.

Ferien auf dem Bauernhof

▶ Auf einem richtigen Bauernhof mit Tieren und Äckern zu wohnen, ist für viele Kinder ein aufregendes Erlebnis. Mit Tieren spielen, beim Füttern zuschauen oder sogar ein wenig bei der Feldarbeit helfen, bringt zusätzlichen Spaß. Oft gehören zu den Gehöften große Innenhöfe und Wiesen, wo Kinder viel Platz zum Spielen haben. Die Höfe bieten entweder Übernachtungen in Gästezimmern mit Frühstück oder Ferienwohnungen.

Sammelt Zapfen und Zweige. Dann die Zapfen der Länge nach mit Bast umwickeln und 4 kleine Zweige als Beine in den Bast stecken. Am unteren Teil des Zapfens Samenkörner als Augen aufkleben und die Ohren aus Zapfenschuppen basteln. Fertig ist das Zapfenschaf!

Kroder-Hof

Saarmühle 1, 91077 Neunkirchen a. Brand-Ermreuth. ✆ 09192/996321, www.bauernhofurlaub-fraenkische-schweiz.de. **Bahn/Bus:** R21 bis Igensdorf, Bus 223 bis Ermreuth Kirche (Fußweg ca. 1 km). **Auto:** B2 bis Igensdorf, über Forchheimer Straße bis Abzweigung nach Ermreuth, Herrnbergstraße bis Ende Saarstraße. **Preise:** Preise und Personenanzahl auf Anfrage.

▶ Einen schönen Bauernhofurlaub könnt ihr in der FeWo der Familie *Kroder & Meier* verbringen. Neben Pferden, Schweinen, Katzen und Hunden gibt es hier auch ein Damwildgehege und einen Fischweiher mit Enten. Kinderausstattung ist vorhanden.

Pleikershof

Karl-Heinz und Ingrid Hornig, Pleikershof 1, 90556 Cadolzburg. ✆ 09103/8919, www.pleikershof.de. **Bahn/Bus:** ↗ Bhf Cadolzburg Bus 136, 152 bis Steinbach, Fußweg ca. 2 km. **Auto:** Südwesttangente bis Fürth-Oberfürberg, über Heilstättenstraße, durch Wachendorf Richtung Ammerndorf, in Steinbach links über Seeleite bis Pleikershof. **Rad:** Paneuropa-Radweg, Biberttalradweg, 2 km nördlich von Weinzierlein. **Preise:** Familie (2 Erw, 2 – 4 Kinder) 80 € pro Nacht.

▶ Familienfreundlicher Hof mit schöner, heller FeWo. Bedarf für Kinder, wie Kinderbett oder Hochstuhl, steht zur Verfügung. Durch die ruhige Lage ist viel Platz zum Spielen vorhanden, Katzen können gestreichelt und die Schweine im Stall einmal besucht werden.

Gästehaus Neubauernhof

Elfriede Kellermann, Lindenstraße 10, 90592 Schwarzenbruck-Lindelburg. ✆ 09183/1009, www.neubauernhof.com. **Bahn/Bus:** S3 bis Burgthann, Bus 503 bis Oberlindelburg/Lindelburg, ca. 600 m Fußweg. **Auto:** A9 bis Feucht, über A73, B8 bis Pfeifferhütte, Richtung Oberlindelburg, Schulstraße bis Lindenstraße. **Rad:** 1,5 km südlich vom Ludwig-Donau-Main-Kanal. **Preise:** Familienpreis für 4 Pers: FeWo für 2 Pers und 1 DZ ab 60 €/Tag oder FH bis 8 Pers ab 95 € ab 1 Woche.

▶ Verbringt euren Urlaub mit Katzen und Hühnern in ländlicher, von Wäldern gesäumten Umgebung. Von hier aus lassen sich schöne Radtouren am alten ↗ *Ludwig-Donau-Main-Kanal* oder Wanderungen ins *Schwarzachtal* unternehmen. Nebenan bei den Islandpferden könnt ihr auch Reitstunden buchen.

Happy Birthday! Kindergeburtstag mit den Islandpferden, 1,5 – 2 Std Programm bis 5 Kinder 50 €, weiteres Kind 5 €.

Schmererhof

Konrad Lehr, Brünnelweg 1, 91207 Lauf a.d. Pegnitz-Schönberg. ✆ 09123/962441, www.schmererhof.de. **Bahn/Bus:** ↗ Lauf (links Pegnitz), Linienbedarfstaxi 359 bis Schönberg Mitte. **Auto:** A9 bis Lauf-Süd, Richtung Industriegebiet, 1. Ampel rechts nach Schönberg, Ausschilderung Schmererhof folgen. **Preise:** EZ 40 €, DZ 27 €, ab 4 Nächte 25 € pro Person und Nacht, im Apartment 24 €, Beistellbett Erw 16 €, Kinder bis 12 Jahre 12 €, Kinderbett 10 € pro Nacht. **Infos:** Frühstück 6 € pro Person.

▶ Urlaub mit Hühnern, Kühen, Katze und Hund in idyllischer Lage, entweder in Gästezimmern oder im Apartment für bis zu 4 Personen. Kinderbett und Hochstuhl vorhanden. In der Nähe gibt es einen Kinderspielplatz und Möglichkeit zum Reiten.

Holzhobelhof, Greuth 1, Nürnberg. ✆ 09122/608204. www.holzhobelhof.de. Hofladen, Veranstaltungen und Kindergeburtstage, z.B. Bauernhofolympiade für Kinder 4 – 12 Jahre, 3 Std bis 10 Kinder 120 €.

Reiterhof Rödlas

Rödlas 1, 91077 Neunkirchen a. Brand. ✆ 09192/1019, www.reiterhof-roedlas.de. **Bahn/Bus:** R21 bis Igensdorf, Bus 223 bis Abzw. Ermreuth (Fußweg ca. 2 km), Bus 211 bis Rödlas. **Auto:** B2 bis Igensdorf, über Forchheimer Straße bis Abzweigung nach Ermreuth, weiter bis Rödlas. **Zeiten:** Ponyführen Sa 14 Uhr. **Preise:** Reiterferien 1 Woche 330 – 350 €, Ponyführen 30 Min 8 €.

▶ Ferienreitkurse und Reiterferien speziell für Mädchen mit Übernachtung im MBZ, Vollpension und vielen tollen Freizeitaktivitäten. Außerdem Sa Ponyführen für Vorschulkinder, Voltigierkurse und Reitunterricht für Kinder ab 6 Jahre.

Happy Birthday!
Hier könnt ihr auch einen Kindergeburtstag rund ums Pferd feiern. Preise auf Anfrage.

Jugend- und Gruppenunterkünfte

▶ Die meisten **Jugendherbergen** sind auf Familien eingestellt und bieten häufig schon Zimmer mit eigenem Bad an. Im Haus und auf dem Außengelände gibt es gute Möglichkeiten für Sport und Spiel.

Naturfreundehäuser liegen häufig landschaftlich sehr schön, sind von der Ausstattung aber sehr einfach. Die meisten Zimmer sind Mehrbettzimmer und Du/WC sind oft auf dem Flur untergebracht.

Jugendhotel Nürnberg

Claudia und Tanja Sitzer, Rathsbergstraße 300, 90411 Nürnberg. ✆ 0911/5216092, www.jugendhotel-nuernberg.de. **Bahn/Bus:** U2/21 bis Ziegelstein, Bus 21 bis Zum Felsenkeller. **Auto:** B2 (1. Ampel rechts) Bierlachweg, Ziegelsteinstraße bis Rathsbergstraße. **Rad:** Burgenstraße-Radweg bis Rathsbergstraße. **Preise:** ab 2 Nächte EZ 28 €, DZ 22 €, MBZ 3 – 6 Betten 19 € Komfort-Zimmer EZ 35,50 €, DZ 29,50 €, MBZ 22 €, Aufschlag für 1 Ü 2,50 €. **Infos:** Verpflegung möglich: Frühstücksbuffet/Lunchpaket je 6,50 €, kalte und warme Speisen ab 15 Pers.

▶ Hier sind nicht nur Jugendgruppen willkommen, sondern auch Familien mit Kindern. Über 120 Betten stehen in schönen EZ, 2-Bett-Zimmern und günstigen MBZ mit Dusche/WC zur Verfügung. Das Haus steht mitten im Wald und bietet euch eine große Terrasse, einen Grillplatz und einen Fernsehraum.

Happy Birthday!
Ladet eure Gäste doch mal zum Zauberwald- oder Indianer-Geburtstag in einen stadtnahen Wald ein! Infos bei Cornelia Rotter, ✆ 0162/7938549, corneliarotter@gmx.de, Preise auf Anfrage.

@ Ladet euch unter www.jugendamt.nuernberg.de die PDF-Datei *Winter in Nürnberg* herunter. Für Kinder 4 – 16 Jahre gibt es hier jede Menge Infos zu Veranstaltungen und Aktivitäten Dez – März.

Otto-Felix-Kanitz-Haus, Jugendgästehaus der SJD – die Falken

Falken Bildungs- und Freizeitwerk Mittelfranken, Adolf-Braun-Straße 42, 90429 Nürnberg. ✆ 0911/443709, www.ofkh.de. **Bahn/Bus:** U1 bis Muggenhof. **Auto:** A73 bis Nürnberg/Fürth, Fürther Straße Richtung Nürnberg bis Adolf-Braun-Straße. **Rad:** Paneuropa-Radweg bis Adolf-Braun-Straße. **Preise:** 14 € pro Ü/Pers, Bettwäsche 3,50 € pro Pers; Schulklassen, Jugendverbände 12 €, Falkengruppen 11 € pro Ü/Pers. **Infos:** Mindestbelegung 2 Ü à 20 Pers.

▶ An den *Pegnitzauen,* direkt an der Stadtgrenze zu Fürth findet ihr dieses ruhige und gemütliche Haus. Neben 38 Betten, verteilt auf 1-, 4-, 5- und 6-Bett-Zimmer, stehen euch eine moderne Küche und ein großer Speiseraum für die Selbstversorgung zur Verfügung. Tischtennis, Billard, Kicker und Flipper sorgen für Freizeitbeschäftigung im Haus.

Five Reasons Hostel

Frauentormauer 42, 90402 Nürnberg. ✆ 0911/99286625, www.five-reasons.de. **Bahn/Bus:** ↗ Nürnberg Hbf oder U2, 21, 3 bis Opernhaus, S- und R-Bahnen, Straba 8, 9 bis Hbf. **Auto:** Altstadtring zwischen Plärrer und Hbf, über Färberstraße bis Frauentormauer, Parkhäuser in der Umgebung. **Preise:** MBZ ab 19 € pro Bett/Nacht, DZ ab 49 € pro Nacht, Apartment 4 Pers ab 118 € pro Nacht, Apartment 6 Pers ab 138 € pro Nacht, Frühstück 5,80 €; Kinder unter 2 Jahre ohne Aufpreis in einem der vorhandenen Betten, bis zu 2 weitere Kinder ohne Aufpreis im Babybett.

▶ Neu renoviert und mitten im Zentrum gelegen, bietet das saubere und moderne Hostel sowohl Familienapartments, als auch DZ und Belegungen in Schlafsälen mit 4, 6 oder 8 Betten mit Gemeinschaftsbad. Es steht eine Gemeinschaftsküche zur Verfügung, Snacks und Getränke können auch im Hostel gekauft werden.

Jugendherberge Nürnberg

Burg 2, 90403 Nürnberg. ✆ 0911/230936-0, www.jugendherberge.de. **Bahn/Bus:** Straba 4 bis Tiergärtnertor, Bus 36 bis Burgstraße. **Auto:** Altstadtring, über Rathenauplatz, Maxtorgraben, bis Vestnertorgraben. **Preise:** ab 28,90 € ÜF, 35,80 € HP, VP Lunchpaket 39,90 €. **Infos:** Kinderausstattung, wie Hochstuhl, Kinderbett, Wickelauflage verfügbar.

▶ Wollt ihr hinter dicken Burgmauern der alten Kaiserstallung übernachten? Die JH ist in einem historischen Gebäude untergebracht, wurde aber 2013 komplett modernisiert. 93 Zimmer mit 2 – 6 Betten warten auf euch, alle modern ausgestattet, außerdem Seminarräume und Gemeinschaftsbereiche.

Um in einer JH übernachten zu können, muss man Mitglied im DJH sein, wofür ein Jahresbeitrag von 7 € für Junioren bis 26 Jahre oder 22,50 € für Familien und Pers ab 27 Jahre fällig ist.

Naturfreundehaus Erlangen

Naturfreunde Erlangen, Familie Kumpf, Wöhrmühle 6, 91056 Erlangen. ✆ 09131/47911, www.naturfreunde-erlangen.de. **Bahn/Bus:** Bhf Erlangen 10 Gehminuten. **Auto:** ↗ Erlangen, Richtung Bhf, danach links in Gerberei, Parkplätze am Haus. **Preise:** EZ 26 €, DZ 37 €, DZ mit 3 Betten 51 €, Matratzenlager 13 Pers 11 € pro Person; für Vereinsmitglieder reduziert auf Anfrage. **Infos:** Handtücher selbst mitbringen, Bettwäsche auf Wunsch einmalig 2 €.

▶ Die Naturfreunde sind ein Verein in Erlangen mit naturverbundenem Vereinsgelände auf einer Insel in der *Regnitz.* Schwerpunkt der Naturfreunde sind Kajak fahren, wandern und Kinder- und Jugendarbeit. Dort können auch verschieden große Gästezimmer zur Selbstversorgung und Jugendräume gemietet werden. Zimmer teilweise mit Waschbecken, Du/WC auf dem Gang. Küche für Selbstkocher vorhanden.

@ Unter www.naturfreunde.de findet ihr ein Verzeichnis aller Naturfreundehäuser Deutschlands.

Naturfreundehaus Hormersdorf Zum hohen Kreuz

NaturFreunde Deutschlands Ortsgruppe Lauf e.V., Kurt Bauer (1. Vorsitzender), N32, Am Hohen Kreuz, 91220 Schnaittach. ✆ 09153/8983, www.naturfreundelauf.de. **Bahn/Bus:** ↗ Nürnberg Hbf R31 bis Simmelsdorf, Wanderung ca. 6 km. **Auto:** A9 bis Hormersdorf, Ortsmitte Hormersdorf rechts Richtung Osternohe, ca. 1 km bis Naturfreundehaus. **Zeiten:** Sa 14 – 18, So 9.30 – 18 Uhr, Mo – Fr nach Absprache min. 2 Ü. **Preise:** Naturfreundehaus (Ü, MBZ) 9 €; Jugendliche 3 – 16 Jahre 6 €; Mitglieder 6 €, Jugendliche 4 €. **Infos:** Bettwäsche kann gegen Gebühr ausgeliehen werden, 2 Aufenthaltsräume für 40 bzw. 20 Pers.

▶ Das Naturfreundehaus der Ortsgruppe Lauf befindet sich am Rande der fränkischen Schweiz und bietet Platz für 18 Übernachtungsgäste. Auf dem Gelände stehen Spielplatz, Tischtennisplatte, Spielwiese und Grill zur Verfügung. Die Ortsgruppe bietet ein vielseitiges Freizeitprogramm an – ob Zeltlager, Ski-, Kletter- und Kanukurse oder Kulturveranstaltungen, hier ist für jedes Familienmitglied etwas dabei.

Campingplätze

▶ Die Übernachtungspreise variieren genauso wie die Ausstattung. Die sanitären Einrichtungen sind heute meist akzeptabel. Toll ist es, wenn Schwimmbad, Restaurants, Lebensmittelladen und Kinderspielplätze dabei sind.

Camping am Dechsendorfer Weiher

Camping Rangau, Campingstraße 44, 91056 Erlangen-Dechsendorf. ✆ 09135/8866, www.campingrangau.de. **Bahn/Bus:** Bus 283 bis Dechsendorfer Weiher. **Auto:** Über Thalermülstraße, Sankt Johann nach Dechsendorf, in Dechsendorf rechts Richtung Dechsendorfer Weiher. **Zeiten:** April – Sep 7 – 13, 15 – 22 Uhr. **Preise:** 6,50 €, WoWa 6,50 €, Zelt mit Auto 6,50 €, WoMo 7,50 €; Kinder 6 – 12 Jahre 4 €.

▶ Direkt am *Dechsendorfer Weiher* liegt dieser schöne Campingplatz mit viel Ausstattung vor allem für die Familien. So gibt es einen beheizten Babywickelraum oder auch einen Spielplatz mit Sandspielplatz.

@ Viele Ausflugstipps für ganz Franken findet ihr unter http://www.frankentourismus.de/familienland.

Die schon etwas älteren Kinder freuen sich über Tischtennisplatten und einen Jugendraum. Außerdem direkter Zugang zum Dechsendorfer Weiher mit Bootsverleih, Segelschule, Badestrände und Kiosk.

Campingplatz zur Mühle

Seewaldstraße 75, 90513 Zirndorf. ✆ 0911/693801, www.camping-zur-muehle.de. **Bahn/Bus:** Fürth Bus 112, ab Nürnberg Bus 113 bis Leichendorf/Kreuzung. **Auto:** Südwesttangente, Rothenburger Straße, Schwabacher Straße, Seewaldstraße. **Rad:** Paneuropa-Radweg, Biberttalradweg. **Zeiten:** Mitte März – Mitte Nov geöffnet. **Preise:** Pers ab 14 Jahre 6 €, Pkw mit Caravan oder Zelt 8 €, zusätzliches Auto 1 €, Hund 2 €, zuzüglich Strom; Kinder 3 €.

▶ 30.000 qm großer, familienfreundlicher Ganzjahresplatz mit 180 Stellplätzen. Eigene Stromanschlüsse, Wasser- und Abwasseranschlüsse, gepflegte Sanitäranlagen, Behindertendusche, Babywasch- und Wickelraum, Waschmaschinen, Trockner, Bügelraum, Kiosk, Kochstellen.

Knaus Campingpark Nürnberg

Hans-Kalb-Straße 56, 90471 Nürnberg. ✆ 0911/9812717, www.knauscamp.de. **Bahn/Bus:** ↗ Nürnberg Hbf, Bus 44 bis Hans-Kalb-Straße. **Auto:** ↗ Nürnberg, über B4 bis Hans-Kalb-Straße. **Rad:** 5-Flüsse-Radweg bis Dutzendteich, zwischen Kleinem Dutzenteich und Silbersee bis Campingplatz. **Zeiten:** ganzjährig. **Preise:** Pers ab 16 Jahre 7,90 € pro Nacht, Zeltplatz klein 5,50 €, mittel 7,90 €, Pkw 4,50 €, Kleinbus/Van 10 €, WoWa 13,90 €, zuzüglich Strom und Umweltbeitrag; Kinder 4 – 15 Jahre 3,60 € pro Nacht. **Infos:** Auch Mobilheime buchbar ab 98 € pro Nacht.

▶ An einem ruhigen Waldgelände gelegen, direkt neben dem Stadionfreibad. Vorhanden sind Wäschetrockner, Waschmaschine, kindergerechtes Bad, Wickelraum, Kochgelegenheit, Restaurant.

Hunger &Durst

Biergarten Biergärtla, Campingstraße 81, Erlangen-Dechsendorf. ✆ 0160/97237932. Mai – Okt Mo – Fr ab 17, Sa ab 16 Uhr, So ab 14 Uhr. Kleiner, gemütlicher Biergarten mit fränkischer Küche.

Campingplatz Bergesruh

Illhof 3, 90542 Eckental. ✆ 09126/8956, www.camping-bergesruh.de. **Bahn/Bus:** Eschenau Bhf Bus 213 bis Illhof. **Auto:** A9 bis Schnaittach, St2236 bis Kirchröttenbach, Kirchröttenbach E bis Campingplatz. **Zeiten:** ganzjährig. **Preise:** Stellplatz Zelt 4 €, mit Auto 5,50 €, Erw pro Nacht 5 €, Hund 4 €; Kinder 4 – 14 Jahre 3 €. **Infos:** Kosten für Strom, Müll, Duschen ➚ Web.

▶ Platz mit neuem Sanitärgebäude. Brötchenservice, Getränke und Eis, Babywickelraum, Kinderspielplatz, Tischtennis, Aufenthaltsraum mit Internet.

Campingplatz Haimendorf

Friedrich-von-Fürer Straße 24, 90552 Röthenbach a.d. Pegnitz-Haimendorf. ✆ 09120/9226, **Bahn/Bus:** ➚ Röthenbach, Bus 331 bis Haimendorf Ortsmitte. **Auto:** A9 bis Lauf, über St2240 bis Haimendorf Mitte. **Rad:** 5 km südlich des 5-Flüsse-Radweges. **Zeiten:** ganzjährig. **Preise:** 3 € zzgl. Strom; Kinder bis 16 Jahre 2 €.

▶ Ruhig am Fuß des *Moritzberges* gelegen, mit Waschraum, Duschen, Toiletten. Ein Aufenthaltsraum wird voraussichtlich bis Herbst 2015 fertig gestellt.

Gegen Vorlage des Parkscheins ist ein Einzeleintritt im *Freibad Feuchtasia* kostenlos.

Wohnmobilstellplatz Feucht

Feuchter Gemeindewerke GmbH, Chormantelweg (neben Hausnummer 25), 90537 Feucht. ✆ 09128/9914-0, www.gemeindewerke-feucht.de. **Bahn/Bus:** ➚ Feucht Ost. **Auto:** ➚ Feucht, ab Ortseinfahrt der Beschilderung folgen. **Rad:** 5-Flüsse-Radweg. **Zeiten:** ganzjährig, Parkdauer max. 3 Tage. **Preise:** HS Mai – Sep 9 € pro Nacht, NS 7 € pro Nacht, Frischwasser 1 € pro 80 l, Strom 1 € pro 2 kWh.

▶ Ebene Schotterrasenfläche am Waldrand, direkt neben Freibad und Tennishalle. Ausstattung: 9 Stellplätze, 8 Stromanschlüsse, Sanitär- und Abwasserentsorgungsstation, nachts beleuchtet.

Register

Orte, Sehenswürdigkeiten, Natur
Stichworte (bitte auch übers Inhaltsverzeichnis suchen), Gaststätten
Personen

A

B

C – D

E

F

G

H

Hunger & Durst

I – J

K

O – P

R

S

T

U – V

W

Z

Pommersfelden
372
Rittersberg
Wachenroth
Mühlhausen
Hallerndorf
326
Aisch
N
1 cm
2 km
Reiche Ebrach
FORCHHE
78
79
© pmv PETER MEYER VERLAG
344
307
Vogelberg
381
HÖCHSTADT
Adelsdorf
470
Kleine Weisach
Lonnerstadt
80
Heroldsbach
Heppstädt
Gremsdorf
Neuhaus
Schloss Thurn
Haus
Baiersdorf
Hemhofen
378
Fürstenberg
Uehlfeld
Röttenbach
BAIERSDOR
Kleinseebach
Kleiner Bischofsweiher
Aischgrund
Möhrendorf
73
Großer Bischofsweiher
3
470
361
81
Großenseebach
Dechsendorf
Weisendorf
Heßdorf
372
Herzogenaurach
ER
Hammerbach
Beutelsdorf
Büchenbach
Alterlangen
Main-Donau-Kanal
394
Lindenhof
Aurachtal
Frauenaurach
370
Niederndorf
Wilhelmsdorf
Erla
82
3
83
Ter
HERZOGENAURACH
Mittlere Aurach
Hagenbüchach
Höfen
Hüttendorf
Huckepack Erlebnisernten
Regnitz
Schlossgarten
405
Puschendorf
Jugendtreff Puschendorf
395
Vach
Obermichelbach
Veitsbronn
73
Fembach
Zenn
LANGENZENN
350
Heinrichsberg
Seukendorf
Burgfarrnbach
FÜRTH
Erlebnisbauernhof Reichel
Schloss Burgfarrnbach
8
Wilhermsdorf
356
Cadolzburg

Fränkische
Schweiz
497 Högelstein
470
Pretzfeld
556
Weilersbach
Kirchehren-
bach
546 Reisberg
Trubach
355
512 Walberia
493
565
Wiesent
Leutenbach
Wiesenthau
Egloffstein
582
Obertru-
bach
463
579 Leitsberg
Pinzberg
Kunreuth 432
Krenland
Poxdorf
Hiltpoltstein
Effeltrich
549 Hetzleser Berg
594 Eschenberg
Hagenau
Norden
536 Ermreuth
GRÄFENBERG
Langen-
sendelbach
M
533
Erlebnisbauernhof
Scheferhof
Kroder-Hof
Hetzles
Rödlas
Weißenohe
Bräuningshof
Igensdorf
591
558 Schindel-
rangen
Neun-
kirchen
382 Hockenberg
Kirchrüssel-
bach
Frohnhof
373 Frohnhofer
Mühle
Simmelsdorf
Uttenreuth
Dormitz
Campingplatz
Bergesruh
Schwabach
Buckenhof
Klein-
sendelbach
Eckental
Forth
Alter
Rotenberg
505
Röttenbach
Buckenhofer
Forst
Eckenhaid
Bullach
423
48
Eschenau
NFG
Kalchreuth
Naturschutzgebiet
Tennenloher
Forst
392
2
430
Neunhof
Schnaittach
Lauf &
Umgebung
LAUF
Heroldsberg
Gründlach
9
49
Reichswald
371
392
400
Buchberg
Airport
Nürnberg
85
367
Rückers-
dorf
50
Schönberg
Schmererhof
Ziegel-
stein
3
14
Volkspark
Marienberg
Erlenstegen
ROTHENBACH
Weigenhofen
86
Schwaig
bei Nürnberg
87
603
NÜRNBERG
Pegnitz
51
Haimendorf
Moritzberg

Hagenbüchach
Höfen
Huttendorf
Huckepack Erlebnisernten
Schlossgarten
405
395
Puschendorf
Jugendtreff Puschendorf
Vach
Obermichelbach
Veitsbronn
73
Fembach
Zenn
LANGENZENN
350
Heinrichsberg
Seukendorf
Burgfarrnbach
FÜRTH
Erlebnisbauernhof Reichel
Schloss Burgfarrnbach
Wilhermsdorf
8
356
Cadolzburg
Farrnbach
Cadolzburg
Weiherhof
423
396
ZIRNDORF
406
471
Pleikershof
OBER-ASBACH
488
Herbstbuck
Fürth –
Großhabersdorf
Bibert
357
STEIN
Roßtal
370
364
390
N
Stein
Wolkersdorf
55
33
Kammerstein
466
462
Heidenberg
ABENBERG
Zeichenerklärung
Hallenbad, Freibad
Badestelle, Strandbad
Personenboot
Wandern
Reiten, Kutschfahrten
Natursehenswürdigkeit, Park
Campingplatz
Naturlehrpfad
Erlebnis-/Kinderbauernhof
Zoo
Radeln
Kletterpark
Erlebnispark, Spielplatz
Bühne, Leinwand, Aktion
Grillplatz
Wintersport
Information
Kirche
Schloss, Burg
Sternwarte
Museum
Bibliothek
Betriebsbesichtigung
Museumsbahn
Jugendherberge
Gruppenunterkunft
Sonstiges
Autobahn, Ausfahrt
Bundesstraße
Internat. Flughafen
Bahnhof

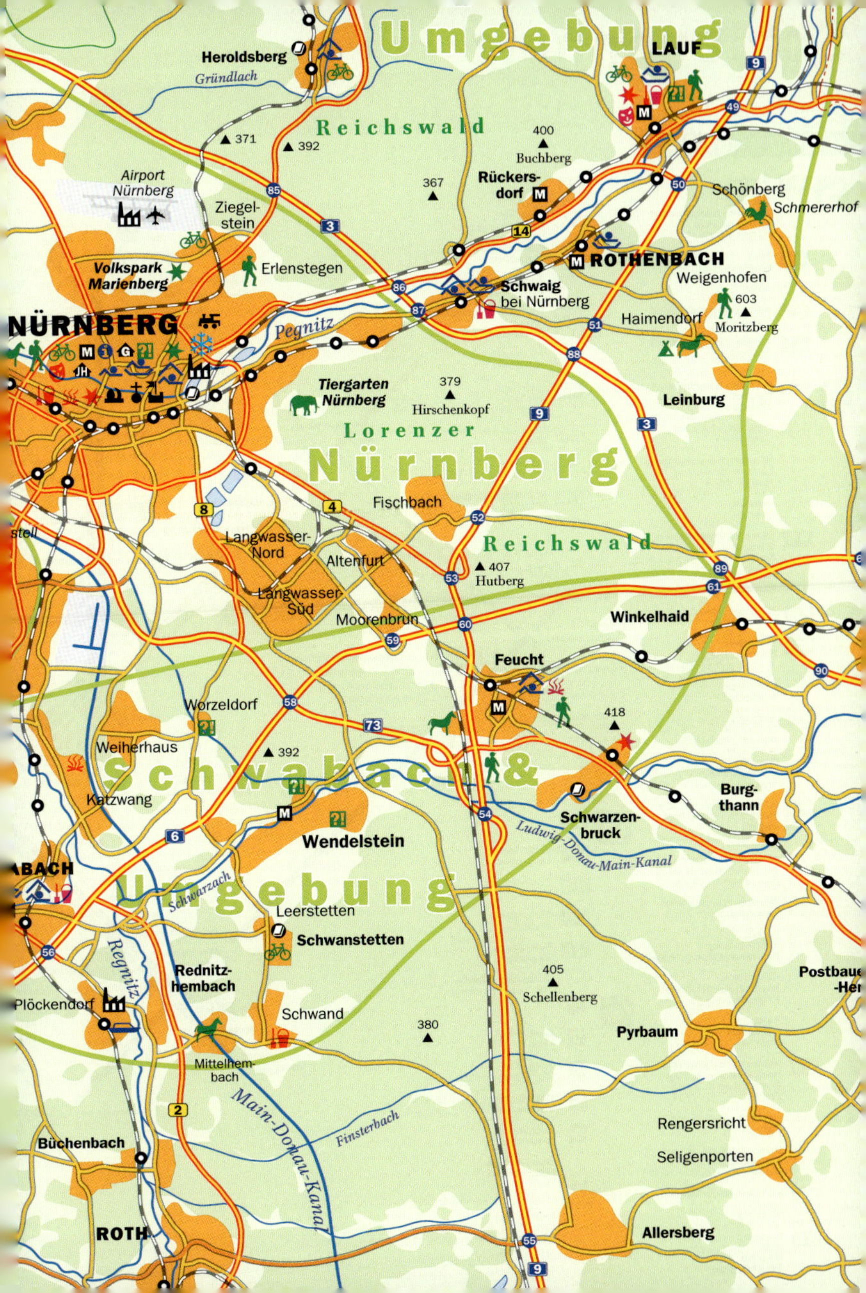

Umgebung
Nürnberg
Schwabach &
Umgebung
Heroldsberg
Gründlach
LAUF
Reichswald
371
392
400
Buchberg
367
Rückersdorf
Airport Nürnberg
Ziegelstein
Schönberg
Schmererhof
Volkspark Marienberg
Erlenstegen
ROTHENBACH
Weigenhofen
Schwaig bei Nürnberg
603
Moritzberg
Haimendorf
NÜRNBERG
Pegnitz
Tiergarten Nürnberg
379
Hirschenkopf
Leinburg
Lorenzer
Fischbach
Langwasser-Nord
Altenfurt
407
Hutberg
Langwasser Süd
Moorenbrunn
Winkelhaid
Feucht
Worzeldorf
418
Weiherhaus
392
Katzwang
Burgthann
Schwarzenbruck
Wendelstein
Ludwig-Donau-Main-Kanal
ABACH
Schwarzach
Leerstetten
Schwanstetten
Regnitz
Rednitzhembach
Plöckendorf
405
Schellenberg
Postbauer-Heng
Schwand
380
Pyrbaum
Mittelhembach
Main-Donau-Kanal
Finsterbach
Rengersricht
Büchenbach
Seligenporten
ROTH
Allersberg

Schienennetz Gesamtraum

Stand: 01.01.2015

S

- **S 1** Bamberg, Forchheim, Erlangen, Nürnberg Hauptbahnhof, Lauf (links Peg), Hartmannshof
- **S 2** Roth, Nürnberg Hauptbahnhof, Feucht, Altdorf
- **S 3** Nürnberg Hauptbahnhof, Neumarkt
- **S 4** Nürnberg Hauptbahnhof, Ansbach

R

- **R 1** Nürnberg Hauptbahnhof, Neustadt a.d. Aisch, Kitzingen
- **R11** Fürth Hauptbahnhof, Cadolzburg
- **R12** Nürnberg Hauptbahnhof, Fürth Hauptbahnhof, Markt Erlbach
- **R15** Bamberg, Oberhaid
- **R 2** Nürnberg Hauptbahnhof, Erlangen, Forchheim, Bamberg, Lichtenfels, Schney
- **R21** Nürnberg Nordostbahnhof, Gräfenberg
- **R22** Forchheim, Ebermannstadt
- **R24** Schney, Lichtenfels, Mainroth
- **R25** Bamberg, Lichtenfels, Redwitz (Rodach)
- **R26** Bamberg, Breitengüßbach, Ebern
- **R 3** Nürnberg Hauptbahnhof, Hersbruck (rechts Peg), Pegnitz, Bayreuth Hauptbahnhof
- **R31** Nürnberg Hauptbahnhof, Neunkirchen am Sand, Simmelsdorf-Hüttenbach
- **R32** Bayreuth Hauptbahnhof, Weidenberg
- **R33** Pegnitz, Kirchenlaibach, Haidenaab-Göppmannsbühl
- **R34** Ramsenthal, Bayreuth Hauptbahnhof, Kirchenlaibach
- **R35** Bamberg, Lichtenfels, Mainroth
- **R 4** Nürnberg Hauptbahnhof, Hersbruck (rechts Peg), Neunkirchen (b. S.-R.), Amberg
- **R41** Neunkirchen (b. S.-R.), Thansüß
- **R43** Bayreuth Hauptbahnhof, Kirchenlaibach, Haidenaab-Göppmannsbühl
- **R 5** Nürnberg Hauptbahnhof, Neumarkt, Parsberg
- **R 6** Nürnberg Hauptbahnhof, Roth, Pleinfeld, Treuchtlingen
- **R61** Roth, Hilpoltstein
- **R62** Pleinfeld, Gunzenhausen
- **R63** Treuchtlingen, Solnhofen
- **R64** Treuchtlingen, Otting-Weilheim
- **R 7** Nürnberg Hauptbahnhof, Ansbach, Schnelldorf
- **R71** Wicklesgreuth, Windsbach
- **R 8** Uffenheim, Ansbach, Treuchtlingen
- **R81** Neustadt a.d. Aisch, Steinach
- **R82** Steinach, Rothenburg o.d. Tauber
- **R 9** Nürnberg Hauptbahnhof, Kinding

U

- **U 1**
- **U11** Fürth Hardhöhe, Langwasser Süd
- **U 2** Eberhardshof, Messe
- **U21** Röthenbach, Flughafen
- **U 3** Röthenbach, Ziegelstein

Tram

- **4** Gustav-Adolf-Straße, Friedrich-Ebert-Platz
- **5** Gibitzenhof, Thon
- **6** Tiergarten, Worzeldorfer Straße
- **8** Doku-Zentrum, Westfriedhof
- **9** Erlenstegen, Tristanstraße
- Doku-Zentrum, Hauptbahnhof

P+R — P+R-Anlage

890.2 — DB-Kursbuch-Nr.

S R U Tram Bus

Verkehrsverbund Großraum Nürnberg

Rothenburger Str. 9 • 90443 Nürnberg • Tel. 0911 27075-0

VAG · DB Bahn Regio Franken · ESTW · infra · StWB · DB Bahn Frankenbus · BVB · Stadtverkehr Schwabach · GPV · GKV

Partner im VGN

SCHWÄBISCHE ALB MIT KINDERN

450 spannende Ausflüge und Aktivitäten rund ums Jahr

pmv

Tolle Anregungen für Ferienspaß und Wochenende: Ausflüge, Aktivitäten, Höhlen, Baden, Sport und Spiel zwischen Neckar und Donau, Schwarzwald-Ausläufern und Nördlinger Ries. Jeweils mit Beschreibung, Adressen, Anfahrt, Öffnungszeiten und Preisen. Zum Losstürmen für die ganze Familie und für jede Jahreszeit!

»In diesem Führer ist alles drin, was Spaß macht - und zwar der ganzen Familie.«
Die Neckarquelle

ISBN 978-3-89859-448-6
304 Seiten; 16 Euro

BODENSEE MIT KINDERN

400 x Abenteuer und Erlebnis rund um den ganzen See

Annette Sievers

Eine der beliebtesten Ferienregionen mit Kindern wieder- oder neu entdecken: Vom Bootsverleih über Tierparks bis zur kinderfreundlichen Unterkunft, vom Aquarium über die Radtour bis hin zum Apfelzügle-Express. Tipps für Deutschland, Österreich und die Schweiz!

»Voll gestopft mit Informationen, für die Eltern mehr als dankbar sein werden.«
DIE ZEIT

ISBN 978-3-89859-450-9
256 Seiten; 16 Euro

BERCHTESGADENER LAND & CHIEMGAU MIT KINDERN

400 spannende Aktivitäten vom Chiemsee bis zum Watzmann

Katja Faby, Antje Kindler-Koch

Was können Familien im Berchtesgadener Land und Chiemgau außer wandern und baden unternehmen? Dieser pmv-Freizeitführer stellt über 400 spannende Aktivitäten vor, die die Urlaubs- und Freizeitplanung kinderleicht machen und auch bei schlechtem Wetter für gute Laune sorgen. Bereits in 3. Auflage eine schöne Ergänzung zu »Salzburg, Seen & Berge mit Kindern«.

»Service pur, damit auch Eltern wirklich Urlaub haben.«
Badische Zeitung

ISBN 978-3-89859-449-3
256 Seiten; 16 Euro

pmv PETER MEYER VERLAG

WANDERUNGEN IN & UM WIEN

22 Genusstouren ins Grüne und zu den schönsten Sehenswürdigkeiten Wiens

Franz Wille

Wien und Umgebung auf den schönsten Wegen entdecken: Dieser Wanderführer leitet auf grünen Pfaden zu Sehenswürdigkeiten in der Millionenstadt und ins Umland. 22 Halbtagestouren mit Besichtigungen und Einkehrtipps für typische Wiener Spezialitäten.

»Alle Touren sind ideal für Wienbesucher«
Land der Berge

ISBN 978-3-89859-328-1
224 Seiten; 18 Euro

77 SCHÖNSTE ORTE HARZ

Ausflüge zu Burgen, Wäldern & Sehenswürdigkeiten. Mit Einkehr, Einkaufen & Unterkunft

Kirsten Wagner

Reisen mit Genuss von der Kaiserpfalz Goslar über Burgen und Dome bis zum Fachwerkjuwel Quedlinburg: Der aktuelle Reiseführer »77 schönste Orte Harz« stellt Orte und Wanderungen vor, zeigt Sehenswertes wie Kirchen, Klöster, Museen und Schlösser und gibt Tipps zum Einkehren, Genießen und Schlemmen.

»Kultur und Genuss verspricht der Untertitel. Das ist untertrieben.« MDR Magdeburg

ISBN 978-3-89859-210-9
256 Seiten; 18 Euro

HARZ MIT KINDERN

500 spannende Ausflüge und Aktivitäten rund ums Jahr

Kirsten Wagner

Mit der Sommerrodelbahn den Bocksberg in Hahnenklee runterrasen oder doch lieber die Barbarossaburg erkunden? Im Harz gibt es für Familien Spannendes und Schönes zu erleben. Das neue Reisehandbuch des Peter Meyer Verlags bietet 500 Tipps für Ausflüge und Aktivitäten. So heißt es im Sommer wie im Winter: Langeweile ade!

»Das alles macht Spaß und ist zudem interessant. Die Texte sind so geschrieben, dass Kinder selbst ihre Lieblingsziele aussuchen können und die Eltern hinterher trotzdem sicher den Weg dorthin finden.«
DIE ZEIT

ISBN 978-3-89859-419-6
320 Seiten; 16 Euro

pmv PETER MEYER VERLAG

LÜNEBURGER HEIDE MIT KINDERN

300 spannende Ausflüge in das Naturparadies zwischen Hamburg und Hannover

Kirsten Wagner

Hier können Familien noch Natur pur erleben: Die Lüneburger Heide zwischen Hamburg, Bremen und Hannover lockt Tierfreunde in die Serengeti, in den Weltvogelpark oder einfach zwischen die wolligen Heidschnucken.

»Kirsten Wagner weiß, was die Lüneburger Heide so besonders macht.«
Westfälischer Anzeiger

ISBN 978-3-89859-451-6
256 Seiten; 16 Euro

OSTSEEKÜSTE LÜBECK MIT KINDERN

Über 300 Aktivitäten & Adressen im Dreieck Lübeck – Fehmarn – Großer Plöner See

Karolin Küntzel

Unvergessliche Ferien erleben an Holsteins Ostseeküste: Baden, radeln, wandern und Natur genießen – Museen, Tierparks, Spielplätze und Ausflüge nach Dänemark und Bad Segeberg. Mehr als 300 Aktivitäten mit vielen praktischen Tipps für unterwegs machen diesen Freizeitführer unentbehrlich für Ferien und Wochenende!

»Eine wahre Schatzkiste an Familienausflügen.«

ISBN 978-3-89859-445-5
256 Seiten; 16 Euro

HAMBURG MIT KINDERN

300 preiswerte und spannende Aktivitäten für draußen und drinnen

Kirsten Wagner, Stefanie Wülfing

Raus aus dem Kinderzimmer, rein ins Vergnügen: 300 Ausflugsziele für Kinder, bei denen auch Erwachsene noch was lernen können – mal an Land, mal im Wasser, drinnen oder draußen, ab und zu auch unter Tage. Zu allen Zielen gibt es Öffnungszeiten, Nahverkehrspläne und Einkehrtipps - praktisch!

»Für dieses 224 Seiten dicke Buch sind Herbstferien eigentlich viel zu kurz.«
Zeitschrift Mami, Papi & ich

ISBN 978-3-89859-420-2
224 Seiten; 16 Euro

Besuchen Sie uns auf
PeterMeyerVerlag

pmv PETER MEYER VERLAG

NÄHER REISEN

Seit seiner Gründung 1976 tritt der Peter Meyer Verlag für sozialverträgliches und umweltschonendes Reisen ein. Deswegen finden Sie in unseren Büchern stets konkrete Daten für die Anreise mit ÖPNV, bei Unterkunft und Einkehr bevorzugt Familienbetriebe mit regionalem Angebot sowie inhaltsreiche Informationen zu Natur und Umwelt. Die Autoren schreiben und recherchieren unabhängig von fremden Geldgebern, so können Sie stets sicher sein, neutrale Bewertungen zu haben – neutral, aber mit großer Begeisterung für ungewöhnliches Engagement all derjenigen, die unsere Welt bereichern wollen.

Das möchten wir mit unseren Reiseführern auch. Und wir möchten Sie anstecken mit unserer Begeisterung für das Schöne in unserer Nähe.

NÄHER DRAN

pmv PETER MEYER VERLAG

Besuchen Sie uns auf f PeterMeyerVerlag | www.PeterMeyerVerlag.de